파이썬으로 여는 수학의 문

창의적인 탐구 프로젝트

강순자 김연수 박진환 박민지 지음

열려라 참깨! 파이썬으로 수학을 열자!

지오북스

저자소개

강순자
전남대학교 수학교육과 명예교수
수학과 프로그래밍의 통합을 통한 컴퓨팅 사고의 개발 관련 저서 출판

김연수
전남대학교 수학교육과 교수
대한수학회 사업이사(교육관련)
영재교육 및 프로그래밍 관련 교육

박진환
광양 골약중학교 수학교사
인공지능 및 프로그래밍에 관한 교사교육 강사
교사들을 위한 웹사이트(https://foreducator.com) 운영 중

박민지
광주 두암중학교 수학교사
수학공학 프로그램 및 STEM+I 프로그램 개발 참여
영재교육

**파이썬으로 여는 수학의 문:
창의적인 탐구 프로젝트**

발 행   2024년 2월 20일
저 자   강순자 김연수 박진환 박민지
펴낸곳   지오북스
등 록   2016년 3월 7일 제395-2016-000014호
전 화   02)381-0706 / 팩스 02)371-0706
이메일   emotion-books@naver.com
홈페이지 www.geobooks.co.kr

ISBN   9791191346862
정 가   24,000 원

무단으로 카피 또는 복제는 범죄행위입니다.
이 책은 저작권법으로 보호받는 저작물이고
내용을 전부 또는 일부를 무단복제·복사를 금하며
행위 시 법적 처벌을 받을 수 있습니다.

머 릿 말

우리가 살고 있는 사회를 이끌어 갈 인재는 창의적 사고, 융합적인 사고, 문제해결력 등을 갖추어야 한다고 말하고 있습니다. 이미 커다란 변화가 진행되고 있는 소프트웨어 중심의 미래사회에서는 컴퓨팅 능력 또한 인재가 갖추어야 할 능력이라고 말합니다. 컴퓨팅 사고력이란 컴퓨터 환경에서 프로그래밍을 통해 창의적으로 문제를 해결하는 능력으로서 읽기, 쓰기, 셈하기와 같은 기본적인 소양에 추가되어야 할 분석적 능력입니다.

여러분은 이 책의 여러 가지 흥미로운 수학 문제들을 해결해 가는 과정 속에서 수학적 문제해결력은 물론 컴퓨팅 사고력 더 나아가 프로그래밍 능력이 향상됨을 느낄 것입니다.

이 책은 정규 교육과정에 도입된 교육용 프로그래밍 언어 '파이썬'을 기반으로 하고 있습니다.

여러 가지 프로그래밍 언어 가운데 파이썬은 인간의 사고와 유사한 문법을 지니고 있어 빠르게 파이썬 문법을 학습할 수 있다는 것이 무엇보다도 큰 장점입니다. 이 쉽고 간결한 문법 덕분에 파이썬은 높은 생산성을 자랑합니다. 즉, 파이썬을 활용할 경우 더 간단한 코드로 더 많은 작업을 수행할 수 있으며, 어떤 프로그래밍 언어보다 빠른 개발이 가능합니다. 다른 언어나 라이브러리에 쉽게 접근해 연동할 수 있으며 높은 성능의 애플리케이션 개발이 필요한 경우 C/C++과 같은 언어를 파이썬과 결합해 사용할 수도 있습니다. 파이썬은 수많은 표준 라이브러리를 제공하고 있어 프로그래머는 모든 코드를 일일이 작성할 필요가 없이 기존에 작성된 파이썬 표준 라이브러리를 활용하면 됩니다. 각 분야에서 파이썬의 활용도는 매우 높습니다. 웹사이트를 통해 프로그래머들이 스스로 작성한 파이썬 패키지를 공유하고, 다른 개발자가 배포한 패키지를 이용할 수도 있습니다. 이와 같은 장점들은 우리가 프로그래밍에 친숙해지는 계기를 제공하고 교육과정에 도입된 이유이기도 합니다. 이 책에서 파이썬과 함께하는 다양한 수학 탐구활동은 호기심을 자극하고 탐구에 흥미를 더해 줄 것입니다.

이 책에서는 수학적 문제 해결력과 컴퓨팅 사고의 개발이라는 두 가지 목적을 달성하고자 하였습니다.

많은 연구에서 수학교과와 코딩의 통합이 수학적 사고, 문제 해결력, 컴퓨팅 사고의 개발에 긍정적 영향을 미치고 있다는 사실을 증명하고 있습니다. 이에 수학 문제 해결 과정에서 자연스럽게 프로그래밍 언어를 익힘으로써 수학적 문제 해결력과 컴퓨팅 사고의 개발이라는 두 가지 목적을 달성하고자 하였으며 따라서 주제의 선택, 문제해결의 알고리즘화, 창의적 활동에 역점을 두고 이 책을 구성하였습니다.

이 책은 파이썬이라는 프로그래밍 언어에 관심을 가진 교사와 학생을 포함한 모든 분들에게 유용한 도서입니다.

미래사회에 대처하는 수학교사의 전문성 강화를 위한 연수, AI 관련 정규 교과목을 위한 교재로 유용한 책입니다. 중등학교의 자유학기제의 프로젝트 활동, 창의체험활동, 동아리의 주제탐구 활동, 수학영재교육 등 다양한 탐구활동에 활용될 수 있습니다.

수학과 프로그래밍 교육의 통합

우리는 현대와 같은 지능, 정보, 기술의 융합과학시대를 소위 4차 산업 혁명의 시대라 말합니다. 이 시대는 인공로봇, 챗GPT, 사물인터넷, 무인 자동차 등에서와 같이 소프트웨어의 역할이 더욱 커진 소프트웨어 중심사회입니다. 소프트웨어는 생활에서의 번거로운 일들을 편리하게 자동으로 처리할 수 있게 해 줌으로써 우리의 생활에 큰 변화를 가져왔습니다. 스마트폰 앱만 보아도 너무도 편리한 많은 앱들이 그동안 우리가 상상했던 일들을 실현시켜 주면서 우리의 생활에 편의를 제공하고 있습니다. 앞으로는 소프트웨어로 무장된 인공지능 로봇과 함께 일해야 하는 시대가 됩니다. 혁명이라 부를 정도의 급격한 시대의 변화는 사람들이 지식에 접근하고 서로 소통하는 방식과 함께 정치, 경제, 교육 등 사회 전반에 걸쳐 변화를 요구하고 있습니다.

교육 내용 및 방법에서도 변화가 요구되고 있습니다.

특히 세계 교육의 흐름에서 주목할 만한 것은 교육에 지대한 영향을 미쳤던 컴퓨터의 사용에 대한 패러다임이 CAI(Computer Assisted Instruction)에서 프로그래밍 교육으로 변하고 있다는 것입니다. 영국을 비롯한 세계 여러 나라에서 이미 초중등교육과정에 프로그래밍 교육을 도입하여 어떤 문제가 발생하였을 때 문제를 해결하기 위해 자료를 수집하고 이를 정보로 만드는 과정 그리고 자료를 단순화하여 문제 해결의 실마리를 찾고 컴퓨터 프로그래밍을 통하여 문제를 해결할 수 있는 능력의 배양에 초점을 두고 교육하고 있습니다.

프로그래밍 교육의 도입 목적은 문제 해결력과 컴퓨팅 사고력의 개발에 있습니다.

교육에서의 세계적 흐름에 발맞추어 우리나라에서는 '2015년 문이과 통합형 교육과정 총론'에 소프트웨어 교육의 강화에 대한 내용을 포함시켰습니다. 이에 따라 2018년부터 중등 정보교과에서 프로그래밍 교육을 실시하고 있고, 2019년에는 초등교육과정에서 실과 교과에 프로그래밍 교육이 도입되었습니다. 여기서 주목할 것은 컴퓨터 프로그래밍 도입의 목적을 프로그래밍 기능의 숙달보다는 문제해결에 초점을 둔 컴퓨팅 사고(Computational Thinking, CT)의 개발이라고 정하고 있다는 것입니다.

특히 컴퓨팅 사고력은 읽기, 쓰기, 셈하기와 같은 기본적인 소양에 추가되어야 능력입니다.

미래사회의 인재가 갖추어야 할 기본적 소양에 컴퓨팅 사고력을 추가해야 한다고 말합니다. 컴퓨팅 사고란 문제해결, 시스템 디자인 그리고 인간행위에 대한 이해 등을 포함한 기능으로서 모든 사람들이 배우고 사용할 수 있는 읽기, 쓰기, 셈하기와 같은 기본적인 소양에 추가되어야 할 분석적 능력입니다(Wing, 2006). 간단히 말해서, 복잡한 문제를 알고리즘적으로 해결하는 데 사용되는 사고로서 컴퓨터 환경에서는 컴퓨터가 실행할 수 있는 방식으로 문제와 해를 표현하는 일련의 문제해결 방식이라고 볼 수 있습니다.

컴퓨팅 사고의 개발은 수학과 프로그래밍의 통합 속에서 이루어질 때 더욱 효과적입니다.

컴퓨팅 사고의 요소들은 수학적 사고, 모델링과 같은 수학적 문제해결의 요소와 맥을 같이하고 있습니다. 따라서 최근에는 수학교육과 프로그래밍의 통합을 통해 문제 해결력 뿐 아니라 컴퓨팅 사고를 개발하려는 많은 시도가 이루어지고 있습니다.

이러한 시도의 일환으로 이 책에서는 수학에서의 흥미로운 주제를 선정하고 주제 탐구과정에서 수학학습과 코딩의 통합이 이루어지도록 하였습니다. 즉, 이 책을 통해 수학 문제 해결과정에서 자연스럽게 프로그래밍 언어를 익히고, 프로그래밍 과정에서 수학적 능력과 컴퓨팅 사고력의 향상을 기대합니다.

이 책을 꼼꼼하게 검토해 준 문화중학교 장미라 선생님에게 진심으로 감사드립니다.

2024년 3월

지은이

이 책 내용의 구성

- 이 책에서는 개발환경으로 쓰이는 Anaconda와 Jupyter Notebook을 사용하였습니다.
- 이 책에서는 파이썬 프로그래밍 언어를 사용하여 프로그래밍과 수학을 통합하려는 시도를 하였습니다. 프로그래밍을 이용하여 수학 문제를 해결하는 과정에서 프로그래밍 언어의 습득을 기대합니다.
- 프로그래밍을 통해 수학문제를 해결하는 과정에서 컴퓨팅 사고의 개발을 도모하였습니다.
- 주제 선정은 파이썬의 내장함수와 turtle, math, random, matplotlib, numpy, pandas 정도의 모듈만을 써서 해결할 수 있도록 선정하였습니다.
- 알고리즘적 사고와 간단한 프로그램 언어만을 익히기보다는 수학적 분석을 필요로 하는 주제를 선택하였습니다. 단순히 그래프를 그려보거나 미분이나 적분을 계산해 보는 등의 파이썬의 단순기능 습득만을 위한 주제는 배제하였습니다.
- 컴퓨팅 사고력 개발에 기여할 수 있도록 컴퓨팅 사고의 핵심 요소(추상화, 알고리즘, 자동화)를 반영하여 문제해결 과정에 수학적 분석과 프로그래밍 단계를 제시하였습니다.
- 주어진 문제를 해결해 봄으로써 수학 개념의 유용성과 가치를 느낄 수 있는 주제를 선택하였습니다.
- 수학 지식수준과 코딩의 난이도를 고려하여 체계적으로 나열하였습니다.
- 단원은 수와 연산, 확률과 통계, 기하의 세 영역을 선정하였고 각 단원별로 6~7 개의 흥미로운 주제를 다루었습니다.
- 각 프로젝트는 4개의 코너로 구성하여 전개해 가고 있습니다.
    - ◎ 수학 개념 코너에서는 프로그래밍을 위한 관련 수학개념을 설명하였습니다.
    - ◎ 프로그래밍 코너에서는 문제해결에 이르는 알고리즘을 생각하고 프로그램을 작성하도록 하였습니다.
    - ◎ 더 나아가기 코너에서는 제시된 문제의 심화문제를 다루었습니다.
    - ◎ 도전 문제 코너에서는 독자의 탐구욕을 자극하는 문제를 제시하여 스스로 해결해 보도록 하였습니다
- 코딩의 방법은 다양합니다. 이 책에서 제시한 방법은 하나의 예에 불과합니다. 독자 나름대로의 코드 작성을 시도해 보길 권합니다.

파이썬 자료 예제소스

https://drive.google.com/drive/folders/12FGq_CNZLBjLJEa45BFf5qNiubFClybF?usp=drive_link

목차

1부   파이썬

I. Python에 대한 간단한 소개 ··· 2
II. Python의 설치 ·· 3
III. Python의 기초 ·· 11
IV. turtle 그래픽 모듈을 사용하여 도형 그리기 ················ 27

2부   탐구 프로젝트

1. 완전수(Perfect number) ··· 32
   - 프로그램 1-1 「36은 완전수인가?」
   - 프로그램 1-2 「n은 완전수인가? 판별함수」
   - 프로그램 1-3 「완전수 리스트 함수」
   - 프로그램 1-4 「완전수 부족수 과잉수 판별함수」
   - 프로그램 1-5 「완전수 부족수 과잉수 개수 구하기 함수」
   - 프로그램 1-6 「소수 판별함수」
   - 프로그램 1-7 「유클리드 원리에 따라 완전수 찾기 함수」

2. 유클리드 호제법(Euclidean Algorithm) ···························· 46
   - 프로그램 2-1 「최대공약수1」
   - 프로그램 2-2 「유클리드 호제법1」
   - 프로그램 2-3 「유클리드 호제법1 함수」
   - 프로그램 2-4 「유클리드 호제법2 함수」
   - 프로그램 2-5 「n개 수의 최대공약수」

3. 피보나치 수열(Fibonacci sequence) ·· 56

    프로그램 3-1 「등차수열 항 말하기 함수」
    프로그램 3-2 「등비수열 항 말하기 함수」
    프로그램 3-3 「재귀함수에 의한 피보나치 수열항 나열」
    프로그램 3-4 「피보나치 수열의 짝수항들의 합」
    프로그램 3-5 「피보나치 수열과 황금비의 관계」
    프로그램 3-6 「피보나치 수열의 인접한 두 항의 비 그래프」

4. 에라토스테네스의 체(Eratosthencs Sieve) ··· 67

    프로그램 4-1 「소수 판별 함수」
    프로그램 4-2 「주어진 수 보다 작은 모든 소수 나열하기」
    프로그램 4-3 「에라토스테네스의 체1」
    프로그램 4-4 「에라토스테네스의 체2」
    프로그램 4-5 「에라토스테네스의 체3」
    프로그램 4-6 「소인수분해」
    프로그램 4-7 「코드 속도 비교」

5. 원리합계(Amount of principal and interest) ·· 79

    프로그램 5-1 「정기예금(연복리)원리합계」
    프로그램 5-2 「적금(복리)원리합계」
    프로그램 5-3 「복리 적금 원리합계 함수」
    프로그램 5-4 「목표액 달성기간(정기예금) 함수」
    프로그램 5-5 「목표액 달성기간(적금) 함수」
    프로그램 5-6 「목표액 달성기간(적금) 구하기」

6. 전기요금(Electric charges) ··· 91

    프로그램 6-1 「그래프 그리기」
    프로그램 6-2 「사용량에 따른 전기요금」
    프로그램 6-3 「사용량에 따른 전기요금 그래프1」
    프로그램 6-4 「사용량에 따른 전기요금 그래프2」

프로그램 6-5「전기요금 표 만들기」

7. 콜라츠 추측(Collatz conjecture) ·················· 102

프로그램 7-1「우박수열_500」
프로그램 7-2「우박수열_m」
프로그램 7-3「각 수에 대응하는 우박수열 길이의 그래프」
프로그램 7-4「콜라츠 추측 path들」

8. 마방진(Magic square) ·················· 111

프로그램 8-1「홀수차 마방진 만들기」
프로그램 8-2「3차의 모든 마방진 생성」
프로그램 8-3「각 행의 합」
프로그램 8-4「각 열의 합」
프로그램 8-5「각 대각선의 합」
프로그램 8-6「마방진 판별」

9. 하노이 탑 퍼즐(Tower of Hanoi puzzle) ·················· 122

프로그램 9-1「이동횟수 구하기 함수」
프로그램 9-2「이동경로함수」

10. 님 게임(Nim game) ·················· 130

프로그램 10-1「컴퓨터 필승1」
프로그램 10-2「컴퓨터 필승2」

11. 황금 나선(Golden spiral) ·················· 141

프로그램 11-1「피보나치수열의 첫째항부터 n번째 항까지 나열」
프로그램 11-2「피보나치수열의 첫째항부터 n번째 항의 list」
프로그램 11-3「피보나치 나선 그리기」
프로그램 11-4「피보나치 나선 그리기 함수」
프로그램 11-5「황금 나선 그리기 함수」

프로그램 11-6 「정사각형안의 사분원 그리기 함수」
프로그램 11-7 「정사각형이 있는 함수」

12. 장미꽃 디자인(Roseflower design) ·· 154
프로그램 12-1 「정다각형 그리기」
프로그램 12-2 「정오각형 장미(작은 정오각형부터 그리기 시작하기)」
프로그램 12-3 「정n각형 장미(작은 정n각형부터 그리기 시작하기)」
프로그램 12-4 「정오각형 장미(큰 정오각형부터 그리기 시작하기)」
프로그램 12-5 「색칠한 정오각형 장미」
프로그램 12-6 「정n각형 장미에 임의의 색칠」

13. 별 다각형(Star polygon) ·· 168
프로그램 13-1 「(8,3)타입의 별 다각형1」
프로그램 13-2 「서로소인 q,p에 대한 별 다각형그리기 함수」
프로그램 13-3 「(8,3)타입 별 다각형 2」
프로그램 13-4 「서로소인 q,p에 대한 (q,p)타입 별 다각형 함수 2」
프로그램 13-5 「임의의 q,p에 대한 (q,p)타입 별 다각형 함수」

14. 코흐 눈송이(Koch snowflake) ··· 182
프로그램 14-1 「코흐 곡선 그리기 재귀함수」
프로그램 14-2 「코흐 눈송이 함수」
프로그램 14-3 「코흐 눈송이 변형 함수」

15. 프랙탈 나무(Fractal tree) ··· 191
프로그램 15-1 「이진나무 그리기 함수1」
프로그램 15-2 「이진나무 그리기 함수2」
프로그램 15-3 「피타고라스 나무 그리기 함수1」
프로그램 15-4 「피타고라스 나무 그리기 함수2」

16. π의 근삿값(Approximation to Pi) ·· 205
    프로그램 16-1 「다트보드 그리기 함수」
    프로그램 16-2 「다트를 던지고 원 안의 점의 수세기」
    프로그램 16-3 「다트보드 그리기, 던지기」
    프로그램 16-4 「$\sum_{i=1}^{n} \frac{1}{i^2}$ 구하기」

17. 베르트랑의 역설(Bertrand's paradox) ·· 213
    프로그램 17-1 「원 그리기」
    프로그램 17-2 「막대던지기 모의실험 함수」
    프로그램 17-3 「베르트랑 확률계산」

18. 벤포드 법칙(Benford's law) ·· 222
    프로그램 18-1 「n개의 수 $2^1, 2^2, 2^3, \cdots 2^n$ 중 첫째자리 수가 k인 수의 개수 함수와 그래프」
    프로그램 18-2 「$\log_{10} 2^n$, $n = 1, 2, 3, \cdots$의 가수의 분포를 보여주는 함수」

19. 몬티 홀 문제(Monty Hall problem) ·· 230
    프로그램 19-1 「선택에 따른 성공확률」
    프로그램 19-2 「확률의 변화 그래프」
    프로그램 19-3 「몬티 홀 문제의 일반화 함수」

20. 행렬과 최소제곱문제(least squares problem) ································· 241
    프로그램 20-1 「벡터의 내적과 곱, 행렬의 합과 곱」
    프로그램 20-2 「함수 그래프 그리기」
    프로그램 20-3 「산점도 그리기」
    프로그램 20-4 「산점도와 추세선 함께 그리기」
    프로그램 20-5 「손실함수 구하기」
    프로그램 20-6 「추세선 구하기」
    프로그램 20-7 「추세곡선 구하기」

3부   예제 프로그램 다운로드 및 설치방법

1. 프로그램 예제 다운로드 ·· 258
2. ColabTurtlePlus 설치방법 ·· 259
3. 프로그램 차례 ·· 260

1부

파이썬

I. Python에 대한 간단한 소개

Python은 1991년 프로그래머인 '귀도 반 로섬'(Guido van Rossum)이 발표한 고급 프로그래밍 언어로서 간단하고 쉬운 문법으로 구성되어 있어 프로그래밍 언어 초보자가 배우기에 적합한 언어이다. Python이라는 이름은 귀도가 좋아하는 코미디 프로그램〈Monty Python's Flying Circus〉에서 따온 것이며 비영리 Python 소프트웨어 재단이 관리하는 개방형, 공동체 기반 개발 모델로서 초보자부터 전문가까지 사용자층을 보유하고 있다.

Python에는 '라이브러리'(Library)라는 것이 존재한다. 라이브러리는 모듈과 패키지로 이루어져 있으며 표준 라이브러리와 외부 라이브러리가 있다. 표준 라이브러리는 파이썬을 설치할 때 기본적으로 설치되는 라이브러리이고 외부 라이브러리는 파이썬이 아닌 외부에서 개발한 모듈과 패키지로 이루어져 있다. 보통 구글을 찾아보면 많은 라이브러리가 존재한다.

패키지란 특정한 기능과 관련된 여러 가지 모듈들을 하나의 상위 폴더에 넣어놓은 것으로 패키지에는 여러 개의 폴더가 존재한다.

모듈이란 특정 기능들(함수, 변수, 클래스 등)이 담겨있는 파일을 말하며, 내장함수가 아닌 외장 함수의 경우 import를 써서 외부모듈을 불러와야 한다.

II. Python의 설치

Python을 사용하는 방법은 크게 두 가지로 분류할 수 있다. 직접 본인의 PC에 설치하는 방법과 cloud서버를 이용하는 방법이 있다. 이 책에서는 PC에 Python을 설치하는 여러 방법 중 Anaconda를 설치하여 사용하는 방법과 구글 Colaboratory(이하 Colab)를 사용하는 방법에 대해 간단히 소개하겠다.

1. Anaconda 다운로드 및 설치

아나콘다는 수학과 과학 분야에서 사용되는 여러 패키지들을 묶어 놓은 Python 배포판으로서 SciPy, NumPy, Matplotlib, Pandas 등을 비롯한 많은 라이브러리들을 포함하고 있다. 이 아나콘다를 사용하면 간단하게 파이썬으로 코딩을 할 수 있는 환경을 만들 수 있다.

먼저 아나콘다 배포판을 설치하기 위해 다음 URL로 이동한다. 아나콘다에는 Window용, MacOS용, Linux용이 있으나 여기서는 윈도우용 아나콘다를 설치해 보기로 한다.

1. 사이트 https://www.anaconda.com/products/distribution에 들어가서 Anaconda Distribution화면이 나타나면 'Get Additional Installers'를 클릭한다.

2. 접속하는 OS 환경에 맞게 installer를 눌러 설치하도록 한다.

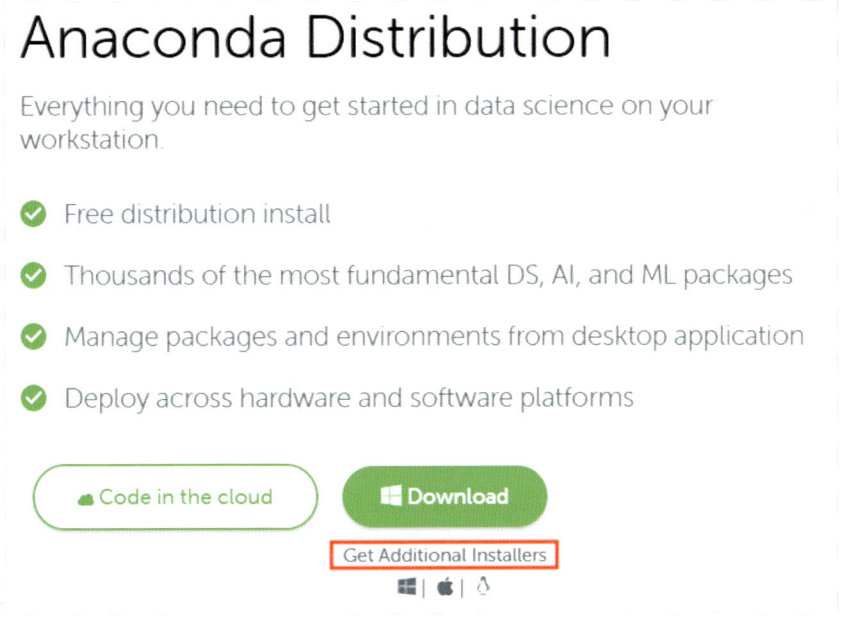

3. 나타나는 실행파일을 클릭하면 다음과 같은 화면이 나타나고 'next'를 클릭한 installer의 지시에 따라 설치한다. 설정은 모두 기본 설정 그대로 해도 된다. 설치가 종료됨과 동시에 파이썬 관련 파일, Anaconda Navigator라는 데스크톱 앱이 설치된다.

2. Anaconda Navigator의 실행

Windows화면의 시작 메뉴에서 Anaconda → Anaconda Navigator를 차례로 클릭하여 Anaconda Navigator를 실행한다. 이 책에서 사용할 파이썬 코드 편집기는 Jupyter Notebook으로 이 화면에서 실행할 수 있다.

4 파이썬으로 여는 수학의 문: 창의적인 탐구 프로젝트

이 책에서의 코드실행을 위해서 필요한 Numpy, matplotlib, random 패키지가 설치되어야 한다. 아나콘다에는 기본적으로 이러한 패키지가 설치되어 있지만 확인해 보자.

(1) Anaconda Navigator화면에서 왼편의 Environments를 선택한다.

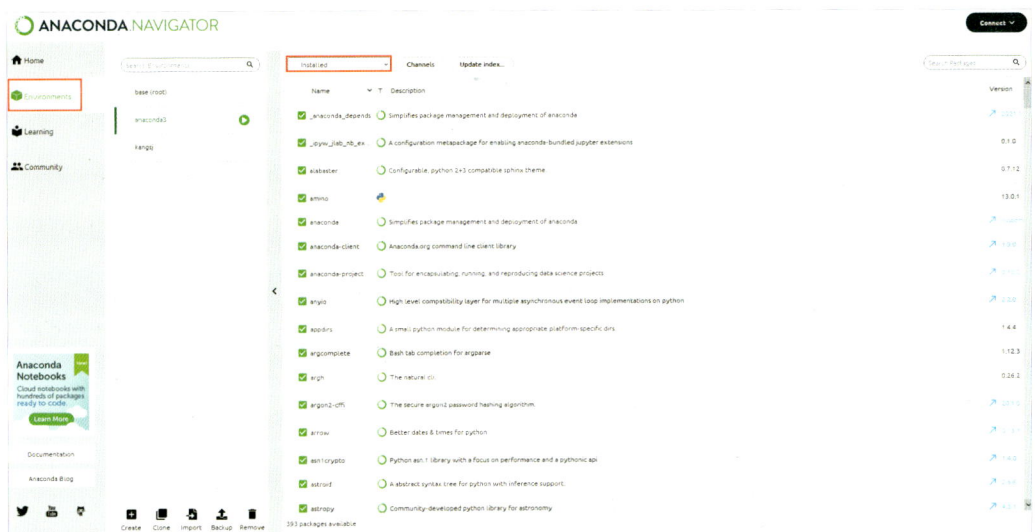

(2) 이 화면 중앙 위 쪽 풀다운 메뉴의 'installed' 대신 'Not installed'를 선택하고 오른쪽 맨끝 검색창에 확인코자하는 패키지 명 Numpy를 입력하여 검색한다고 하자. 검색결과에 Numpy가 없으면 설치 된 것이다. 만일 있다면 설치되지 않은 것이므로 Numpy를 선택하고 오른쪽 아래 'Apply'를 클릭하여 Numpy를 설치한다.

3. Jupyter Notebook의 사용법

Jupyter Notebook은 대화형 Python 인터프리터(Interpreter)로서 웹 브라우저 환경에서 Python 코드를 작성 및 실행할 수 있는 툴이다. 이 책에서는 Jupyter Notebook 형식으로 코드를 작성하고 실행하고자 한다.

(1) Anaconda Navigator 홈 화면의 Jupyter Notebook 아이콘의 'launch' 버튼을 클릭하면 아래와 같은 화면이 나타난다. 'launch' 버튼 대신 'install' 버튼이 있는 경우는 Jupyter Notebook이 설치되어 있지 않은 것이므로 'install' 버튼을 눌러 Jupyter Notebook을 설치한다.

(2) 위 화면에서 오른쪽 상단의 「New」-「python 3」를 클릭하거나 「Files」메뉴에서 「New Notebook」-「Python3」을 클릭하면 코드를 작성할 화면이 열린다. 이 화면에서 폴더의 이동, 노트북 파일의 작성을 할 수 있다. 파일이름이 'untitled29'인데 이것을 클릭하거나「File」-「Rename」를 선택하여 원하는 이름으로 변경할 수 있다.

(3) 셀이라고 부르는 파란 세로줄 박스에 코드를 작성한 후 실행을 위해 ▶Run 을 클릭하거나 「shift」-「enter」를 누르면 결과가 표시된다. 예를 들어

(4) 코드를 실행하면 자동으로 파일명 'untitled**.ipynb'로 저장되지만, 코드를 작성 후 메뉴에서 「Files」-「Save as...」 을 클릭하거나 「Save and Check point」를 클릭하여 저장할 수도 있다.

(5) 노트북을 종료하고자 할 경우 메뉴에서 「Files」-「close and Halt」를 선택한다.

4. Colab 사용법

Colab은 Colaboratory의 약자로서 google에서 제공하는 클라우드 기반의 무료 jupyter notebook 개발 환경이다. 클라우드 기반으로 여러 명이 동시에 수정이 가능하고, 제작된 자료를 공유도 쉬워 학습자료를 개발하여 배포하기에도 용이하다. 또한 성능이 좋고 빠르며 오류 발생시 오류에 대한 구글 검색 결과도 쉽게 찾아볼 수 있다. 사용방법은 간단하다. 구글창에 colab을 검색하여 접속하거나 주소창에 다음의 주소를 입력하여 접속할 수 있다.

https://colab.research.google.com

접속하면 다음과 같은 창을 만날 수 있다.

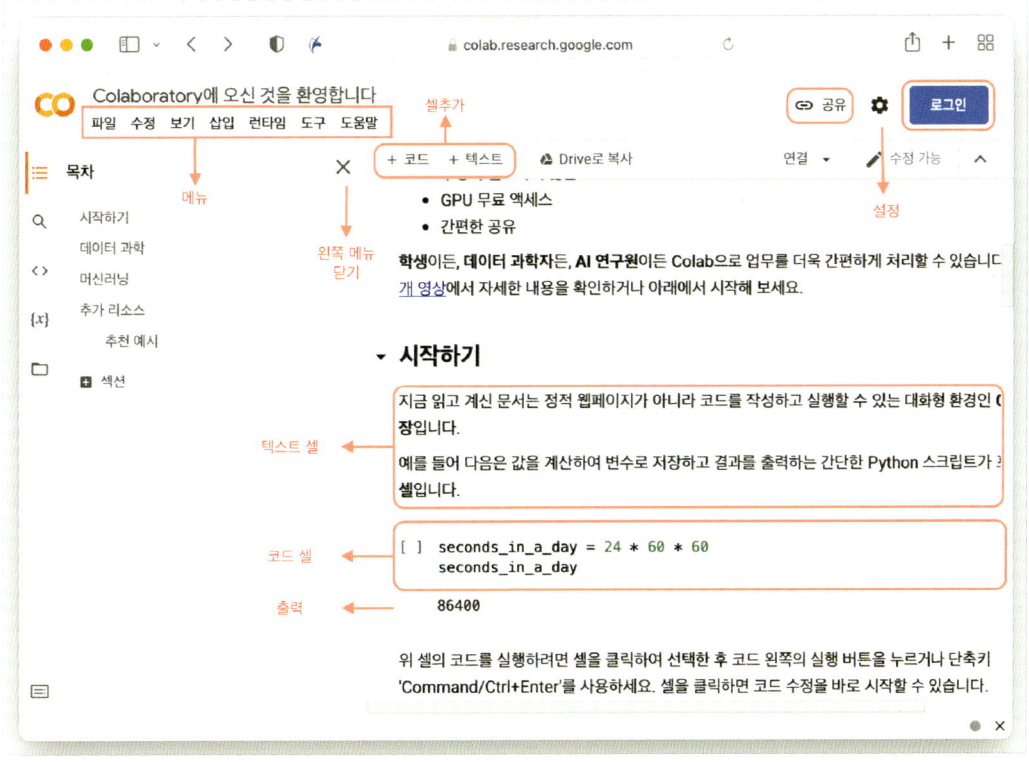

우선 오른쪽 상단의 로그인 버튼을 눌러 로그인을 한다. colab은 jupyter notebook과 마찬가지로 텍스트와 프로그램 코드를 자유롭게 작성할 수 있다. 코드창과 텍스트창을 구분하여 추가할 수 있으며 이러한 구성으로 학습자료를 만들어 쉽게 공유도 가능하다. 이제 간단한 설정과 실습을 통해 colab 사용법을 익혀보겠다.

(1) 환경설정

왼쪽 상단의 메뉴에서 [파일] - [새노트]를 차례로 클릭하면 새로운 노트북이 열린다. 바로 사용해도 되지만 실습 환경을 동일하게 하기 위해 다음과 같이 몇 가지 설정을 진행하겠다. 오른쪽 상단의 톱니바퀴 모양(✿)을 클릭하면 다음과 같은 설정창이 표시된다.

좌측 편집기 탭을 클릭하여 들여쓰기 너비(공백 개수)를 4로 선택하고 행 번호 표시에 체크한 후 저장을 누른다.

(2) 텍스트 셀

셀은 colab에서 실행하는 최소단위이다. 코드 셀과 텍스트 셀이 존재하며 텍스트 셀은 코드처럼 실행되는 것이 아니니 자유롭게 작성가능 하며, 교육자료로 사용할 경우 설명 및 과제를 제시하는 데 이용할 수 있다. 텍스트 셀은 텍스트셀 추가 버튼을 눌러서 생성할 수 있고 생성된 텍스트 셀을 선택 후 enter를 누르거나 더블 클릭으로 수정할 수 있게 된다.

텍스트 셀은 HTML과 마크다운을 혼용하여 사용할 수 있다. 익숙하지 않은 방식일 수 있지만 텍스트 창의 도구모음을 이용하면 원하는 형태로 충분히 작성가능하다.

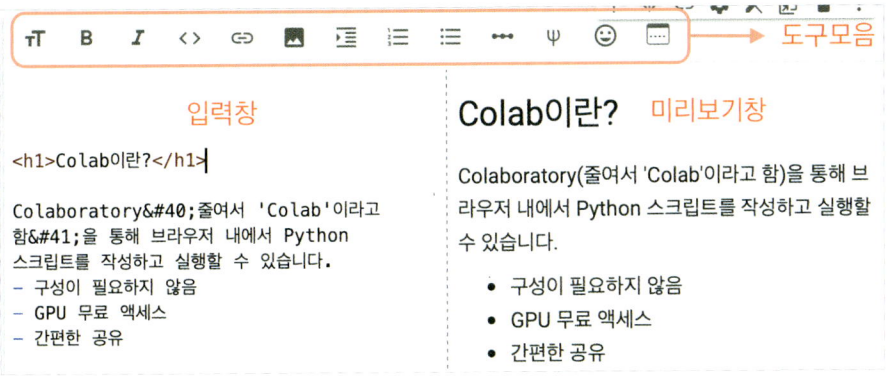

(3) 코드 셀

실제 코드를 작성하는 칸이다. 가장 기본적인 함수인 print()를 사용하여 다음과 같이 작성한 후 실행해보자.

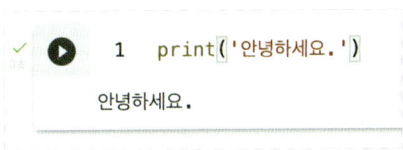

코드를 작성 후 왼쪽 버튼(▶)을 클릭하거나 Shift + Enter를 입력하면 연산의 결과를 확인할 수 있다.

(4) Colab에서 turtle 모듈 사용하기

앞으로 사용할 Turtle모듈은 Colab에서 자동으로 실행되지는 않는다. Turtle을 Colab에서 실행시킬 수 있도록 만들어진 패키지로 ColabTurtle Plus가 있다. 이 모듈을 설치하고 나면 python에서와 똑같이 Turtle을 사용할 수 있다.

〈설치〉

설치는 간단하다. Colab의 코드셀에

!pip install ColabTurtlePlus

을 입력하면 된다. 기본적인 명령은 잘 수행되는데 textinput() 등의 함수는 실행되지 않는다. (완벽한 실행은 Jupyter Notebook에서 실행하기 바란다.)

```
1 !pip install ColabTurtlePlus
```
```
Collecting ColabTurtlePlus
  Downloading ColabTurtlePlus-2.0.1-py3-none-any.whl (31 kB)
Installing collected packages: ColabTurtlePlus
Successfully installed ColabTurtlePlus-2.0.1
```

〈사용 방법 1〉

ColabTurtlePlus을 설치한 후 Turtle 모듈을 사용하기 전에 다음을 입력한다.

    import ColabTurtlePlus.Turtle as turtle

    turtle.clearscreen()

    t=turtle.Turtle()

```
1 import ColabTurtlePlus.Turtle as turtle
2 turtle.clearscreen()
3
4 t=turtle.Turtle()
5
```
Put clearscreen() as the first line in a cell (after the import command) to re-run turtle commands in the cell

〈사용 방법 2〉

ColabTurtlePlus을 설치한 후 Turtle 모듈을 사용하기 전에 다음을 입력한다.

    from ColabTurtlePlus.Turtle import *

    clearscreen()

    t=Turtle()

```
1 from ColabTurtlePlus.Turtle import *
2 clearscreen()
3
4 t=Turtle()
```
Put clearscreen() as the first line in a cell (after the import command) to re-run turtle commands in the cell

III. Python의 기초

여기서 소개하는 파이썬의 기초 내용들은 교재에서 활용되는 것들을 중점적으로 소개한다.

1. 자료의 형태

자료의 형태는 정수, 실수, 복소수, 문자열 등이 있다(우리는 정수와 실수 그리고 문자열만 다루자). 이러한 자료의 입력과 출력을 살펴보자.

1) 숫자 : 정수(int)형과 실수(float)형

Python은 정수(소숫점이 없는 숫자)와 실수(소숫점이 있는 숫자)를 서로 다른 유형으로 인식하며, 함수 type()를 이용하여 입력한 값의 유형을 알 수 있다.

2) 문자열 : string형

- Python에서 문자열은 따옴표 " " (혹은 ' ')를 이용하여 나타내며 문자열에 따옴표가 빠진 경우 오류가 나타난다.
- ' ' 안의 숫자는 문자열로 인식한다. 예를 들어 '25*3'은 문자열로 인식되어 75라는 결과 대신 '25*3' 라고 그대로 출력된다.

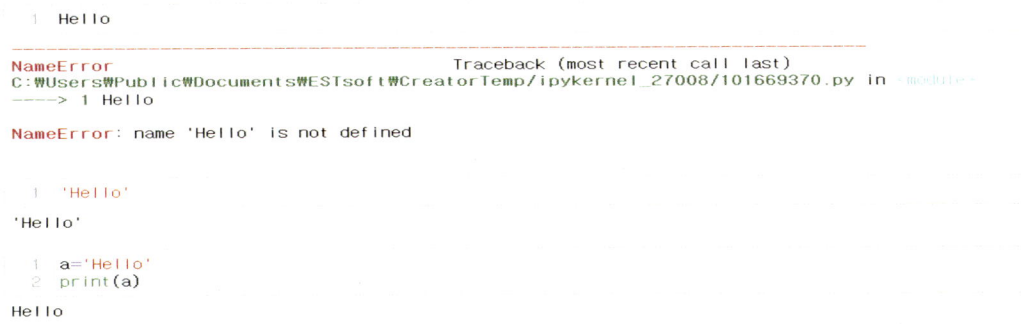

- 문자열에서 덧셈 연산자 '+'은 두 문자열을 이어 나열하고 곱셈 연산자 '문자열*숫자'는 문자열을 숫자만큼 반복한다.

```
1  'Hellow'+' Python'    #띄어쓰기
```
'Hellow Python'

```
1  'Hellow '*3    # Hellow를 3번 반복
```
'Hellow Hellow Hellow '

2. 기본연산

(1) 변수 : 레이블이라고도 하지만 수학적 용어임을 감안하여 수학적 표현 측면에서 변수라는 용어를 사용한다.

① 변수는 정보나 자료를 할당하여 저장하는 그릇이라고 생각할 수 있고 한 변수에 하나의 정보나 자료만 할당할 수 있다. 다른 정보를 입력하면 이전의 정보는 지워지고 새로운 정보만 저장된다.

② 변수의 이름은 그 변수가 나타내는 특성을 반영하여 정하는 것이 좋으며 변수이름을 정할 때는 Python의 규칙을 따라야 한다.

- 변수 이름에는 문자, 숫자, Underscore(_)만 사용할 수 있다.
- 변수 이름은 숫자로 시작할 수 없다.
- 변수 이름에는 Python에서 예약하여 쓰는 단어는 쓸 수 없다.
- Python에서는 소문자와 대문자를 구분한다.
- 변수는 할당문 연산자 "="에 의해 값을 할당 받는다. 파이썬에서의 = 은 왼쪽의 변수에 오른쪽 값을 대입한다는 의미이다. 수학에서 등호 의미로서의 = 대신 파이썬에서는 ==을 사용한다.

```
1  en=90
2  math=85
3  aver=(en+math)/2
4  print(aver)
```
87.5

여기서 en, math, aver은 변수이고 print는 출력을 명령하는 출력함수이다.

③ 변수에 문자를 할당할 수도 있다.

```
1  c='hello'
2  print(c)
```
```
hello
```

④ 문자열과 변수를 함께 나열한 경우 컴마 ,로 구분한다.

```
1  a=24
2  b=5
3
4  c=a*b
5  print('a 곱하기 b의 값 : ',c)
```
```
a 곱하기 b의 값 :  120
```

(2) 기본 연산 : 변수 a, b에 수를 입력하고 간단한 연산을 실행해 본다.

① 사칙연산 : +, -, ×, ÷의 표기

수학에서의 등호'='가 파이썬에서는 같다는 표시가 아니고, 변수에 수나 문자열을 부여하는 의미로 쓰인다. 수학에서 쓰이는 두 값이 같다는 의미의 등호가 파이썬에서는 '=='이다.

```
1   a=36
2   b=45
3
4   c=a+b
5   print('a와 b의 덧셈:',c)
6
7   c=a-b
8   print('a와 b의 뺄셈:',c)
9
10  c=a*b
11  print('a와 b의 곱셈:',c)
12
13  c=a/b
14  print('a와 b의 나눗셈:',c)
```
```
a와 b의 덧셈: 81
a와 b의 뺄셈: -9
a와 b의 곱셈: 1620
a와 b의 나눗셈: 0.8
```

출력을 명하는 글에서 문자열은 " "이나 ' '으로 묶고 변수는 그대로 쓰며 둘 사이는 컴마로 구분한다. 예를 들어 gcd가 변수일 때 '두 수의 최대 공약수는 gcd이다.'라고 출력하려면

print('두 수의 최대 공약수는', gcd, '이다.')

라고 입력한다.

② 비교 연산자

```
1  x==y           # x와 y가 같다.
2
3  x!=y           # x는 y와 같지않다.
4
5  x>y            # x는 y보다 크다.
6
7  x<y            # x는 y보다 작다.
8
9  x>=y           # x는 y보다 크거나 같다.
10
11 x<=y           # x는 y보다 작거자 같다.
```

③ 그 외의 연산자

```
1  a=24
2  b=5
3
4  c=a//b
5  print('a 나누기 b의 가우스값:',c)
6
7  c=-a//b
8  print('-a 나누기 b의 가우스값:',c)
9
10 c=a%b
11 print('a 나누기 b의 나머지:',c)
12
13 c=a**b
14 print('a의 b제곱승:',c)
15
16
```

```
a 나누기 b의 가우스값: 4
-a 나누기 b의 가우스값: -5
a 나누기 b의 나머지: 4
a의 b제곱승: 7962624
```

```
1  a=7
2
3  a+=6    # a=a+6
4  print('a에6을 더한다.',a)
5
6  a*=6    # a=a*6
7  print('a에6을 곱한다.',a)
8
9  a=3e8   # 3에 10을 8번 곱하기
10 print(a)
```
```
a에6을 더한다. 13
a에6을 곱한다. 78
300000000.0
```

연산자의 결합법칙은 수학에서와 비슷하다.

3. 리스트

리스트란 데이터들을 잘 관리할 수 있도록 순서를 정해서 관리하는 데이터 타입의 하나로서 여러 개의 값을 모아 하나의 변수로 다룰 수 있다.

(1) 빈 리스트를 생성한다.

```
1 mylist=[ ]     # mylist= list( ) 라고 쓸 수도 있다.
2 print(mylist)
```
[ ]

(2) 리스트의 값 전체는 기호[ ]로 감싸고 각 요소는 컴마로 구분하며 '변수[인덱스]'로 원하는 요소를 뽑을 수 있다. 리스트의 각 요소의 인덱스는 0,1,2,3...으로 번호가 매겨지고 뒤에서 부터는 인덱스가 -1, -2, -3, …와 같이 매겨진다. 예를 들어 리스트가 sp=['a', 'b', 'c', 'd',]이면 sp[0]=sp[-5]=a, sp[1]=sp[-4]=b, sp[2]=sp[-3]=c, sp [3]=sp[-2]=d이다.

```
1 sp=['a','b','c','d','e']
2 print(sp)
3 print(sp[0],sp[3])
4 print(sp[-1], sp[-3])
```
```
['a', 'b', 'c', 'd', 'e']
a d
e c
```

(3) 관련 함수 : append, insert, remove, sort, reverse, len

① append(입력할 요소) : 리스트 마지막 요소 다음에 다른 요소를 추가한다. 값을 중복해서 추가할 수 있고 추가 순서가 유지된다.

```
1  a=[1,3,5,7,9]
2  a.append(11)
3  print(a)
```
[1, 3, 5, 7, 9, 11]

② insert(입력할 위치, 삽입할 값) : 삽입할 위치에 요소를 삽입한다.

```
1  sp=['a','b','c','d','e']
2  sp.insert(1,'f')
3  print(sp)
```
['a', 'f', 'b', 'c', 'd', 'e']

```
1  nb=[1,2,3,4,5,6]
2  nb.insert(-2,8)
3  print(nb)
```
[1, 2, 3, 4, 8, 5, 6]

③ sort( ) : 요소를 오름차순으로 정렬하고 리스트를 변경해 버린다. 원 리스트는 놔두고 정렬만을 원할 경우는 sorted를 사용하는 것이 좋다. 역정렬(내림차수)의 경우 리스트명. sort (reverse=True) 로 나타낸다.

```
1  mylist=[3,7,8,1,2,9,4,4]
2  mylist.sort()
3  mylist
```
[1, 2, 3, 4, 4, 7, 8, 9]

```
1  mylist=[3,7,8,1,2,9,4,4]
2  mylist.sort(reverse=True)
3  mylist
```
[9, 8, 7, 4, 4, 3, 2, 1]

④ remove(삭제대상요소) : list이름.remove(삭제대상)으로 나타내며 리스트에서 원하는 요소를 삭제한다.

```
1  mylist=[3,7,8,1,2,9,4,4]
2  mylist.remove(4)    # 제거하려는 수 4 대신 인덱스 6의 mylist[6]를 넣어도 된다.
3  mylist
```
[3, 7, 8, 1, 2, 9, 4]

⑤ reverse() : 리스트안의 요소들의 순서를 반대로 바꾼다.

```
1  mylist=[3,7,8,1,2,9,4,4]
2  mylist.reverse()
3  mylist
```
[4, 4, 9, 2, 1, 8, 7, 3]

(4) +로 두 리스트를 합친다.

```
1  m=[1,2,3,4,5]
2  n=['a','b','c']
3  p=m+n
4  print(p)
```
[1, 2, 3, 4, 5, 'a', 'b', 'c']

(5) 리스트와 비슷한 개념으로 튜플이 있다. 리스트는 [ ]으로 둘러싸지만 튜플은 ( )으로 둘러싼다. 리스트는 그 값의 생성, 삭제, 수정이 가능하지만 튜플은 그 값을 바꿀 수 없다.

4. for 문

파이썬에서는 for 문을 사용하여 수행할 내용을 반복 시행할 수 있으며 기본적으로 다음과 같은 구조들이 있다.

(1) for i in 리스트(또는 튜플, 문자열) :

① for 문 다음에는 반드시 콜론 :을 입력하고 다음 줄은 4칸 들여쓰기를 한다.
② 'for i in 리스트' 에서 i 는 리스트 안의 요소들을 말한다. 리스트에서는 차례대로 객체들을 꺼낼 수 있으며 리스트 대신 tuple, 문자열, range 등을 쓸 수 있다. 쉽게 원하는 횟수를 반복하는데 도움이 되는 range를 살펴보자.

(2) for k in range(n1,n2,n3) ;

range(n1,n2,n3)는 n1에서 n2-1까지 n3 간격으로 정수를 나열한 iterable 객체이고 range(n1,n2,1)은 간단히 range(n1,n2)라고 쓰며 n1에서 n2-1까지 정수를 나열한 객체이다. for k in range(n1)은 k=0,1,2,⋯, n1-2, n1-1에 대하여 반복하는 것이므로 결국 n1번 반복하라는 의미이고 for k in range(n1,n2)는 k=n1, n1+1, n1+2, ⋯, n2-2, n2-1에 대하여 반복하라는 의미이다.

```
1  sp=[2,4,7,9]
2  for i in sp:    # 리스트 sp에 있는 모든 요소 i에 대하여
3      print(i*3)
```
```
6
12
21
27
```

```
1  for i in range(4):    # range(4)는 리스트 range(4)=[0,1,2,3]을 의미
2      print(5*i)
```
```
0
5
10
15
```

```
1  for i in range(2,6):    # range(2,6)는 리스트 range(2,6)=[2,3,4,5]를 의미
2      print(5*i)
```
```
10
15
20
25
```

```
1  for i in range(2,12,2):    # range(2,10,2)는 리스트 range(2,10,2)=[2,4,6,8,10]을 의미
2      print(5*i)
```
```
10
20
30
40
50
```

예제1. 1+2+3+ ⋯ +99+100을 구하는 프로그램을 작성해 보자.

```
1  sum=0
2  for i in range(1, 101):
3      sum=sum+i
4
5  print(sum)
5050
```

① sum=0 : 구하는 합을 0부터 시작한다.
② range(1,101)=[1,2,3,⋯, 99,100]이므로 아래와 같은 과정을 거쳐 합 sum이 결정된다.

    i=1이면 sum=sum+1=0+1
    i=2이면 sum=sum+1=(0+1)+2
    i=3이면 sum=sum+1=(0+1+2)+3
                ⋮
    i=100이면 sum=sum+1=(0+1+2+ ⋯99)+100

5. if 문

조건을 나누어 결과를 낼 때 사용한다. if 문 다음에는 반드시 콜론 :을 입력하고 다음 줄은 4칸 들여쓰기를 한다. 프로그래밍에서 조건을 판단하여 해당 조건에 맞는 상황을 수행하라는 명령이 if 문이다. 다음 두 경우를 보자

(1) if-else 문

```
1  subject=input('당신이 좋아하는 과목은 무엇인가요?')  # 좋아하는 과목을 말하면 subject라는 변수에 저장
2  if subject=='수학':
3      print('저도 수학을 좋아합니다.')
4  else:
5      print('유감이네요. 저는 수학을 좋아합니다.')
6
당신이 좋아하는 과목은 무엇인가요?영어
유감이네요. 저는 수학을 좋아합니다.
```

(2) if-elif-else 문

학점 기준에 따라 수학성적의 A,B,C,D를 말해주는 프로그램을 작성해 보자.

```
1  math_s=int(input('점수입력:'))    #입력한 점수를 정수로 인식하도록 int 사용.
2                                   # int가 없으면 점수를 문자로 인식
3  if math_s<70:
4      print("수학학점은 D이다.")
5  elif math_s>=70 and math_s<80:
6      print("수학학점은 C이다")
7  elif math_s>=80 and math_s<90:
8      print("수학학점은 B이다.")
9  else:
10     print("수학학점은 A이다.")
```

점수입력:95
수학학점은 A이다.

6. while 문

조건이 참인 동안은 처리를 반복하여 시행하고 조건이 참이 아닌 경우 while 문을 빠져나간다. while 문 다음에는 반드시 콜론 : 을 입력하고 다음 줄은 4칸 들여쓰기를 한다.

```
1  a=1
2  while a<5:        #조건문
3      print(a,'명의 학생이 학교에 옵니다.')
4      a=a+1
5
```

1 명의 학생이 학교에 옵니다.
2 명의 학생이 학교에 옵니다.
3 명의 학생이 학교에 옵니다.
4 명의 학생이 학교에 옵니다.

앞에서 for문을 사용하여 $1+2+3+\cdots+99+100$을 구하였다. 이제 while문을 사용하여 구해보자.

for 문 사용

```
1  sum=0
2  for i in range(1,101):
3      sum=sum+i
4
5  print(sum)
```
5050

$\Rightarrow$

while 문 사용

```
1  sum=0
2  i=1
3  while i<=100:
4      sum=sum+i
5      i=i+1
6
7  print(sum)
```
5050

① for 문과 while 문은 때때로 바꿔 사용할 수 있다. 위에서 while 문으로 바꿀 때

추가할 내용들에 주의하자.
② while 문 다음에 콜론(:)이 필요하다.
③ 위 코드는 100번 반복이지만 'while True:'를 사용하여 무한 반복을 할 수도 있으며 break를 써서 강제 종료시킬 수도 있다.

```
1  drink_can = 5
2  money=500
3  while money:
4      print('음료수가 나옵니다.')
5      drink_can=drink_can-1
6      print('남은 음료수 수 :', drink_can)
7      if drink_can==0:
8          print('음료수가 매진입니다.')
9          break
```

```
음료수가 나옵니다.
남은 음료수 수 : 4
음료수가 나옵니다.
남은 음료수 수 : 3
음료수가 나옵니다.
남은 음료수 수 : 2
음료수가 나옵니다.
남은 음료수 수 : 1
음료수가 나옵니다.
남은 음료수 수 : 0
음료수가 매진입니다.
```

7. 함수 만들기

파이썬에는 많은 함수들이 있다. 함수는 반복적인 작업이 필요할 때 그 작업을 하나로 묶어두어 간편하게 재사용하도록 하는 코드의 모임으로서 입력값을 받으면 일련의 처리과정을 거친 결과를 보여준다. 우리는 직접 함수코드를 만들어 저장하고 필요할 때 호출하여 쓰도록 하자. 인수는 함수에 들어가는 입력값이고 반환값(return)은 함수로부터 나오는 결과값이다. 함수정의는 def로 시작하고 인수와 반환값은 없어도 된다.

예제2. 예제1에서 1+2+3+ ⋯ +99+100을 구하는 프로그램을 작성하였다. 이제 n을 입력하면 1+2+3+ ⋯ +n 을 구하는 함수를 만들어 보자.

프로그램「1+2+3+ ⋯ +99+100구하기」	프로그램「1+2+3+ ⋯ +99+100구하기 함수」

sum=0
for i in range(1,101):
    sum=sum+i
 	
# 5050출력 	
print(sum)
	def sum_nbs(n):
	    sum=0
	    for i in range(1,n+1):
	        sum=sum+i
	    return sum
	
	# 5050출력
	sum_nbs(100)

위 두 프로그램에서 빨간 글씨에 유의하면서 좌우 관계를 잘 살펴보자. 정의하는 함수 def문 뒤에 콜론(:)을 넣고 다음 줄의 문장은 4칸 들어쓰기를 한다.

8. 재귀적 함수 만들기

$n!$는 $n! = n \times (n-1)!$로, 등차수열은 $a_n = a_{n-1} + d$로, 등비수열은 $a_n = 3a_{n-1}$으로 나타내는 것과 같은 점화식 표현을 재귀적 표현이라고 한다. python에서의 함수 중 코드 안에서 자기 자신을 호출하는 함수를 재귀함수라고 한다. 알고리즘에 따라서 반복문으로 구현한 코드보다 재귀호출로 구현한 함수가 더 직관적이고 이해하기 쉬운 경우가 있다. 특히 재귀함수는 프랙탈 코드에서 유용하게 쓰일 수 있으므로 과정을 잘 이해하는 것이 중요하다.

예제3. $n!$을 구하는 재귀함수를 만들어보자. fac(n)=$n!$인 함수 fac()을 정의하자.

```
1  def fac(n):
2      if n==1:
3          return 1
4      else:
5          return n*fac(n-1)
6
7  print(fac(5))
```
120

① 이 재귀함수가 처리되는 과정을 이해해 보자.
   n=1이면 fac(1)=1을 반환하도록 한다.

그렇지 않으면(n≠1) fac(n)=n×fac(n-1)라고 하자. 이제 먼저 fac(n-1)을 알면 fac(n)을 구할 수 있다.

그런데 fac(n-1)=(n-1)×fac(n-2)이므로 먼저 fac(n-2)을 알아야 한다.
또 fac(n-2)= (n-1)×fac(n-3), 따라서 먼저 fac(n-3)을 알아야 한다.
$\vdots$

fac(2)= 2×fac(1), 따라서 먼저 fac(1)을 알아야 한다.
그런데 fac(1)=1이라고 정했으므로 이제 거슬러 올라가면서 계산하면
    fac(2)=2×1
    fac(3)=3×fac(2)=3×2×1
    fac(4)=4×fac(3)=4×3×2×1
    $\vdots$
    fac(n)=n×fac(n-1)=n×(n-1)×⋯×4×3×2×1

결국
    $n!=$ fac(n)=n×(n-1)×⋯×4×3×2×1

을 계산할 수 있다. 이와같은 과정을 거치므로 일반적인 반복보다 코드는 간단해 지지만 시간은 조금 더 걸릴 수 있다.

9. 그래프 그리기

(1) 모듈, 패키지, 라이브러리의 의미

파이썬을 이용하다 보면 모듈, 패키지, 라이브러리 란 용어가 자주 쓰인다. 간단하게 이 용어들의 의미를 살펴볼 필요가 있다.

파이썬에서 **모듈**이란 .py확장자로 생성된 모든 파일을 말한다. 이 파일 안에는 변수, 함수, 클래스 등을 저장할 수 있고 모듈 자체적으로 실행 가능한 코드를 구현할 수도 있다. 모듈에 정의된 함수를 사용하려면 세 가지 방법이 있는 데 우리가 주로 사용하는 두 가지 방법을 소개한다.

첫째, 해당 모듈을 import 하고 module. function() 형태로 호출한다. 예를 들어 math 모듈 안의 함수 sqrt()을 호출하여 제곱근을 구한다.

```
1 import math
2 math.sqrt(369)   # 함수 sqrt()은 제곱근 함수
19.209372712298546
```

함수 앞에 math라는 모듈명을 일일이 쓰기 불편하면 간단한 이름으로 변경해 불러올 수 있다.

```
1 import math as m
2 m.sqrt(369)   # 함수 sqrt()은 제곱근 함수
19.209372712298546
```

둘째 from을 사용해 모듈의 일부만 import 한다. 예를 들어 math 모듈에서 sqrt 함수만 불러온다. 이때는 함수 앞에 모듈명을 쓰지 않는다.

```
1 from math import sqrt    # math 모듈에서 sqrt 함수만 가져옴
2 sqrt(2.0)                # sqrt 함수를 바로 사용
1.4142135623730951
```

파이썬에서 **패키지**란 특정 기능과 관련된 모듈들을 모아놓은 폴더이다. 대표적인 패키지로 numpy, pandas 등이 있다. 파이썬에서 **라이브러리**란 패키지와 혼용해서 쓰는 용어로 패키지를 모아놓은 집합체의 의미를 갖는다. 예를 들어 우리가 그래프 그리는 데 사용할 matplotlib는 파이썬용 데이터 시각화 라이브러리이다. 실은 numpy나 pandas를 패키지라고 했지만 기능이 매우 다양하기 때문에 라이브러리라고 해도 무방하다. 결국 모듈, 패키지, 라이브러리는 다음과 같은 포함관계를 갖는다.

$$\text{모듈} \subset \text{패키지} \subset \text{라이브러리}$$

(2) matplotlib과 numpy를 이용하여 그래프 그리기

Numpy는 수학, 과학 연산을 위한 파이썬의 필수적이고 기본적인 패키지로서 행렬/배열 처리 및 연산, 난수 생성 등에 이용된다. matplotlib은 데이터 시각화와 2D 그래프 플롯에 사용되는 시각화 패키지로서 꺾은선 그래프, 히스토그램 등 다양한 유형의 그래프를 그릴 수 있다.

또한 데이터 곡선, 눈금, 제목, 범례 등 다양한 그래프 구성 요소를 나타낼 수 있다. 이 패키지들을 사용하고자 하는 경우 numpy 사용을 위해서는 다음과 같이 입력한 후 프로그램 작성을 시작한다.

$$\text{import numpy as np}$$

matplotlib 사용을 위해서는 다음과 같이 입력한 후 프로그램 작성을 시작한다.

$$\text{import matplotlib.pyplot as plt}$$

예제1. 다음과 같이 주어진 데이터를 좌표평면에 나타내시오.

(1,1), (2,4), (3,9), (4,16), (5,25), (6,36), (7,49), (8,64)

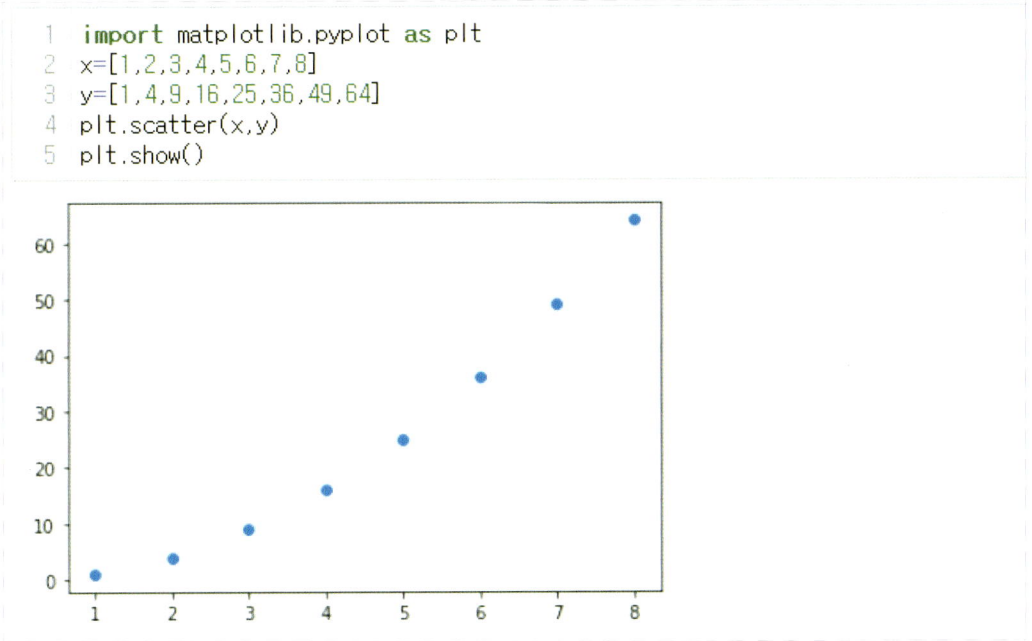

예제2. $y = \sin x$ 함수 그래프를 그려보자. 아래의 코드는 numpy를 사용하여 임의의 데이터를 생성하고 matplotlib으로 이를 시각화한 것이다.

```
1  import numpy as np
2  import matplotlib.pyplot as plt
3
4  x=np.linspace(1,20,100)    # 1에서 20까지 균일한 간격으로 100개 데이터를 array
5  y=np.sin(x)
6  plt.plot(x,y)              # (x,y) 점 찍기
7
8  plt.xlabel('x')            # x축 이름 붙이기
9  plt.ylabel('y')            # y축 이름 붙이기
10 plt.grid()                 # 격자만들기
11 plt.title('sine function') # 그래프 제목 붙이기
12
13 plt.show                   # 그래프를 시각적으로 반환하기
```

<function matplotlib.pyplot.show(*args, **kw)>

① 정해진 x데이터를 사용하지 않고 특정구간에서 그래프 형태를 확인하기 위해서는 np.linespace() 함수를 사용하는 것이 좋다. numpy의 np.linespace()은 지정 구간을 균일한 간격으로 나누는 숫자들을 반환한다. 예를 들어 np.linespace(1,20,100)은 1에서 20까지 100개의 균일한 간격의 숫자들의 배열이다. 분할 개수 100을 생략할 경우 디폴트 50개로 분할한다.

② plt.plot(x,y)는 (x,y) 점을 찍고 그것들을 선으로 연결하라는 것이다. 이때 x값들이 세분되어 있을수록 부드러운 곡선이 만들어진다.

IV. turtle 그래픽 모듈을 사용하여 도형 그리기

이 교재에서는 python의 turtle모듈을 이용하여 도형문제를 해결해 본다. turtle(거북이) 그래픽은 아이들에게 프로그래밍을 소개하는 데 널리 사용되는 방법으로 1967년 Wally Feurzeig, Seymour Papert 및 Cynthia Solomon이 개발한 최초의 로고(Logo) 프로그래밍 언어의 일부이다.

turtle 모듈을 불러오기 위해서는 import turtle, import turtle as t, from turtle import*의 표현 방법으로 불러온다. import turtle라고 불러오는 경우 forward()함수는 turtle.forward()라고 입력한다. import turtle as t라고 불러오는 경우 forward()함수는 간단히 t.forward()라고 입력한다. from turtle import * 라고 불러 오는 것은 모든 함수를 불러온다는 것으로 이때는 모듈명을 생략해서 forward() 라고 쓴다.

잠깐!

- as는 프로그래밍할 때 보다 간단하게 표현하기 위해 사용한다. 만약 import turtle as tur이라고 입력했다면 같은 forward 명령어를 tur.forward()로 입력해야 한다. 이처럼 원하는 문자를 입력할 수 있지만 라이브러리 개발자들이 사용을 권하는 표현이 있어 이를 사용하는 것이 좋다. numpy는 np, matplotlib은 plt, pandas는 pd를 사용한다. 본 교재에서는 turtle을 t로 사용할 것이다.

잠깐!

- colab에서 turtle 사용하는 법
  Colab은 클라우드 pc를 사용하기 때문에 팝업창으로 turtle의 움직임을 볼 수 없다. colab에서 사용하기 위해서는 ColabTurtlePlus를 설치하고 다음과 같이 불러와야 한다.
      !pip install ColabTurtlePlus
      from ColabTurtlePlus import Turtle as t
      t.initializeTurtle()
  이후 동일하게 사용할 수 있다.

그래픽 창에는 항상 기본 오브젝트인 화살표가 나타나 있고 이것을 다음과 같은 여러 가지 모양으로 바꿀 수 있다. Logo에서 쓰이는 오브젝트가 거북이므로 이 오브젝트들을 모양에 관계없이 거북이라고 표현하자.

모양명 : classic(기본값), circle, square, triangle, arrow, turtle

기하학적 도형을 위한 프로그래밍 언어이자 통합개발 환경(IDE)인 프로세싱(Processing)을 사용하기도 한다. 프로세싱은 컴퓨터 프로그래밍의 본질을 시각적 개념으로 프로그래머가 아닌 사람들에게 교육할 목적으로 뉴 미디어 아트, 시각 디자인 공동체를 위해 개발되었다. 우리는 기하학적 탐구활동에 적합한 turtle을 이용하자.

(1) 필요한 명령어를 간단히 살펴보자.

	함수	설명
Turtle motion	forward(거리) | fd(거리)	거북이가 앞으로 이동한다.
	backwoard(거리) | bk(거리) | back(거리)	거북이가 뒤로 이동한다.
	left(각도) | lt(각도)	거북이가 왼쪽으로 회전한다.
	right(각도) | rt(각도)	거북이가 오른쪽으로 회전한다.
	circle(반지름)	현재 위치에서 원을 그린다.
	goto(x, y) | setpos(x, y) | setposition(x, y)	거북이를 특정 위치(좌표)로 보낸다.
	setx(x)	거북이의 x 좌표를 지정한 위치로 이동한다.
	sety(y)	거북이의 y 좌표를 지정한 위치로 이동한다.
	home()	거북이의 위치와 방향을 처음 상태로 돌린다.
	pos() | position()	거북이의 현재 위치(좌표)를 구한다..
	xcor()	거북이의 x 좌표를 구한다.
	ycor()	거북이의 y 좌표를 구한다.
	heading()	거북이가 현재 바라보는 각도를 구한다.

	함수	설명
Pen control	pendown() | pd() | down()	펜을 내린다. (그리기를 시작할 상태)
	penup() | pu() | up()	펜을 올린다. (그리기를 멈춘 상태)
	pensize(굵기) | width(굵기)	펜 굵기를 정한다.
	color("색상명")	펜 색을 정한다.
	fillcolor("색상명")	도형 내부를 칠하는 색을 정한다.
	begin_fill()	도형 내부를 색칠할 준비를 한다.
	end_fill()	도형 내부를 색칠을 끝낸다.
	reset()	화면을 지우고 거북이도 원래 자리와 상태로 되돌린다.
	clear()	거북이를 그대로 둔 채 화면을 지운다.

	함수	설명
Turtle state	showturtle() | st()	거북이를 화면에 표시한다.
	hideturtle() | ht()	거북이를 화면에서 숨긴다.
	shape("모양명")	거북이 모양을 바꾼다. 모양명 : classic(기본값), circle, square, triangle, arrow, turtle

예제1. 다음 그림과 같이 삼각형 모양의 꽃잎을 가진 꽃을 그리고 색칠하시오.

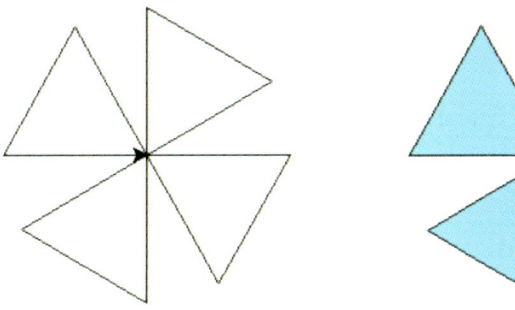

```
1  import turtle as t
2
3  for j in range(4):
4      # 삼각형 그리기
5      for i in range(3):
6          t.fd(100)
7          t.rt(120)
8      # 꽃잎 4장 그리기 위해 90돌기
9      t.rt(90)
```

```
1  import turtle as t
2
3  for j in range(4):
4      # 삼각형 그리고 색칠하기
5      t.fillcolor('skyblue')
6      t.begin_fill()
7      for i in range(3):
8          t.fd(100)
9          t.rt(120)
10     t.end_fill()
11
12     # 꽃잎 4장 그리기 위해 90돌기
13     t.rt(90)
```

2부

탐구 프로젝트

1. 완전수(Perfect number)

완전수란 자기 자신을 제외한 다른 약수들의 합이 자신과 같은 수를 말한다. 다르게 말하면 모든 약수를 더했을 때 자기 자신의 2배가 되는 수를 말한다. 예를 들어 6이라는 수는 자신을 제외한 약수는 1, 2, 3이고 그 합 $1+2+3=6$이므로 완전수이다.

고대 그리스의 피타고라스 학파는 많은 신비로운 수들을 발견하여 수에 관한 이론의 발전에 첫걸음을 내디딘 것으로 인정받고 있다. 완전수의 개념도 피타고라스 학파의 업적일 것이라고 추측하고 있다. 그들은 지구가 6일 만에 창조되었고 달이 28일마다 지구를 공전함을 예로 들며 이러한 수에 완전성의 의미를 부여하였다.

완전수에 관한 수학적인 연구는 수 천년간 사람들의 흥미를 끄는 수로서 다루어져 왔다.

유클리드는 2^p-1이 소수이면 $2^{p-1}(2^p-1)$은 완전수라고 했지만 2^p-1꼴의 소수를 찾는 것도 어려운 문제였다. 최근 2000년 전까지 발견된 완전수도 6, 28, 496,… 등 겨우 수십 개에 불과 했다.

오일러가 모든 짝수인 완전수는 모두 $2^{p-1}(2^p-1)$꼴임을 증명하였으나 홀수인 완전수가 존재하는지는 아직까지도 미해결 문제로 남아있다.

수학개념	약수, 소수, 진약수, 완전수, 과잉수, 부족수
코딩개념	변수, 리스트, 반복문(for문), 함수, 조건문(if~else문, if~elif ~else문)

프로젝트 1 완전수 찾기

완전수를 찾고 완전수, 부족수, 과잉수를 판단하는 프로그램을 작성해보자.

◎ 수학 개념

문제1. 완전수, 과잉수, 부족수에 대하여 알아보시오.

n의 약수 중 자기 자신 n을 제외한 다른 약수들을 **진약수**(proper divisor)라고 한다. 예를 들어 6의 진약수는 1, 2, 3이고 14의 진약수는 1, 2, 7이다.
- 어떤 n이 진약수들의 합과 같으면 이 수를 **완전수**(perfect number)
- 어떤 n이 진약수들의 합이 n보다 크면 **과잉수**(abundant number)
- 어떤 n이 진약수들의 합이 n보다 작으면 **부족수**(deficient number)라고 한다.
  예를 들어 $6 = 1 + 2 + 3$이므로 6은 완전수, $12 < 1 + 2 + 3 + 4 + 6$이므로 12는 과잉수, $14 > 1 + 2 + 7$이므로 14는 부족수이다.

문제2. 사실 유클리드의 <원론>(기원전 300년경) 제4권에서

$$\text{`}2^p - 1\text{이 소수이면 } 2^{p-1}(2^p - 1)\text{은 완전수'}$$

라는 명제를 증명하고 있다. 이 유클리드 명제에 따라 완전수를 구해보시오.

소수란 1과 자기 자신의 수만을 약수로 갖는 수로서 $2, 3, 5, 7, 11, 13, 17 \cdots$ 등이 있다. $p = 1, 2, 3, \cdots$ 에 대하여 살펴보면
- $p = 2$일 때 $2^p - 1 = 3$은 소수이고 따라서 $2^{p-1}(2^p - 1) = 6$은 완전수
- $p = 3$일 때 $2^p - 1 = 7$은 소수이고 따라서 $2^{p-1}(2^p - 1) = 28$은 완전수
- $p = 5$일 때 $2^p - 1 = 31$은 소수이고 따라서 $2^{p-1}(2^p - 1) = 496$은 완전수
- $p = 7$일 때 $2^p - 1 = 127$은 소수이고 따라서 $2^{p-1}(2^p - 1) = 8128$은 완전수
  $\vdots$

이들은 모두 짝수이다. p가 소수이면 $2^p - 1$은 소수인 듯 보이나 $p = 11$일 때 $2^{11} - 1 = 2047$은 소수가 아니다. 따라서 $2^p - 1$꼴의 수가 언제 소수인가를 알면 완전수

$2^{p-1}(2^p-1)$를 구할 수 있으나 아주 최근까지 알려진 2^p-1꼴의 소수(이러한 소수를 메르센느 소수라고 한다.)는 51여개에 불과하다.

◎ 프로그래밍

문제1. 36의 진약수 리스트를 찾고 36이 완전수인지 판별하는 프로그램을 위한 알고리즘을 작성해 보시오.

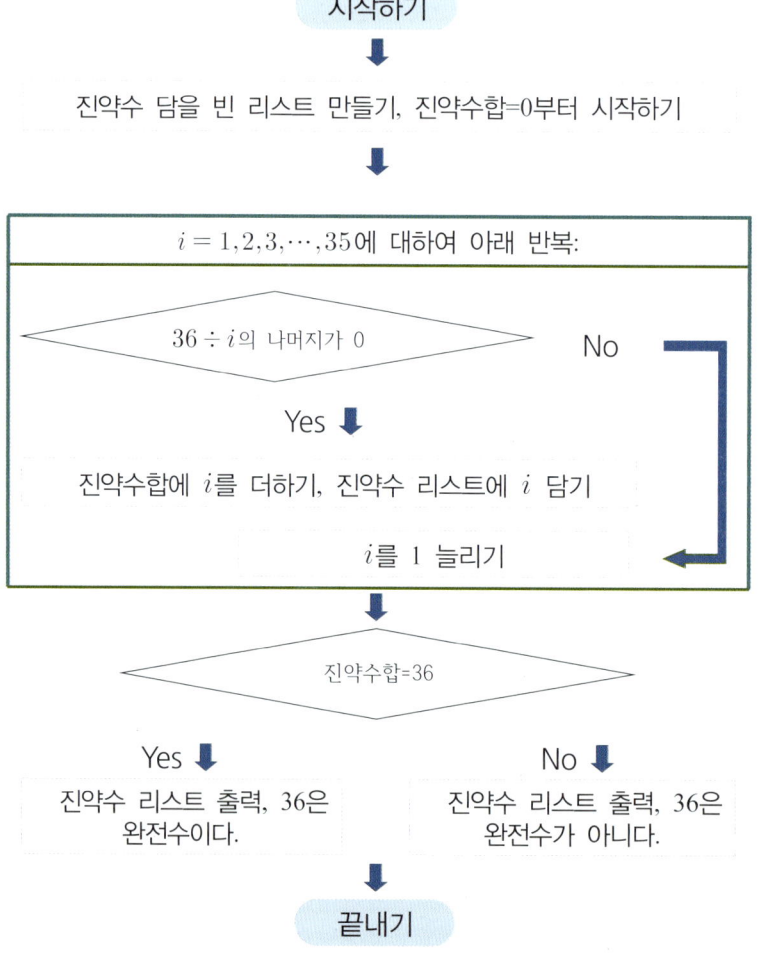

문제2. '주어진 수가 자신의 진약수들의 합과 같다'는 완전수의 정의를 이용하여 36이 완전수인지 아닌지 판별하는 프로그램을 작성해 보시오. 36이 완전수인지 아닌지의 판별은 간단하지만 이를 프로그래밍 언어로 표현해 보자.

> **변수란?**
> 프로그래밍에서 **변수**란 변하는 정보이자 필요한 정보를 저장하는 기억공간으로 변수에는 단 하나의 정보만 저장할 수 있다. 이때 변수에 어떤 정보를 저장하면 이전의 정보는 사라지고 새롭게 저장한 정보만 남는다.

▶ 다음 명령들을 프로그램 작성에 활용할 수 있다.

사용예시	설명
for i in range(j,k): 실행문	$i = j$부터 $i = k - 1$까지 아래 실행문을 계속 반복 $j = 0$인 경우는 range(0, k)대신 range(k)라고 쓴다.

if 조건 :
    실행문
else :
    실행문
	조건에 따라 실행문 입력

문제1의 알고리즘에 따라 프로그램을 작성해보자.

프로그램 1-1 「36은 완전수인가?」

①
```
#진약수들을 담을 빈 리스트 divisor를 만들고 진약수의 합 sum_divisors을 0으로
정하고 시작
divisor=[ ] # 진약수를 담을 빈 리스트 만들기
sum_divisors=0 # 진약수의 합 sum_divisiors를 0으로 정하고 시작

# i = 1,2,3,....,35에 대하여 아래 블록을 반복
for i in range(1,36):
    if 36%i==0:  # 36을 i로 나눈 나머지가 0이면
        divisor.append(i)  # divisor리스트에 i를 추가
        sum_divisors=sum_divisors+i  # sum_divisors에 i를 더함
```

```
    #진약수 합이 36이 되는지 여부에 따라 결과 출력
    if sum_divisors==36:
        print(divisor, ' 진약수합이 36이므로 완전수이다.')
    else:
②      print(divisor, ' 진약수합이 36이 아니므로 완전수가 아니다.')
```

① divisor.append(i)는 divisor라는 list에 i를 추가하라는 뜻이다. i=1,2,3, …,35 에 대하여 36÷i의 나머지가 0이면 i는 진약수이므로 divisor.append(i)를 써서 진약수 리스트에 넣고 진약수 합에도 더한다(sum_divisors=sum_divisors+i).

② 진약수들의 합이 36이 아니면 진약수들의 리스트 divisor를 출력하고 따옴표안의 설명을 출력한다. 이때 변수 divisor와 문자열 '진약수 합~'은 컴머로 구분한다.

실행결과

```
[1, 2, 3, 4, 6, 9, 12, 18]   진약수합이 36이 아니므로 완전수가 아니다.
```

문제3. 문제2의 프로그램1-1 「36은 완전수인가?」을 수정하여 36과 같이 완전수 판별을 원하는 수를 입력하면 결과를 보여주는 프로그램「n은 완전수인가?판별함수」를 작성해 보자.

> **함수란?**
> 파이썬에는 많은 함수들이 있다. 함수는 반복적인 작업이 필요할 때 그 작업을 하나로 묶어두어 간편하게 재사용하도록 하는 코드의 모임으로서 입력값을 받으면 일련의 처리과정을 거친 결과를 보여준다. 우리는 직접 함수코드를 만들어 저장하고 필요할 때 호출하여 쓰도록 하자. 인수는 마치 수학의 함수에서 변수와 같은 것이고, 반환값(return)은 함수로부터 나오는 결과값이다. 함수정의는 def로 시작하고 인수와 반환값은 없어도 된다.

▶ 다음 명령들을 프로그램 작성에 활용할 수 있다.

사용예시	설명
def 함수명(x, y, …):	인수 x, y, …에 따라 결괏값을 반환하는 함수이다.
return z	함수에 인수를 넣어 얻은 결괏값 z를 반환한다.
print(함수명(x, y, …))	함수의 인수 x, y, …을 입력하면 결괏값을 화면에 보여준다.

주어진 수 n이 완전수인지 판별해 보자. 프로그램 1-1 「36은 완전수인가?」을 약간 수정보완하여 「n은 완전수인가? 판별함수」를 만들 수 있다. 빨간 글씨 부분에 주목한다. 함수이름을 is_perfect라고 정하자.

프로그램 1-2 「n은 완전수인가? 판별함수」

```
# 인수x를 입력하면 공약수 리스트와 완전수판별을 반환하는 함수
def is_perfect(x):
    divisor=[]
    sum_divisors=0
①   for i in range(1,x):
②       if x%i==0:
③           divisor.append(i)
            sum_divisors=sum_divisors+i

    if sum_divisors==x:
④       print(divisor, '진약수합이', x, '이므로 완전수이다.')
    else:
        print(divisor, '진약수합이', x, '아니므로 완전수가 아니다.')
```

①~③ 36이 아닌 임의의 수의 완전수 판별을 위한 함수는 프로그램 1-1 「36은 완전수인가?」에서 36대신 변수 x를 넣어 수정한다. 이 과정은 공약수 list를 작성하고 진약수합을 구하는 과정이다.

④ 설명문 출력 '진약수합이', x, '이므로 완전수이다.'에서 x는 변수이므로 문자열 ' '안에 넣지 않고 밖으로 빼고 ,로 연결한다. 이것은 ,로 군데군데 끊어야 하므로 불편하다. 따라서 다음과 같이 입력할 수 있다.

  '진약수합이', x, '이므로 완전수이다.'
  ⇒ '진약수합이 %d 이므로 완전수이다.' %x

> **잠깐!** 🐍
>
> - %서식문자, 즉, %s, %d, %f 등을 이용하면 보다 편하게 나타낼 수 있다. 위에서 사용한 %d는 x가 정수일 때 사용하고 그 외에도 %s는 x가 문자열일 때, %f는 x가 실수일 때 사용한다. 만약 여러 개를 사용하고 싶다면 다음과 같이 사용할 수 있다.
>   '내 이름은 %s이고 나이는 %d살 입니다.' % ('홍길동', 20)

실행결과

```
# 함수 실행
is_perfect(60)

[1, 2, 3, 4, 5, 6, 10, 12, 15, 20, 30] 진약수합이 60 아니므로 완전수가 아니다.

is_perfect(1024)

[1, 2, 4, 8, 16, 32, 64, 128, 256, 512] 진약수합이 1024 아니므로 완전수가 아니다.
```

문제4. 주어진 수 이하의 모든 완전수를 찾아 리스트로 작성하는 함수를 정의하시오.

다음 순서에 따라 파이썬 함수를 정의해 보자.
(1) 함수이름을 정한다.
(2) 빈 리스트를 만든다.
(3) 주어진 수 n 이하의 수 k=1,2,3, …, n에 대하여 각각 완전수인지 판별한다.
(4) 완전수는 리스트에 담는다.

프로그램 1-3 「완전수 리스트 함수」

```
# n이하의 완전수의 리스트를 작성하기 위한 함수
① def list_perfect(n):

    list=[ ]   # 완전수를 담을 빈 리스트
    sum_divisors=0   # 진약수들의 합을 0에서 시작

    # 각 k에 대하여 진약수의 합을 구하고 완전수 판별하여 리스트에 넣기
② for k in range(1,n+1):

        # k의 진약수합 구하기
        for i in range(1,k):
            if k%i==0:
                sum_divisors=sum_divisors+i
```

```
            # k의 진약수합이 k 와 같으면 k는 완전수이므로 리스트에 추가
            if sum_divisors==k:
                list.append(k)
    return list
```

① 이것은 n이하의 완전수들의 리스트를 찾는 함수로서, 이름을 list_perfect라고 정하자.
② for k in range(1,n+1)에서 k=1,2,3, ⋯. n이다.

잠깐!

- 함수 is_perfect(x)을 이용하여 완전수의 리스트를 완성할 수도 있다.
- 100000이하의 완전수는 4개 뿐이고 8128 다음 완전수는 33550336, 8589869056,....등으로 51여개의 완전수가 알려져 있다.

실행결과

```
# 10000이하의 수 중 완전수 목록 작성하기
print(list_perfect(10000))
 [6, 28, 496, 8128]


# 100000이하의 수 중 완전수 목록 작성하기
print(list_perfect(100000))
 [6, 28, 496, 8128]
```

문제5. 주어진 n이 완전수인지, 부족수인지, 과잉수인지 말해주도록 프로그래밍 하시오.

▶ 다음 명령들을 프로그램 작성에 활용할 수 있다.

사용예시	설명
if x<12: 실행문	x가 12보다 작으면 다음 문장을 실행
elif x>12 : 실행문	x가 12보다 크면 다음 문장을 실행
else: 실행문	x가 12이면 다음 문장을 실행
이와 같이 일반적으로 조건이 셋 이상이면 if, elif, else를 사용한다.	

프로그램 1-4 「완전수 부족수 과잉수 판별함수」

```python
# 주어진 n이 부족수인지 과잉수인지 완전수인지 판별하는 함수
def determ(n):

    # 진약수의 합을 0으로 시작하여 진약수의 합 구하기
    sum_divisors=0
    for i in range(1,n):
        if n%i==0:
            sum_divisors=sum_divisors+i

    # n의 진약수합과 n의 크기를 비교하여 판별하기
    if sum_divisors<n:
        print('약수합이',n, '보다 작으므로 부족수이다.')
    elif sum_divisors>n:
        print('약수합이',n, '보다 크므로 과잉수이다.')
    else:
        print('약수합이', n, '과 같으므로 완전수이다.')
```

① n은 정수이므로 print('약수합이', n, '보다 작으므로 부족수이다.') 대신 print('약수합이 %d보다 작으므로 부족수이다.'%n) 라고 쓸 수 있다.

실행결과

```
#함수실행
determ(8128)
약수합이 8128 와 같으므로 완전수이다.


determ(1000)
약수합이 1000 보다 크므로 과잉수이다.
```

문제6. 주어진 수 이하의 수 중 과잉수, 부족수, 완전수의 개수를 구하시오.

프로그램 1-5 「완전수 부족수 과잉수 개수 구하기 함수」

```
    # n이하 부족수 과잉수 완전수 개수를 비교하는 함수
    def numb_name(n):
①       numb_p=0
②       numb_a=0
③       numb_d=0

        # k=1부터 n이하 각 수에 대해 부족수, 과잉수, 완전수 판별을 하고 개수 세기
        for k in range(1,n+1):
            sum_divisors=0
            for i in range(1,k):
                if k%i==0:
                    sum_divisors=sum_divisors+i

        # 진약수 합이 k보다 작은지, 큰지, 같은지에 따라 부족수, 과잉수,
        완전수개수를 늘려감
④       if sum_divisors<k:
            numb_d=numb_d+1
⑤       elif sum_divisors>k:
            numb_a=numb_a+1
⑥       else :
            numb_p=numb_p+1
⑦   print('과잉수', numb_a, '부족수', numb_d, '완전수', numb_p)
```

①~③ 완전수개수(numb_p), 부족수개수(numb_d), 과잉수개수(numb_a)를 0으로 정하고 시작한다.

④~⑥ 조건이 2개 이상으로 세분되어 있는 경우 if~else 대신 if ~elif~ else를 이용한다.

⑦ numb_s, numb_d, numb_p 는 모두 정수이므로 %d를 써서

  print('과잉수', numb_s, '부족수', numb_d, '완전수', numb_p) 대신
  print('과잉수 %d 부족수 %d 완전수 %d', %(numb_a, numb_d, numb_p))

라고 쓸 수 있다.

실행결과

```
# 100이하의 수 중 과잉수, 부족수, 완전수 개수
numb_name(100)
과잉수 76 부족수 22 완전수 2
```

◎ 더 나아가기

문제1. 유클리드 명제 '2^p-1이 소수이면 $2^{p-1}(2^p-1)$은 완전수이다.'에 따라 완전수 $2^{p-1}(2^p-1)$을 구하시오.

유클리드 명제는

$$\text{'}2^p-1\text{이 소수이면 } 2^{p-1}(2^p-1)\text{은 완전수'}$$

이다. 따라서 2^p-1이 소수(이러한 소수를 메르센느 소수라고 한다.)인 p를 찾을 수 있으면 완전수를 찾을 수 있다.

(1) 알고리즘

$2^{p-1}(2^p-1)$꼴의 완전수를 찾는 방법은 다음과 같다.

- 주어진 수가 소수인지 판별하는 함수를 만든다.
- 리스트를 만들고 $2^p - 1$이 소수인 p들만 리스트에 담는다.
- 리스트에서 있는 각 수 p에 대해서 $2^p - 1$은 소수이므로 $2^{p-1}(2^p - 1)$는 완전수가 되어 원하는 완전수들을 구할 수 있다.

(2) 프로그램

주어진 수가 소수인지 판별하는 함수를 만들어 보자. 함수이름을 is_Prime이라고 하자.

프로그램 1-6 「소수 판별함수」

```python
#n이 소수이면 True, 합성수이면 False를 반환하는 함수
def is_Prime(n):
    if n==1:
        return False

    #n보다 작은 수로 나누어떨어지면 합성수
    for i in range(2,n):
        if (n%i==0):
            return False

    #위에서 return되지 않으면 소수이므로 True를 반환
    return True
```

실행결과

```
#239는 소수인가?
is_Prime(239)
 True

#122877은 소수인가?
is_Prime(122877)
 False
```

(3) 위의 프로그램 1-6 「소수 판별함수」을 이용하여 n이하의 p에 대하여 $2^p - 1$이 소수인 p를 리스트에 담고, 유클리드 원리에 따른 완전수를 찾아보자. 함수 이름은 'find_perfect'라고 하자.

프로그램 1-7 「유클리드 원리에 따라 완전수 찾기 함수」

```
     #n이하의 수 p 중 2^p-1이 소수인 p들의 리스트와 그에 대응하는 완전수 찾기
     def find_perfect(n):
         List=[]

         # n이하의 모든 수 k에 대하여 2^k-1이 소수인 k를 리스트에 추가한 후 리스트를
     출력
         for k in range(1,n+1):
①            if is_Prime((2**k)-1):
②                List.append(k)
         print(List)

         # 리스트의 i번째 요소를 p라하고 이에 대응하는 완전수 출력
③        for i in range(len(List)):
④            p=List[i]
⑤            print((2**(p-1))*(2**p -1))
```

① 프로그램 「소수 판별」의 함수 is_Prime((2**k)-1)에 의해 2^k-1이 소수인지 판별한다.

② List.append(k) : 2^k-1이 소수이면 리스트에 k를 추가한다.

③ len(List) : 리스트의 길이를 나타내는 함수이다.

④ p=List[i] : 리스트의 i번째 요소를 p라고 정한다.

⑤ print(2**(p-1))*(2**p -1) : 완전수 $2^{p-1}(2^p-1)$를 출력한다.

실행결과

```
# 40이하의 수 p 중 2^p-1이 소수인 p들의 리스트와 그에 대응하는 완전수
find_perfect(40)
 [2, 3, 5, 7, 13, 17, 19, 31]
 6
 28
 496
 8128
 33550336
 8589869056
 137438691328
 2305843008139952128
```

잠깐!

- 위 결과에서 보듯이 40 이하의 p들 중 $2^p - 1$이 소수인 p는 11을 제외한 40이하의 모든 소수들이다. 즉, p가 소수라고 해서 $2^p - 1$이 항상 소수인 것은 아님을 알 수 있다.
- find_perfect(30)의 결과를 얻는 데는 시간이 거의 걸리지 않았으나 나의 컴퓨터 수준에서 find_perfect(40)의 결과를 얻는 데는 5분 이상의 시간이 걸렸다.
- 컴퓨터의 발달로 완전수를 찾는 것이 많이 용이해 졌으나 고대 그리스 때부터 현재까지 찾은 완전수는 겨우 수십 개에 불과하다.

◎ 도전 문제

재미있는 수 중에 우애수(amicable number, 친화수)가 있다. 두 수 A, B에 대하여 A를 제외한 A의 진약수들의 합이 B와 같고 B를 제외한 B의 진약수들의 합이 A인 두 수 A, B를 우애수라고 한다. 주어진 수 n이하의 수들 중 우애수 쌍을 구하는 프로그램을 작성해 보시오.

2. 유클리드 호제법(Euclidean Algorithm)

최대공약수를 찾는 방법으로 **유클리드 호제법**이 있다. 유클리드 호제법은 2개의 자연수의 최대공약수를 구하는 효율적인 방법으로서 그리스의 수학자 유클리드가 그의 <원론>이라는 책에서 처음 언급하였다. 호제법이란 말은 두 수가 서로 상대방 수를 나누어서 결국 원하는 수(최대공약수)를 얻는 알고리즘을 나타낸다. 즉,

2개의 자연수(또는 정식) a, b에 대해서 a를 b로 나눈 나머지를 r이라 하면(단, a>b), a와 b의 최대공약수는 b와 r의 최대공약수와 같다는 과정을 반복하여 나머지가 0이 되었을 때 나누는 수가 a와 b의 최대공약수이다.

수학개념	약수, 공약수, 최대공약수, 유클리드 호제법
코딩개념	변수, 리스트, 반복문(for문, while문), 함수

프로젝트 2   유클리드 호제법으로 최대공약수 찾기

두 자연수의 최대공약수를 구하는 방법은 두 자연수의 약수들을 찾고 공통이 되는 약수 중 최대인 수를 찾으면 된다. 이제 좀 더 효율적인 방법인 유클리드 호제법을 써서 두 자연수의 최대공약수를 구하는 프로그램을 작성해 보자.

◎ 수학 개념

문제1. 유클리드 호제법에 대하여 설명하시오.

- 유클리드 호제법1

두 수 a, b 의 최대공약수 G를 편의상 $G = (a,b) = (b,a)$로 나타내기로 하자. 최대공약수 G는

$$G = (a,b) = (b, a-b), \quad a > b$$

이다. 예를 들어 이 과정을 반복하여 두 수가 같아지면 그 수가 최대공약수이다.

$$(186, 48) = (138, 48) = (90, 48) = (48, 42) = (42, 6) = \cdots = (12, 6) = (6, 0) = 6$$

잠깐!

- $(a, b) = (a-b, b) = G$인 이유

왜냐하면 $(a, b) = G$라고 하자. $a = Ga_1$, $b = Gb_1$ (단, a_1, b_1은 서로소(다시 말하면 공통인 약수가 없다)) 그런데 $a - b = Ga_1 - Gb_1 = G(a_1 - b_1)$, $b = Gb_1$이므로 $a_1 - b_1$과 b_1이 서로소이면 $a - b$, b의 최대공약수도 G이다. 왜냐하면

만일 $a_1 - b_1$과 b_1이 서로소가 아니라면 두 수는 1이 아닌 공약수를 갖는다.

$$a_1 - b_1 = hc_1 \ , \ b_1 = hc_2, \ (h \neq 1)$$

이다. 그러면 $a_1 = b_1 + hc_1 = h(c_2 + c_1)$, $b_1 = hc_2$ 이 되어 a_1, b_1이 서로소라는 데 모순이 된다. 따라서 $a_1 - b_1$과 b_1은 서로소이다. 따라서, $(a, b) = G$라면 $(a - b, b) = G$이다.

- 유클리드 호제법2

두 수 a, b $(a > b)$에 대하여 최대공약수를 편의상 (a,b)로 나타내자.

최대공약수 $G = (a,b) = (b,r)$, r은 a를 b로 나눈 나머지

이다. 예를 들어 이 과정을 반복하여 한 수가 0이 되면 다른 수가 최대공약수이다.

$$(186, 48) = (48, 42) = (42, 6) = (6, 0) = 6$$

잠깐!

- 사실 나눗셈을 이용한 유클리드 호제법2
$$(186, 48) = (48, 42) = (48, 6) = 6$$
은 빼기를 이용한 유클리드 호제법1
$$(186, 48) = (138, 48) = (90, 48) = (48, 42) = (42, 6) = \cdots = (12, 6) = (6, 6) = 6$$
을 간단히 한 것이다.

◎ 프로그래밍

문제1. 유클리드 호제법을 쓰지 않고 공약수 중 가장 큰 값을 구하는 방식으로 최대공약수를 구하는 프로그램을 작성하시오.

① $a > b$인 경우 최대공약수는 b보다 적거나 같다. 따라서 b부터 시작하여 $b-1$, $b-2$, ⋯ 차례로 두 수 a, b를 나누어 처음으로 두 수 모두 나누어떨어지면 그 나누는 수가 최대공약수이다. 이를 바탕으로 프로그램을 작성해 보자.

▶ 다음 명령들을 프로그램 작성에 활용할 수 있다.

사용예시	설명
int(input("첫째 수를 입력하시오"))	"~"에 대한 답을 정수로 변환하기

프로그램 2-1 「최대공약수1」

```
   # 두 수를 묻는다. 수를 쓰고 엔터를 친다.
①  a=int(input('첫번째수를 말하세요 : '))
   b=int(input('두번째수를 말하세요 : '))
②  c=min(a,b)

③     for i in range(c,0,-1):
④        if a%i==0 and b%i==0:
             print('최대공약수는 ', i)
⑤           break
```

① a=int(input(~))라고 입력하고 엔터를 치면 수를 입력할 수 있다. 수를 입력하고 엔터를 치면 int에 의해 그 수는 정수로 변환되어 a라는 변수로 저장된다.

② min(a,b)는 a, b 중 최소값을 보여주는 minimum 함수이다.

③ range(c,0,-1)은 -1이므로 c에서 1씩 작아져서 $i = c, c-1, c-2, \cdots, 1$임을 의미한다. $i = 1, 2, 3, \cdots, c$ 순서로 그 i가 공약수인지 체크해 보고 그 중 가장 큰 값을 최대공약수로 정할 수 있으나 a, b 두 수 중 작은 수부터 시작하여 $i = c, c-1, c-2, \cdots, 1$ 순서로 i가 공약수인지 조사하다 처음으로 공약수가 되는 수 i를 최대공약수라고 판단을 내린 것이 조금 더 효율적이다.

④ a%i==0:a를 i로 나눈 나머지가 0임을 의미하며 따라서 i는 a의 약수이다.

⑤ break문이 실행되면 반복을 멈추고 나간다.

실행결과

```
첫번째수를 말하세요 : 282
두번째수를 말하세요 : 828
최대공약수는   6
```

문제2. 유클리드 호제법1의 방식으로 최대공약수를 구하는 방법을 프로그래밍하기 위한 알고리즘을 작성하시오.

예를 들어 252와 105의 최대공약수는 21이다. 즉,
$$(252, 105) = (147, 105) = (105, 42) = (63, 42) = (42, 21) = (21, 21) = 21$$
두 수 a, b $(a > b)$에 대하여
$$(a, b) = (b, a - b)$$
이다. 이 과정을 $a - b = 0$이면 $a(= b)$가 최대공약수이다.

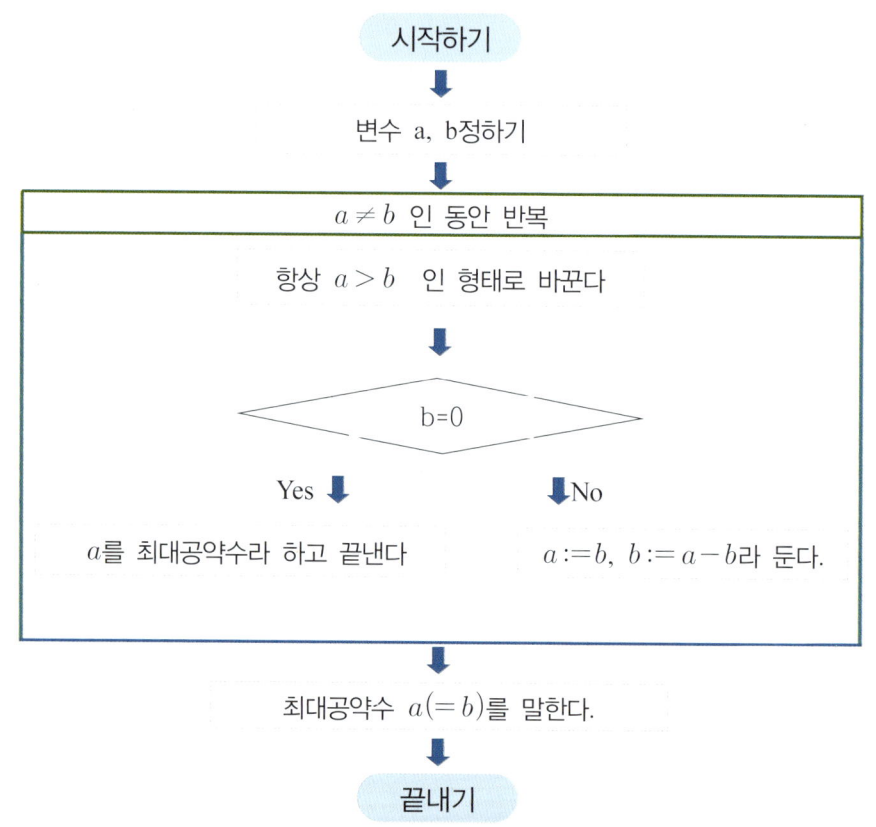

문제3. 유클리드 호제법1의 방식으로 최대공약수를 구하는 프로그램을 작성하시오.

▶ 다음 명령들을 프로그램 작성에 활용할 수 있다.

사용예시	설명
while a!=b : 실행할 내용	a와 b가 같지 않는 동안 실행할 내용 블록의 코드를 반복 실행

프로그램 2-2 「유클리드 호제법1」

```
# 두 수를 묻는다. 답을 쓰고 엔터를 친다.
a=int(input("첫째수를 말해주세요 : "))
b=int(input("둘째수를 말해주세요 : "))

# a-b가 0이 아닌 동안 아래 블록을 실행
while b!=0:
    if a<b:
        a,b=b,a
    a,b=b,a-b

print('최대공약수는 ', a)
```

① while b!=0은 $b \neq 0$인 동안은 아래 블록을 계속 반복함을 의미한다.
② 편의상 항상 a를 b보다 더 크거나 같은 수로 놓는다. 차례대로 a,b=b,a는 a=b로 놓고 b=a라고 놓는 것을 의미한다.

실행결과

```
첫째수를 말해주세요 : 88
둘째수를 말해주세요 : 128
최대공약수는  8
```

문제4. 프로그램 2-2 「유클리드 호제법1」을 함수형식으로 변형하시오.

프로그램 2-3 「유클리드 호제법1 함수」

```
# 최대공약수를 구하고자 하는 두 수를 변수로 한 함수
def Euclid_1(a,b):
    while b!=0:
        if a<b:
            a,b=b,a
        a,b=b,a-b
    return a
```
①

① (a,b)=(b,a-b)이 성립함은 $a \geq b$를 전제로 한다.

실행결과

```
# 205와 365의 최대공약수
print('최대공약수는', Euclid_1(205,365))
  최대공약수는  5
print('최대공약수는', Euclid_1(72,0))
  최대공약수는 72
```

문제5. 어떤 의미에서 유클리드 호제법2는 유클리드 호제법1을 압축한 것이다. 유클리드 호제법 2를 써서 최대공약수를 구하는 프로그래밍을 해 보시오.

- $a > b$인 경우 최대공약수 $G = (a,b) = (b,r)$, r은 a를 b로 나눈 나머지이다. 예를 들어 이 과정을 반복하여 결국 한 수가 0이 되면 다른 수는 최대공약수가 된다.
$$(186, 48) = (48, 36) = (36, 12) = (12, 0) = 12$$

- $a > b$이면 $a := b$, $b := (a$를 b로 나눈 나머지 $r)$라고 놓으면 $(a,b) = (b,r)$이다. 이러한 과정을 반복하여 어느 한 수가 0이면 나머지 수가 최대공약수이다.

프로그램 2-4 「유클리드 호제법2 함수」

```
def Euclid_2(a,b):
    # a 나누기 b가 0이 아닌 동안 아래 반복
    while b!=0:
        a,b=b,a%b
    return a

print('최대공약수는 ', Euclid_2(48,120))
```

① a,b=b,a%b 는 a를 b로 정하고 b는 a%b로 정함을 의미한다.

잠깐!

- 유클리드 호제법1과 유클리드 호제법2를 비교하면 유클리드 호제법2가 진행되는 과정이 훨씬 간단하다. 예를 들어 유클리드 호제법1에 의하면

    $(140,48)=(48,92)=(48,44)=(44,4)=(4,40)=(4,36)=(4,32)=(4,28)=\cdots=(4,4)=(4,0)=4$

    유클리드 호제법2에 의하면

    $(140,48)=(48,44)=(44,4)=(4,0)=4$

    이므로 유클리드 호제법2에 의한 방법이 더 시간적으로 효율성이 있다.

◎ 더 나아가기

문제1. A,B의 최대공약수를 (A,B) 라고 표현하는 대신 gcd(A, B)라고 쓸 수도 있다. 네 개의 수 A, B, C, D가 주어졌을 때 최대공약수를 구하는 방법을 설명하시오.

$$A' = \gcd(A,B), \quad A'' = \gcd(A',C), \quad A''' = \gcd(A'',D)$$이라고 하면
$$\gcd(A, B, C, D) = A'''$$

이다.

문제2. n개의 수가 주어졌을 때 최대공약수를 구하는 프로그램을 작성하시오.

프로그램 2-5 「n개수의 최대공약수」

```
# 프로그램 2-4 「유클리드 호제법2 함수」
def Euclid_2(a,b):
    while  b!=0:
        a,b=b,a%b
    return  a

# 주어진 둘 이상의 수의 최대공약수 구하기
# 최대공약수를 구하고자 하는 둘 이상의 수를 리스트 L에 입력
① L= list(map(int, input('둘 이상의 수를 띄어쓰기로 구분하여 입력하시오:').split()))

② gcd=L[0]
③ for i in range(1,len(L)):    # len(L)은 리스트 L의 길이
④     gcd=Euclid_2(gcd,L[i])

print('최대공약수는', gcd)
```

① input('둘 이상의 수를 띄어쓰기로 구분하여 입력하시오:')은 입력한 내용을 문자열로 받아들이고 split는 입력된 것들의 간격을 띄운다. map(int, ~)은 띄어쓰기 된 각 문자열에 int(정수)를 적용할 수 있게 해 주고 list는 정수형 숫자를 리스트형으로 바꾼다.
② 리스트 L의 인덱스 0의 수를 gcd라고 정한다.
③ 인덱스1에서부터 인덱스가 len(L)-1까지의 i에 대하여 아래 블록을 실행한다.

④ 프로그램 2-4 「유클리드 호제법2 함수」의 Euclid_2( )를 이용한다. i=1,2,3, …, len(L)-1에 대하여 차례대로 gcd와 L[i]의 최대공약수를 구하고 다시 gcd에 저장하면 마지막 gcd가 최대공약수이다.

실행결과

```
둘 이상의 수를 띄어쓰기로 구분하여 입력하시오:24 18 60 120 80
최대공약수는 2
```

◎ 도전 문제

n개의 수가 주어졌을 때 n개 수의 최소공배수를 구하는 프로그램을 완성하시오.

3. 피보나치 수열(Fibonacci sequence)

피보나치 수가 처음 언급된 것은 기원전 5세기 인도의 수학자 핑갈라가 쓴 책에서이다. 그러나 피보나치수를 본격적으로 연구하기 시작한 것은 유럽에서 레오나르도 피보나치가 토끼 수의 증가에 대해 이야기하면서 부터이다. 토끼의 증가를 나타내는 피보나치 수는 다음과 같은 규칙을 따른다.

- 첫 달에는 새로 태어난 토끼 한 쌍만이 존재한다.
- 두 달 이상이 된 토끼는 번식 가능하다.
- 번식 가능한 토끼 한 쌍은 매달 새끼 한 쌍을 낳는다.
- 토끼는 죽지 않는다.

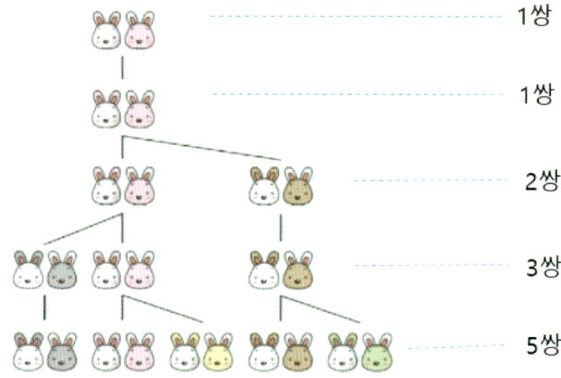

피보나치 수들은 1, 1, 2, 3, 5, 8, 13, …이다. 일정한 규칙을 다음과 같이 점화식(항들 사이의 관계식)으로 표현할 수 있다.

$$a_1 = 1, a_2 = 1$$
$$a_{n+1} = a_{n-1} + a_n, \quad n = 2, 3, 4, \cdots$$

나아가 피보나치 수열에서 이웃하는 두 수의 비는 황금비 1.618…에 수렴한다는 사실이 알려져 있다.

수학개념	수열, 등차수열, 등비수열, 피보나치수열
코딩개념	변수, 반복문(for 문), 함수, 재귀함수, 조건문(if~else), 모듈: matplotlib.pyplot

> **프로젝트 3**　　　피보나치 수열의 항 구하기

앞의 항에 일정한 수를 더하여 얻어지는 등차수열, 앞의 항에 일정한 수를 곱하여 얻어지는 등비수열, 앞의 인접한 두 항을 더하여 얻어지는 피보나치 수열 등 여러 가지 수열이 있다. 여기서는 재귀함수를 써서 피보나치 수열의 항을 말해주는 프로그램을 작성해 보자.

◎ 수학 개념

수열이란 일정한 규칙에 의하여 차례로 나열된 수의 열을 말한다. 항이 유한개인 유한수열과 무한개인 무한수열이 있으나 일반적으로 수열이라고 함은 무한수열을 말한다. 수열을 나타낼 때는 항에 번호를 붙인 문자열로

$$a_1, a_2, a_3, \cdots, a_{n-1}, a_n, \cdots$$

과 같이 나타내고, 앞에서부터 차례로 첫째항, 둘째항, 셋째항, … 또는 제1항, 제2항, 제3항, … 이라고 한다. 제n항 a_n을 이 수열의 **일반항**이라고 하고, 일반항이 a_n인 수열을 간단히 $\{a_n\}$과 같이 나타낸다.

(1) 등차 수열

수열의 첫째항에 차례로 일정한 수를 더하여 각 항이 얻어질 때, 이 수열을 **등차수열**이라 하고 그 일정한 수를 **공차**라 한다. 예를 들어 다음은 첫째항이 1이고 공차가 2인 수열이다.

$$1, \underset{+2}{\,} 3, \underset{+2}{\,} 5, \underset{+2}{\,} 7, \underset{+2}{\,} 9, \cdots$$

(2) 등비 수열

수열의 첫째항에 차례로 일정한 수를 곱하여 각 항이 얻어질 때, 이 수열을 **등비수열**이라 하고 그 일정한 수를 **공비**라 한다. 예를 들어 다음은 첫째항이 2이고 공비가 3인 수열이다.

$$2, \underset{\times 3}{\,} 6, \underset{\times 3}{\,} 18, \underset{\times 3}{\,} 54, \cdots$$

피보나치 수열(Fibonacci sequence)

(3) 피보나치 수열

  첫째항 1과 둘째항 1에서 시작하여 2, 3, 5, 8, …과 같이 앞의 두 항을 더하여 각 항이 얻어지는 수열을 말한다.

$$1,\ 1,\ 2,\ 3,\ 5,\ 8,\ 13,\ \cdots$$

문제1. 첫째항이 3이고 공차가 4인 등차수열의 각 항을 차례대로 쓰고, 규칙을 찾아 일반항을 말하시오.

$$3,\ 7,\ 11,\ 15,\ 19,\ \cdots,\ 3+(n-1)\times 4,\ \cdots$$

문제2. 첫째항이 3이고 공비가 4인 등비수열의 각 항을 차례대로 쓰고, 규칙을 찾아 일반항을 말하시오.

$$3,\ 12,\ 48,\ \cdots,\ 3\times 4^{n-1}\cdots$$

문제3. 피보나치 수열을 재귀적 표현, 즉 점화식으로 나타내시오.

  n번째 달의 토끼 수 a_n은 다음 점화식, 즉 재귀적 표현
$$a_n = a_{n-1} + a_{n-2},\ n \geq 3, \quad a_1 = 1,\ a_2 = 1$$
을 만족한다. 따라서 피보나치 수열의 항을 나열하면 다음과 같다.

$$1,\ 1,\ 2,\ 3,\ 5,\ 8,\ 13,\ 21,\ \cdots$$

◎ 프로그래밍

문제1. 첫째항이 3이고 공차가 4인 등차수열의 각 항을 차례대로 1항부터 10항까지 다음과 같이 출력하도록 프로그래밍 하려고 한다.

```
제 1 항 : 3
제 2 항 : 7
제 3 항 : 11
제 4 항 : 15
제 5 항 : 19
제 6 항 : 23
제 7 항 : 27
제 8 항 : 31
제 9 항 : 35
제 10 항 : 39
```

(1) 등차수열의 첫째항, 공차가 주어지면 원하는 항까지 출력하도록 프로그램을 완성하고 그 실행 결과를 말하시오.

프로그램 3-1 「등차수열 항 말하기 함수」

```
# 첫째항 a, 공차 d, 항번호 n이 주어질 때마다 처음 n개 항을 말해주는 함수
def arithseq(a,d,n):
    for i in range(1,n+1):
        print('제', i, '항 :', a)
        a=a+d
```

실행결과

```
# 첫째항이 3, 공차가 6인 항들을 10항까지 나열
arithseq(3,6,10)
                    제 1 항 : 3
                    제 2 항 : 9
                    제 3 항 : 15
                    제 4 항 : 21
                    제 5 항 : 27
                    제 6 항 : 33
                    제 7 항 : 39
                    제 8 항 : 45
                    제 9 항 : 51
                    제 10 항 : 57
```

피보나치 수열(Fibonacci sequence)

문제2. 등비수열의 첫째항과 공비가 주어지면 원하는 항까지 출력하도록 함수를 작성해 보시오.

프로그램 3-2 「등비수열 항 말하기 함수」

```python
# 첫째항, 공비가 주어질 때 원하는 항까지 말해주는 함수
def geomseq(a,r,n):
    for i in range(1,n+1):
        print('제', i, '항 :', a)
        a=a*r
```

실행결과

```
# 첫째항이 3, 공비가 4인 항들을 10항까지 나열
geomseq(3,4,10)

    제 1 항 : 3
    제 2 항 : 12
    제 3 항 : 48
    제 4 항 : 192
    제 5 항 : 768
    제 6 항 : 3072
    제 7 항 : 12288
    제 8 항 : 49152
    제 9 항 : 196608
    제 10 항 : 786432
```

문제3. 재귀적인 방법으로 피보나치 수열의 항들을 원하는 만큼 출력하는 프로그램을 완성하시오.

> **재귀함수란?**
>
> $n!$는 $n! = n \times (n-1)!$로, 등차수열 $a_n = a_{n-1} + d$, 등비수열 $a_n = 3a_{n-1}$, 일반적인 점화수열과 같은 표현을 재귀적 표현이라고 하며 python에서의 함수도 코드 안에서 자기 자신을 호출하는 것을 재귀적 호출이라고 한다. 함수코드를 작성할 때 코드안에서 다시 자신의 코드를 호출하여 만든 함수를 재귀함수라고 한다.

▶ 다음 명령들을 프로그램 작성에 활용할 수 있다.

사용예시	설명

# n!의 재귀적 함수 	
def facto(n):
    if n=1:
        return 1
    else:
        return facto(n-1) * n
	$n!$의 재귀함수
	$n=1$이면
	$n!=1$
	$n \neq 1$이고 $n>1$이면
	$n!=n \times (n-1)!$

프로그램 3-3 「재귀함수에 의한 피보나치 수열항 나열」

①
```
# 피보나치 수열의 n번째항을 반환하는 재귀 함수
def fibonacci(n):
    if n == 1 or n == 2:
        return 1
    else:
        return fibonacci(n-2) + fibonacci(n-1)
```

②
```
# 피보나치 수열의 처음 n개 항들 나열하기
def terms_fibo(n):
    for i in range(1, n+1):
        print(fibonacci(i), end= " ")
```

① 피보나치 수열의 제3항부터는 $a_n = a_{n-2} + a_{n-1}, n \geq 3, a_1 = 1, a_2 = 1$와 같이 재귀적으로 표현한다. 즉, fibonacci(n)을 정의할 때 자신함수 fibonacci(n-2), fibonacci(n-1)을 사용한다.

② end=" "은 결과를 횡렬로 나열하여 나타내라는 것을 의미한다.

실행결과

```
# 피보나치 수열의 첫째항부터 10번째 항까지 횡렬로 나열
terms_fibo(10)
1 1 2 3 5 8 13 21 34 55
```

문제4. 주어진 수 이하 피보나치 수열의 짝수항의 합을 구하는 프로그램을 완성하시오.

(1) 알고리즘
- 피보나치 항들은 구한다.
- 각 항들에 대하여 그 항이 짝수이면 더한다.

프로그램 3-4 「피보나치 수열의 짝수항들의 합」

①
```
# 프로그램 3-3 「재귀함수에 의한 피보나치 수열항 나열」
def fibonacci(n):
    if n == 1 or n == 2:
        return 1
    else:
        return fibonacci(n-2) + fibonacci(n-1)
```

②
```
# 피보나치 수열의 n번째 이하 짝수항만 나열하고 그것들을 더한 결과 보여주기
def evensum_fibo(n):
    sum=0
    for i in range(1, n+1):
        if fibonacci(i)%2==0:
            sum=sum+fibonacci(i)
            print(fibonacci(i), end="  ")
    print('합은',sum)
```

① fibonacci(n)=fibonacci(n-2) + fibonacci(n-1)임을 생각하자.
② if fibonacci(i)%2==0 : i번째항 fibonacci(i)을 2로나눈 나머지가 0이라면, 다시 말해서 i번째항 fibonacci(i)이 짝수라면.

실행결과

```
# 피보나치 수열의 n번째 이하 짝수항만 나열하고 그것들을 더한 결과 보여주기
evensum_fibo(12)
 2  8  34  144  합은 188
```

◎ 더 나아가기

문제1. 피보나치 수열 $\{a_n\}$의 인접한 두 항사이의 비들은 황금비 $1.618\cdots$에 수렴한다. 즉,

$$\frac{a_2}{a_1}, \frac{a_3}{a_2}, \frac{a_4}{a_3}, \cdots, \frac{a_n}{a_{n-1}}, \cdots \to \varphi = 1.618\cdots$$

$\frac{a_2}{a_1}, \frac{a_3}{a_2}, \cdots, \frac{a_{11}}{a_{10}}$을 구함으로써 이 비율이 황금비에 근접함을 확인하시오.

황금비(Golden ratio)는 고대 그리스인에 의하여 발견된 이후 유럽에서 가장 조화롭고 아름다운 비율로 간주 되었다. 또한 유클리드가 <원론>에서 그 특징을 연구한 이래로 많은 수학자들이 자연에서 찾을 수 있는 황금비율을 연구해 왔다.

수학적으로 황금비란 두 수 x와 $1(x>1)$의 비율이 그 합 $x+1$과 x의 비율과 같게 되는 x값으로서 약 1.618인 무리수이다. 즉,

$$\frac{x}{1} = \frac{x+1}{x}$$

인 x는 $x^2 = x+1$을 만족하는 수 $\frac{1+\sqrt{5}}{2} = 1.618\cdots$이고 이 값이 황금비이다.

프로그램 3-5 「피보나치 수열과 황금비의 관계」

```
프로그램 3-3 「재귀함수에 의한 피보나치 수열항 나열」
def fibonacci(n):
    if n == 1 or n == 2:
        return 1
    else
        return fibonacci(n-2) + fibonacci(n-1)



# i = 1,2,3,⋯,n에 대하여 a_{i+1}/a_i 을 구하는 함수
# 인접한 두 항 사이의 비
```

```
def golden_ratio(n):
    for i in range(1,n+1):
        print(fibonacci(i+1)/fibonacci(i))
```

실행결과

```
# golden_ratio(10) 실행
1.0
2.0
1.5
1.6666666666666667
1.6
1.625
1.6153846153846154
1.619047619047619
1.6176470588235294
1.6181818181818182
```

문제2. 피보나치 수열의 항들 사이의 관계 $\dfrac{a_{i+1}}{a_i}$, $i = 1, 2, \cdots$ 의 수렴성을 그래프로 보여주시오. 항 번호 $i = 1, 2, \cdots$ 와 $\dfrac{a_{i+1}}{a_i}$ 사이의 관계를 보여주는 그래프를 그려보시오. 그래프를 그리기 위해 자주 사용하는 라이브러리는 matplotlib이다. 다음 단원에서 다시 소개되겠지만 간단히 소개하면 다음과 같다.

- import matplotlib.pyplot as plt : matplotlib.pyplot모듈을 plt라는 이름으로 불러온다.
- matplotlib.pyplot 모듈내의 함수들은 'plt.함수명'으로 표시한다.
- plt.plot() 함수에 하나의 숫자 리스트를 입력함으로써 아래와 같은 그래프가 그려진다.
- plot() 함수는 리스트의 값들이 y 값들이라고 가정하고, x 값 [0, 1, 2, 3]을 자동으로 만들어낸다.
- show() 함수는 그래프를 화면에 나타나도록 합니다.
- axis() 함수를 이용해서 축의 범위 [xmin, xmax, ymin, ymax]를 지정한다.

프로그램 3-6 「피보나치 수열의 인접한 두 항의 비 그래프」

```python
# matplotlib.pyplot모듈을 plt라는 이름으로 불러온다.
import matplotlib.pyplot as plt

# 피보나치 수열의 n번째 항 구하기
def fibonacci(n):
    if n == 1 or n == 2:
        return 1
    else:
        return fibonacci(n-2) + fibonacci(n-1)

# i = 1,2,3,…,n에 대하여 비율 r_i = a_{i+1}/a_i 들의 리스트를 만드는 함수
def list_Ratio(n):
    List=[]     # 비율 r_i을 담을 빈 리스트
    for i in range(1,n+1):
        List.append(fibonacci(i+1)/fibonacci(i))
    return List     # r_1, r_2, …, r_n 의 리스트

# 첨수(x축)에 대한 비율들(y축)의 그래프 그리기
def graph_ratio(n):     # 그래프 그리기 함수
    plt.plot(range(1,n+1),list_Ratio(n))     # x축 [1, 2, 3, …n], y축 비율 r_i들의 list
    plt.xlabel('index_term.')     # x축 라벨
    plt.ylabel('Ratio')     # y축 라벨
    plt.title('Ratio between consecutive Fibonacci numbers')     # 그래프 제목
    plt.axis([0,len(list_Ratio(n)),1,2])     # x축 범위 : 0에서 비율 리스트의 길이 까지.
                                              # y축 범위 : 1.0~ 2.0
    plt.show()     # 그래프 보여주기
```

실행결과

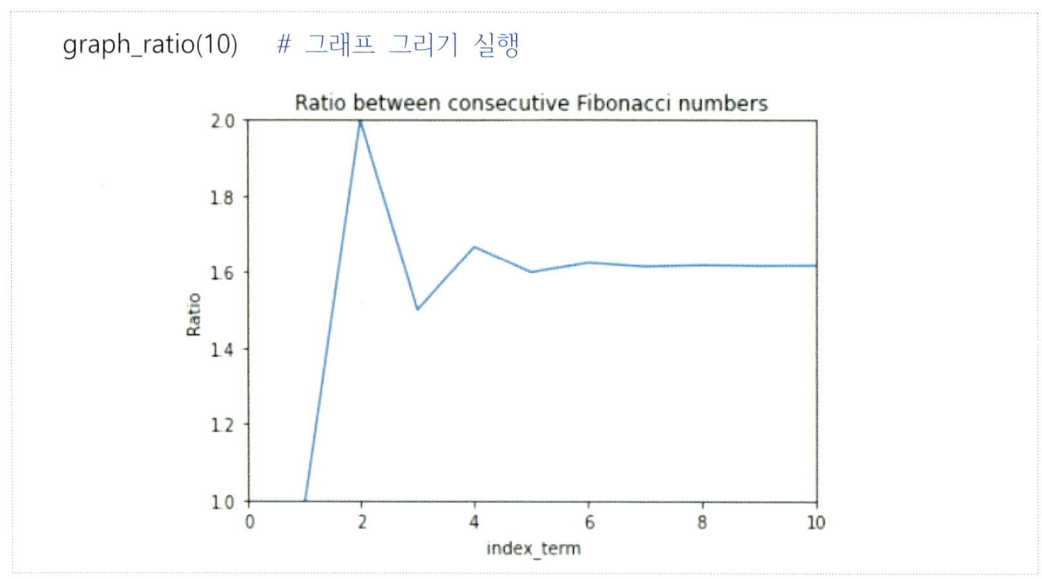

 **잠깐!**

- 위의 코드는 세 개의 함수 정의로 이루어졌으나 이를 수정하여 하나의 함수로 합칠 수도 있다.
- 위의 그래프를 통해 비율은 n이 커짐에 따라 황금비 $1.618\cdots$로 수렴함을 확인해 볼 수 있다.

◎ 도전 문제

피보나치 수열은 다음과 같다.

　　1, 1, 2, 3, 5, 8, 13, 21, 34, 55, 89, 144, 233, 377, 610, 987, 1597, ...

이 수의 일의 자리로만 수열을 만들면

　　1, 1, 2, 3, 5, 8, 3, 1, 4, 5, 9, 4, 3, 7, 0, 7, 7, ...

이고 인접하는 두 수의 순서쌍은 다음과 같다.

　　(1,1), (1,2), (2,3), (3,5), (5,8), (8,3), (3,1), (1,4), ,...

이다. 이를 좌표라고 생각하고 10x10 격자판의 대응 위치에 색을 칠하면 규칙성이 있는 무늬를 볼 수 있다. 프로그램을 작성한 후 결과를 확인해 보시오(모듈 matplotlib.pyplot, numpy를 사용할 수 있으므로 다음 단원에서 이 모듈을 사용해 본 후 도전할 수 있다.).

4. 에라토스테네스의 체(Eratosthenes Sieve)

에라토스테네스의 체는 에라토스테네스에 의해 고안된 소수 판정 방법으로, 자연수를 순서대로 늘어놓은 표에서 합성수를 차례로 지워나가면서 소수 목록을 얻는다. 어떤 수가 소수인지 판별하는 방법들 중에서 가장 자주 쓰이는 방법이고 대량으로 소수를 판별할 수 있는 알고리즘이다. 고대에 고안한 이 방법은 현재까지도 많이 쓰이고 있다.

예를 들어 에라토스테네스 체의 방법으로 50이하의 소수를 찾는 방법은 다음과 같다.

수학개념	소수, 합성수, 에라토스테네스의 체
코딩개념	변수, 리스트, 반복문(for문), 함수, 조건문(if~else문), 재귀함수, 모듈: math, time

프로젝트 4 에라토스테네스의 체의 방법으로 소수 찾기

에라토스테네스 체의 방법으로 소수들을 구하는 프로그램을 작성해 보자.

◎ **수학 개념**

문제1. 소수와 합성수에 대하여 설명하시오.

소수란 1과 자기 자신의 수만을 약수로 갖는 1보다 큰 자연수로서 2,3,5,7,11,13,17… 등이 있다. 합성수란 자연수에서 소수가 아닌 1보다 큰 자연수, 즉 1과 자기 자신의 수 외에 다른 약수를 더 갖는 자연수를 말한다.

문제2. 에라토스테네스의 체를 이용하여 100이하의 수 중 소수를 구하는 방법을 설명하시오.

2, 3,…, 96, 97, 98, 99, 100에서 가장 작은 소수는 2이므로
  1) 2를 제외한 2의 모든 배수 4, 6, …, 98, 100을 삭제한다.
  2) 2 다음에 남아있는 수 3을 제외한 3의 모든 배수 6, 9, …, 96, 99를 삭제한다.
  3) 3 다음에 남아있는 수 5를 제외한 5의 모든 배수 10, 15, …, 95, 100을 삭제한다.
        ⋮
이를 반복한다.

문제3. 에라토스테네스의 체를 이용하여 100이하의 수 중 소수를 구할 때 2의 배수, 3의 배수, 4의 배수…를 순서대로 지워간다. 사실 4의 배수는 2의 배수를 지울 때 모두 지워졌다. 효율적 계산을 위해 위에서의 최소 몇의 배수까지만 지워도 되는 것일까?

사실 $\sqrt{100}=10$이하인 수의 배수까지만 삭제하면 된다. 왜냐하면 11의 배수 11×2, 11×3 11×4, … , 11×9은 이미 2, 3, … ,9의 배수로 삭제된 상태이다. 이와 같은 식으로 12, 13, … 의 배수들은 모두 삭제되었기 때문에 10이하인 수의 배수까지만 삭제해 가면 된다.

◎ 프로그래밍

문제1. 주어진 수가 소수인지 합성수인지 판별하는 프로그램을 작성해 보시오.

프로그램 4-1 「소수 판별 함수」

```
# 소수이면 True, 합성수이면 False를 반환하는 함수를 만들어 보자.
def is_Prime(n):
    if n == 1:  # 1은 소수가 아니므로 False를 반환한다.
        return False

    # n보다 작은 수로 차례로 나누어 나누어떨어지면 합성수이므로 False를 반환한다.
    for i in range(2,n):   # i = 2, 3, 4, ⋯, n-1에 대하여
        if n%i==0 :
            return False

    # 위에서 return 되지 않으면 소수이므로 True를 반환한다.
    return True
```

실행결과

```
is_Prime(100)    #100은 소수인가?
    False
is_Prime(29)     #29는 소수인가?
    True
```

잠깐!

- 함수 정의 시 return이 실행되면 이후 코드는 실행되지 않고 종료된다. 따라서 위의 코드에서 n이 1인 경우는 첫번째 if문 확인 후 False를 반환하고 이후 for 문은 실행되지 않는다. 마찬가지로 for문을 통해 n이 어떤 자연수로 나눠지는 경우 그 즉시 False를 반환하고 프로그램은 종료된다.

에라토스테네스의 체(Eratosthenes Sieve)

문제2. 주어진 수 이하의 모든 소수를 말해주는 프로그램을 작성하시오. 에라토스테네스 체를 이용하지 않고 각 수 하나하나가 소수인지 아닌지를 체크해서 소수만 뽑는 방식으로 시도해 보시오(함수 is_Prime(n) 이용).

프로그램 4-1 「소수판별 함수」의 is_Prime(n)을 이용하자.

프로그램 4-2 「주어진 수 보다 작은 모든 소수 나열하기」

```
# 입력한 수보다 작거나 같은 소수를 찾아준다.
① n = int(input('수를 입력하세요.')
for i in range(1,n+1):

    # i가 소수인가를 묻는 함수 is_Prime(i)을 이용하여 i가 소수이면 i를 출력
    if is_Prime(i): # is_Prime(i)가 True이면
        print(i)
```

① input 명령어로 입력을 받아오면 5와 같이 숫자를 입력하더라도 컴퓨터는 문자열로 인식한다. 소수인지 판별하기 위해서는 문자열 5가 아닌 정수형 자료 5로 인식해야 하므로 int()를 이용하여 5를 정수형으로 바꾸어 입력한다.

실행결과

```
수를 입력하세요.46
2
3
5
7
11
13
17
19
23
29
31
37
41
43
```

- 리스트가 아닌 단순 수의 나열이 아래로 길게 쓰일 수 있다. 효과적인 공간 사용을 위해 결과가 옆으로 나란히 쓰일 수 있도록 프로그램의 마지막에 print(i) 대신 print(i, end=' ')를 넣으면 결과는 다음과 같다. ' '의 간격은 숫자 사이 간격을 나타낸다.

실행결과

```
수를 입력하세요.46
 2  3  5  7  11  13  17  19  23  29  31  37  41  43
```

문제3. 에라토스테네스의 체 방법으로 주어진 수 이하의 소수들을 모두 구하는 프로그램을 작성하시오.

(1) 알고리즘

시작하기

주어진 수 : n

- 0과 1에 대응하는 두 개의 False와 2에서 n에 대응하는 (n-1)개의 수에 대응하는 True를 담은 리스트1 생성
- 소수로 판별된 수를 담을 빈 리스트2 생성

리스트1의 인덱스 2부터 n에 대하여 차례대로 반복

리스트1의 인덱스에 대하여 해당 인자가 True이면 리스트2에 인덱스를 담는다

자신을 제외한 그 배수번째 인덱스에 해당하는 인자는 False로 변경

소수를 담은 리스트를 반환

끝내기

에라토스테네스의 체(Eratosthenes Sieve)

(2) 프로그램

프로그램 4-3 「에라토스테네스의 체1」

```
# 에라토스테네스의 체의 방식으로 n보다 작은 소수를 찾는 함수
def primes_Era(n):

    # 0과 1에 대응하는 두 개의 False와 2에서 n까지의 수에 대응하는 (n-1)개의
        True로 된 리스트를 생성한다.
①   a = [False,False] + [True]*(n-1)
②   primes=[ ]

③   for i in range(2,n+1):
        if a[i]:
            primes.append(i)

        # j=i×2, i×3, i×4,…과 같이 n+1 미만의 i의 배수 번째를 모두 false로
            바꾼다.
④       for j in range(2*i, n+1, i):
            a[j] = False
    return primes    #소수의 리스트를 반환한다.
```

① a는 두 리스트 [False,False]과 [True]*(n-1)=[True, True, … , True]의 합이다. 즉,

$$a=[False, False, True, True, True, …, True]$$

와 같이 인덱스 0, 1에 대응하는 False와 인덱스 2,3,4,…, n에 해당하는 True 로 이루어진 리스트 a를 생성한다.

② 소수를 담을 리스트를 생성한다.

③ $i = 2, 3, 4, …, n$에 대하여 인덱스 i의 원소 a[i]가 True이면 i를 소수리스트 primes에 추가한다.

④ i의 배수 $2i, 3i, 4i, …$인 j에 대해서는 a[j]를 False로 바꾼다.

실행결과

```
# 1000이하의 소수
print(primes_Era(1000))

 [2, 3, 5, 7, 11, 13, 17, 19, 23, 29, 31, 37, 41, 43, 47, 53, 59, 61, 67, 71, 73, 79,
 83, 89, 97, 101, 103, 107, 109, 113, 127, 131, 137, 139, 149, 151, 157, 163, 167, 17
 3, 179, 181, 191, 193, 197, 199, 211, 223, 227, 229, 233, 239, 241, 251, 257, 263, 2
 69, 271, 277, 281, 283, 293, 307, 311, 313, 317, 331, 337, 347, 349, 353, 359, 367,
 373, 379, 383, 389, 397, 401, 409, 419, 421, 431, 433, 439, 443, 449, 457, 461, 463,
 467, 479, 487, 491, 499, 503, 509, 521, 523, 541, 547, 557, 563, 569, 571, 577, 587,
 593, 599, 601, 607, 613, 617, 619, 631, 641, 643, 647, 653, 659, 661, 673, 677, 683,
 691, 701, 709, 719, 727, 733, 739, 743, 751, 757, 761, 769, 773, 787, 797, 809, 811,
 821, 823, 827, 829, 839, 853, 857, 859, 863, 877, 881, 883, 887, 907, 911, 919, 929,
 937, 941, 947, 953, 967, 971, 977, 983, 991, 997]
```

또는 다른 방법을 보자.

프로그램 4-4 「에라토스테네스의 체2」

```
① from math import sqrt

   # n 이하의 소수를 구하는 함수
   def primes_Era2(n):
②      list1=[i for i in range(2,n+1)]

       # int( √n )까지의 각 배수를 list2에 담는다.
       list2=[]
③      for j in range(int(sqrt(n))):
④          for i in range(2, n//(j+2)+1):
⑤              list2.append(list1[j]*i)

       # list1에 있는 수에서 list2에 있는 수들을 제거한 리스트
⑥      list= [x for x in list1 if x not in list2]
       return list

   print(primes_Era2(100))
   print(len(primes_Era2(100)))
```

① sqrt 사용을 위해 math을 모듈 불러온다.

② list1은 2부터 n까지의 수의 리스트, 즉 list1=[2,3,4, ⋯ , ($\sqrt{n}$ 의 정수부분)]이다.

③~⑤ list2에는 list1=[2,3,4, ⋯ , ($\sqrt{n}$의 정수부분)]의 각 수의 배수들을 추가한다. 즉, list[j]의 배수 list[j]×i (i=2,3, ⋯, n//(j+2))를 list2에 추가한다. 예를 들어, $n=100$일 경우 $j=0$이면 list1[0]×2, list1[0]×3, list1[0]×4, ⋯, list1[0]×50을 list2에 추가한다. 따라서 list2는 2,3,4,⋯, ($\sqrt{n}$의 정수부분)의 배수들의 리스트, 즉, 합성수들의 리스트이다.

⑥ list1에서 list2의 원소들을 제거한 리스트, 즉 소수들의 리스트를 list라고 정한다.

잠낀!

- 1에서 200사이 소수를 구하려면 배수 지우기를 모든 수의 배수에 대하여 반복할 필요는 없고 $[\sqrt{200}] = [14.14\cdots] = 14$까지만 반복하면 된다. 왜냐하면, 예를 들어 1에서 200사이 소수를 구하는 에라스토스테네스의 체의 방법은 1을 지운 후 2부터 시작하여 자신은 남기고 배수들을 지워가는 방식이다. 15 이상의 수 중 처음으로 남아있는 수가 17인데 17을 제외한 17의 배수는 $17\times2, 17\times3, 17\times4, \cdots, 17\times14$으로서 이 수들은 또 2에서 14의 배수로 이미 지워졌다. 18은 지워졌고 19를 제외한 19의 배수 또한 이와 같은 식으로 이미 지워졌으므로 1에서 200사이 소수를 구하려면 $[\sqrt{200}] = [14.14\cdots] = 14$의 배수 지우기까지만 반복하면 된다.

◎ 더 나아가기

문제1. 에라토스테네스의 체 방법으로 m이상 n이하의 모든 소수들을 구하는 프로그램을 작성하시오.

프로그램 4-4「에라토스테네스의 체2」를 약간 수정(수정한 부분은 빨간색)하여 m이상 n 이하의 모든 소수들을 구해보자.

프로그램 4-5「에라토스테네스의 체3」

```
from math import sqrt

# m이상 n 이하의 소수를 구하는 함수
def primes_Era3(m,n):
    list1=[i for i in range(2,n+1)]

    # int(√n)까지의 각 배수를 list2에 담는다.
    list2=[]
    for j in range(int(sqrt(n))):   #int(sqrt(n)): √n의 정수부분
        for i in range(2, n//(j+2)+1):
            list2.append(list1[j]*i)

    # list1에 있는 수에서 list2에 있는 수들을 제거한 리스트
①  list= [x for x in list1 if x not in list2 and x>=m]
    return list

print(primes_Era3(50,100))
print(len(primes_Era3(50,100)))   #소수의 개수
```

① 소수가 m이상이라는 것을 추가한다.

실행결과

```
# 50이상 100이하의 소수와 소수의 개수
print(primes_Era(50,100))
print(len(primes_Era2(50,100)))
```

```
[53, 59, 61, 67, 71, 73, 79, 83, 89, 97]
10
```

문제2. 재귀함수를 이용하여 주어진 수의 소인수분해를 구하시오.

프로그램 4-6 「소인수분해」

```
   # 소인수분해 함수
①  def PrimeFacto(n):
       if n>1:
②          i=2
           while n%i!=0:
               i=i+1
           print(i, end=' ')
③          PrimeFacto(n/i)
```

① 이 함수는 ①과 ③에서 보듯이 정의하는 함수 안에 그 함수가 쓰인 재귀함수이다.
PrimeFacto(n)의 n은 2부터 실행이 가능하고 1일 때는 실행이 종료된다.
PrimeFacto(42)인 경우 재귀함수가 실행되는 과정을 살펴보자.

②~③ 42>1이므로 i=2에서 시작하여 while문의 조건 42%i!=0을 만족하지 않으면, 즉 i가 42를 나누면 while문의 실행을 멈추고 print(i)를 실행한 후 PrimeFacto(n/i)를 실행하게 된다. 즉, 2는 42를 나누므로 실행을 멈추고 2를 출력한 후, 다시 함수 PrimeFacto(42/2)=PrimeFacto(21)을 실행해야 한다.

이제 PrimeFacto(21)에서 21>1이므로

　　i=2에서 시작하여 21을 2로 나누면 나머지가 0이 아니므로 i=i+1=3이다.
　　다시 21을 3으로 나누면 나머지가 0이 되므로 i=i+1의 실행을 건너뛰어
　　3을 출력하고, 다시 함수 PrimeFacto(21/3)=PrimeFacto(7)을 실행해야 한다.

이제 PrimeFacto(7)에서

　　i=2부터 시작하여 i=6까지 7을 나누어 보면 나누어지지 않고

i=7로 7을 나누면 나누어지므로 i=i+1을 건너뛰고 7을 출력한다. 이제 PrimeFacto(7/7)=PrimeFacto(1)이 되어 그대로 프로그램이 종료된다.

따라서 출력된 소수는 2, 3, 7로서 21를 소인수분해한 수이다.

실행결과

```
# 86372490의 소인수분해
PrimeFacto(86372490)
 2  3  5  2879083
```

문제3. 에라토스테네스의 체 방법을 쓰지 않고 주어진 수 1000이하의 소수를 구하는 프로그램을 작성한 경우와 에라토스테네스의 체 방법으로 프로그램을 작성한 경우의 실행 속도를 비교하시오.

프로그램 4-7 「코드 속도 비교」

```python
import time
n=10000

# 시작 시간 저장
start = time.time()

# 에라토스테네스 체의 방법으로 10000이하의 소수구하기
a = [False,False] + [True]*(n-1)
primes=[]
for i in range(2,n+1):
    if a[i]:
        primes.append(i)
        for j in range(2*i, n+1, i):
            a[j] = False

# 현재시각 - 시작시간 = 실행 시간
print("에라토스테네스의 체를 통해 계산에 걸린 시간 :", time.time() - start)

start = time.time()
```

```
# 에라토스테네스 체의 방법이 아닌 다른 방법
primes=[ ]
def isPrime(n):
    if n == 1:
        return False
    for i in range(2,n):
        if(n%i==0):
            return False
    return True
for i in range(1, n+1):
    if isPrime(i):
        primes.append(i)

print("직접 소수를 구해 걸린 시간 :", time.time() - start)
```

실행결과

에라토스테네스의 체를 통해 계산에 걸린 시간 : 0.004212141036987305
직접 소수를 구해 걸린 시간 : 0.513853311 5386963

잠깐!

- 시간과 관련한 모듈인 time을 이용하면 코드를 실행하는데 걸린 시간을 계산할 수 있다. import time으로 모듈을 임포트한 후, 코드가 실행되기 직전의 시간을 time.time()을 통해 start 라는 변수에 담는다. 코드가 종료된 후 time.time()을 통해 현재 시간을 구하고, 여기서 start를 빼면 코드에 걸린 시간을 계산해 준다.
- 걸린 시간은 컴퓨터 상황에 따라 다를 수 있다.

◎ 도전 문제

사촌 소수(cousin prime)는 두 수의 차가 4인 소수의 쌍, 즉 (p, p+4)이다. n 미만의 수 중 사촌 소수의 쌍을 구하는 프로그램을 완성하시오.

5. 원리합계(Amount of principal and interest)

재테크의 첫걸음으로 보통 저축을 하는 데 저축에는 정기예금과 적금이 있다. 정기예금은 일정한 기간 동안 일정한 금액을 한 번에 맡기고 만기일에 이자를 받는 저축을 말하고, 적금은 일정 기간 동안 매달 혹은 매년 일정한 금액을 맡기고 만기일에 이자를 받는 저축을 말한다.

각 은행마다 홈페이지에 들어가면 금융계산기(혹은 대출 계산기, 이자 계산기 등)가 있고 우리는 이 계산기를 이용하여 대출이자, 예금이자, 적금이자를 계산할 수 있다. 이때 이자를 계산하는 방법은 크게 나누어 단리법과 복리법 두 가지가 있다. 단리법은 예금한 원금에 대해서만 이자를 계산하는 방법이고, 복리법은 예금한 원금뿐 아니라 발생한 이자에 대하여도 이자를 계산하는 방법이다. 따라서 저축기간이 짧으면 복리효과가 크지 않지만 저축기간이 길면 길수록 단리보다 이자액이 훨씬 높다.

유명한 과학자인 알베르트 아인슈타인은 '복리야말로 인간의 가장 위대한 발명'이라고 하였으며 원금을 두 배로 불리는 기간을 복리로 계산하는 계산식을 처음으로 제시하였다. 복리에서 '72법칙'이라는 것이 있는데 이는 원리금(원금 + 이자)이 원금의 두 배(100%)로 불어나는데 필요한 저축기간(72/이자율)을 정확한 계산을 하는 대신 손쉽게 계산하는 방법이다. 예를 들어, 연이율 3% 복리로 저축하여 원금의 두 배가 되는데 걸린 시간은 단리의 경우 약 33년이 소요되는 반면 복리의 경우 약 24년(72%/3%)이 걸린다는 것이다.

수학개념	수열, 등차수열, 등비수열, 수열의 합, 단리법, 복리법, 원리합계 72법칙
코딩개념	변수, 반복문(while 문)

프로젝트 5 금융계산기 만들기

원금과 이자를 합한 금액을 원리합계 또는 간단히 원리금이라고도 한다. 이때 이자를 지급하는 방식에는 단리법과 복리법 두 가지가 있다. 여기서는 복리로 이자를 지불하는 정기예금 및 적금의 원리합계를 계산하는 프로그래밍을 해 보자.

◎ 수학 개념

단리법은 예금한 원금에 대해서만 이자를 계산하는 방법이다. 예를 들어 원금이 100만원, 연이자율이 10%라면, 단리에 의한 2년 후 이자는 $100(만원) \times 0.1 \times 2 = 20(만원)$이므로 2년 후에는 원리합계가 120만원이다.

복리법은 예금한 원금뿐 아니라 발생한 이자에 대하여도 이자를 계산하는 방법이다. 예를 들어 원금이 100만원, 연이자율이 10%라면, 연복리에 의한 이자는 1년 후에는 10만원이지만, 2년 후의 이자는 110만원의 10%인 11만원이므로 원리합계는 121만원이다.

문제1. 원금 a원을 연이율 $i(\%)$의 단리로 n년 동안 정기예금하였을 때, n년 후 원리합계를 구하시오.

$$원리합계\ 금액 = 원금 + (n년\ 간의\ 이자\ 총액)$$
$$= a + a \times \frac{i}{100} \times n = a\left(1 + \frac{i}{100} \times n\right)$$

문제2. 원금 a원을 연이율 $i(\%)$의 연복리로 n년 동안 정기예금하였을 때, n년 후 원리합계를 구하시오.

1년 후 : 원금 + 이자 $= a + a \times \dfrac{i}{100} = a\left(1+\dfrac{i}{100}\right)$

2년 후 : 원금 + 이자 $= a\left(1+\dfrac{i}{100}\right) + a\left(1+\dfrac{i}{100}\right) \times \dfrac{i}{100} = a\left(1+\dfrac{i}{100}\right)^2$

3년 후 : 원금 + 이자 $= a\left(1+\dfrac{i}{100}\right)^2 + a\left(1+\dfrac{i}{100}\right)^2 \times \dfrac{i}{100} = a\left(1+\dfrac{i}{100}\right)^3$

$\vdots$

n년 후 : 원금 + 이자 $= a\left(1+\dfrac{i}{100}\right)^{n-1} + a\left(1+\dfrac{i}{100}\right)^{n-1} \times \dfrac{i}{100} = a\left(1+\dfrac{i}{100}\right)^n$

문제3. 매년 a원씩 연이율 $i(\%)$의 연복리로 n년 동안 적금하였을 때, 원리합계를 구하시오. (단, 적금의 만기일은 마지막 납입일 일 년 후)

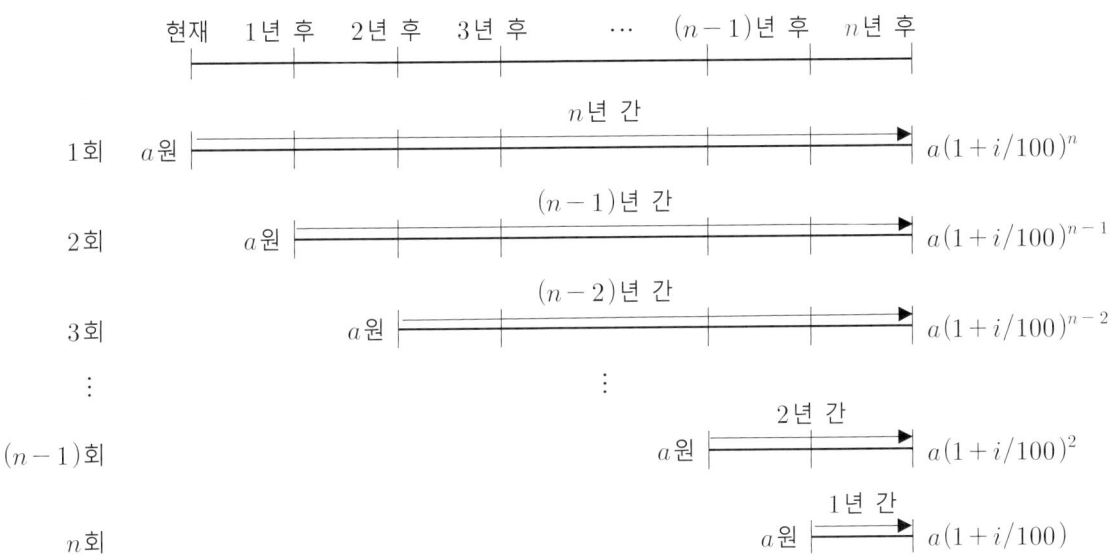

따라서 n년 동안 적립한 원리합계를 S_n이라고 하면

$$S_n = a(1+i/100) + a(1+i/100)^2 + \cdots + a(1+i/100)^n$$

이것은 첫째항이 $a\left(1+\dfrac{i}{100}\right)$, 공비가 $1+\dfrac{i}{100}$ 인 등비수열의 첫째항부터 n항까지의 합과 같다.

◎ 프로그래밍

문제1. 원금 a원을 연이율 $r(\%)$의 연복리로 n년 동안 정기예금하였을 때, n년 후 원리합계를 구하는 프로그램을 완성하시오.

원금 a원을 연이율 $r(\%)$의 연복리로 n년 동안 예금하였을 때 원리합계는 다음과 같다 (수학 개념의 문제 2 참조).

$$a\left(1+\frac{r}{100}\right)^{n-1} + a\left(1+\frac{r}{100}\right)^{n-1} \times \frac{r}{100} = a\left(1+\frac{r}{100}\right)^n$$

프로그램 5-1 「정기예금(연복리) 원리합계」

```
# a=원금, r=연(월)이율, n=납입연수를 인자로 한 함수
def sum_1(a,r,n):

    # 적립액의 n년(개월) 후 원리합계
    S=a*(1+r/100)**n
    return int(S)    ①
```

① int(sum)은 sum의 소수점 아래의 값을 버리기 위해 사용할 수 있다.

실행결과

```
# 원금 10,000,000원을 연복리 3%로 10년 동안 예금하여 만기일에 받을 수 있는 원리합계
sum_1(10000000, 3, 10) 실행
 13439163
```

문제2. 매년 200만원씩 연복리 3%로 n년 동안 적금하였을 때의 원리합계를 구하는 프로그래밍을 하시오. (단, 적금의 만기일은 마지막 납입일 일 년 후)

(1) 알고리즘

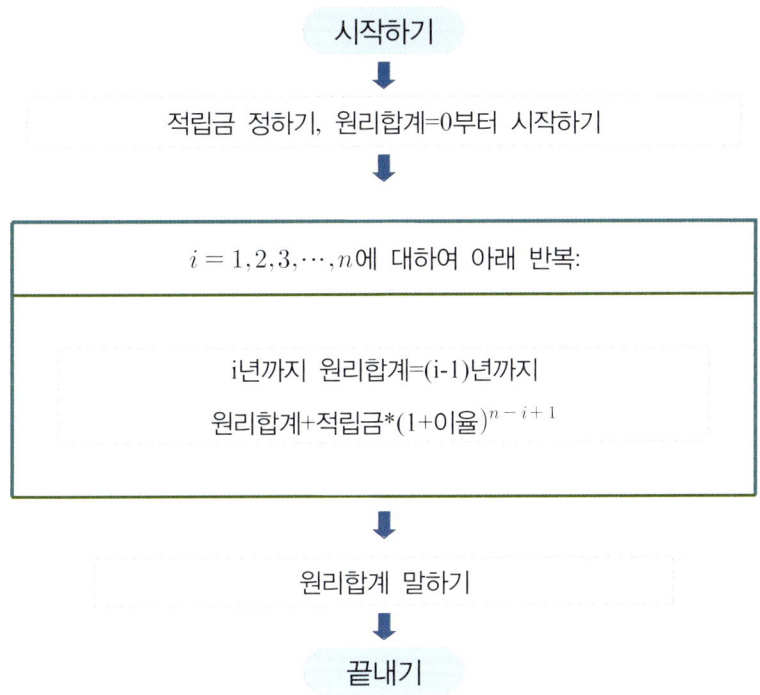

(2) 프로그램

매년 200만원씩 연이율 3%의 복리로 n년 동안 적금하였을 때의 원리합계를 구하자.

프로그램 5-2 「적금(복리)의 원리합계」

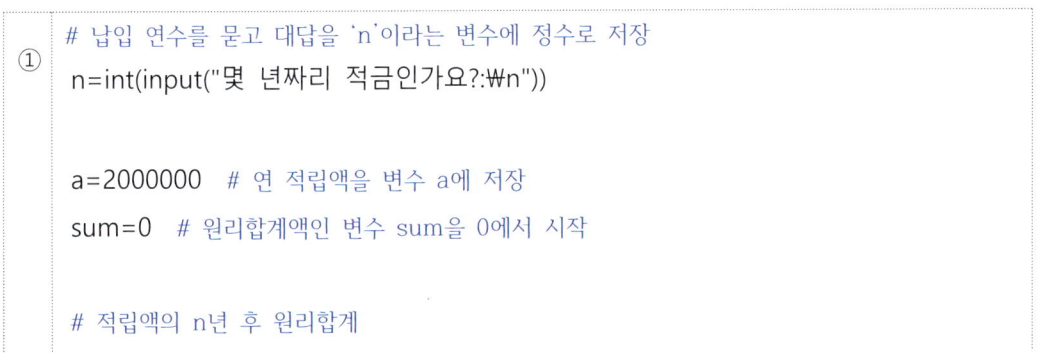

$$a(1+0.03)^n + a(1+0.03)^{n-1} + a(1+0.03)^{n-2} + \cdots + a(1+0.03)^{n-n}$$

```
    for i in range(1, n+1):
        sum=sum+a*(1+0.03)**(i)    # i년 후의 원리합계

    # sum을 정수로 버림 하여 출력
②   print("원리합계는 %d (원)" %(int(sum)))
```

① int(input("몇년짜리 적금인가요?:\n"))에서 \n은 대답을 줄바꿈하여 쓰기 위해 삽입할 수 있다.

② "원리합계는", int(sum), "(원)"라고 쓸 수 있으나 변수와 문자열을 두 번이나 끊어야 하는 불편 때문에 변수(int(sum)) 대신 %d를 이용하여 하나의 문자열로 표현하고 마지막에 %(int(sum))을 쓴다.

실행결과

```
몇 년짜리 적금인가요?:
10
원리합계는 23615591 (원)
```

잠깐!

- 120,000,000원을 연 복리 3%로 10년 정기예금을 하는 경우와 매년 12,000,000만원씩 10년 간 적금을 하는 경우 만기일에 원리합계를 비교해 보시오.

- 프로그램을 완성하는 단계에서 아래와 같이 for문의 의미를 하나하나 따져봄으로써 원하는 결과를 얻을 수 있는지 살필 수 있도록 한다(수학 개념 문제3 참조).

  i=1이면 1회까지 적립액의 원리합계 $\sum = a(1+0.03)^1$

  i=2이면 2회까지 적립액의 원리합계 $\sum = a(1+0.03)^1 + a(1+0.03)^2$

  i=3이면 3회까지 적립액의 원리합계
  $$\sum = a(1+0.03)^1 + a(1+0.03)^2 + a(1+0.03)^3$$
  $\vdots$

  i=n이면 n회까지 적립액의 원리합계 sum은

  $$\text{sum} = a(1+0.03)^n + a(1+0.03)^{n-1} + \cdots + a(1+0.03)^2 + a(1+0.03)$$

(3) 매년(월) 납입 금액, 연(월)이율(%), 납입 연(개월)수를 입력하면 이에 따라 복리로 적금하였을 때 적금 만기일의 원리합계를 구하는 함수를 만들어 보자.

프로그램 5-3 「복리 적금 원리합계 함수」

```
# a=적립액, r=연(월)이율, n=납입연수를 인자로 한 함수
def sum_s(a,r,n):
    sum=0

    # 적립액의 n년(개월) 후 원리합계
```
$$a(1+\frac{r}{100})^n + a(1+\frac{r}{100})^{n-1} + a(1+\frac{r}{100})^{n-2} + \cdots + a(1+\frac{r}{100})^{n-n+1}$$
```
    for i in range(1, n+1):
        sum=sum+a*(1+r/100)**(i)
    return int(sum)
```
①

① n년 후의 원리합계 sum의 소숫점 이하를 버림하여 정수로 나타내기 위해 int를 쓴다. in

t 대신 round를 쓰면 반올림한 결과를 출력할 수도 있다.

실행결과

```
# 적립액 1000000, 연이율 2.2%, 년수 10
print("원리합계는", sum_s(1000000,2.2,10))
 원리합계는 11293484
```

◎ 더 나아가기

문제1. 원금 a원을 연이율 $r(\%)$의 연복리로 예금하였을 때 원리합계가 원금의 두 배가 되는 데 걸린 시간을 구하는 프로그램을 완성하시오.

$n=1$부터 시작하여 $n=1, 2, 3, 4 \cdots$년 후 원리합계를 계산하면서 원리합계가 원금의 두 배인 순간 멈추고 그때의 n값을 구한다.

프로그램 5-4 「목표액 달성기간(정기예금) 함수」

```
# 원금  a원을 연이율  r(%)의 복리로 예금하여 처음으로 목표액 s원을 넘어서는 데
걸리는 시간(년)
def period(a,r,s):
    n=1
    # 원리합계가 목표액을 초과하는 데 걸린 년수
    while n>0:
        sum=a*(1+r/100)**n
        if sum>s:
            print(n,'년 동안, 원금',a,'원을 연이율', r,'% 복리로 예금하면 처음으로 원리합계는 목표액', s, '원을 넘는다.')
            break
        else:
            n=n+1
```

① print(*)의 (*)는 간단히 ("%d년 동안 원금 %d원을 연이율 %d %복리로 예금하면 처음으로 원리합계는 목표액 %d원을 넘는다." %(n, a, r, s))라고 쓸 수 있다.

실행결과

```
# 원금  10000000원을 연이율 3(%)의 복리로 예금하여 처음으로 목표액 20000000원을 넘어서는
데 걸리는 시간(년)
period(10000000,3,20000000) 실행
 24 년 동안, 원금 100000000 원을 연이율 3 % 복리로 예금하면
처음으로 원리합계는 목표액 200000000 원을 넘는다.
```

원리합계(Amount of principal and interest)

잠깐!

- 원금 a원을 연이율 r(%)의 복리로 예금하여 원리합계가 원금의 두 배가 되는 데 걸린 시간은 대략 '72의 법칙'을 따른다고 한다. '72의 법칙'에 의하면 걸린 시간은 (72% / r%)으로 이율에 따라 달라진다. 프로그램 「목표액 달성기간(예금)」을 이용하여 구한 기간과 '72의 법칙'에 따라 계산한 기간을 비교해 보시오.

문제2. s원을 마련하기 위해 매월 a원을 연이율 r(%)의 월복리로 계산하는 적금에 가입하려고 한다. 만기일에 원리합계가 s원 이상이기 위해 최소 몇 개월(n)을 납입해야 하는지를 구하는 프로그래밍을 하시오. (단, 적금의 만기일은 마지막 납입일 일 년 후)

프로그램 5-5 「목표액 달성기간(적금) 함수」

```python
# a=월 납입액, r=연이율(%), s= 목표액이 주어졌을 때 원리합계가 목표액을
처음으로 초과하는 데 걸리는 시간과 그때의 원리합계를 구하는 함수
def month(a,r,s):
    # 원리합계를 a로 시작
    sum=0
    # 적립한 기간
    n=0
    
    # 원리합계가 목표액보다 적거나 같은 동안 반복하고 목표액에 도달하는 개월
    수를 반환
    while sum<=s:
①       sum=sum+a*(1+r/(12*100))**(n+1)
②       n=n+1
    return n, int(sum)
```

① sum은 원리합계를 나타내며 연이율 r은 월이율로 나타내기 위해 12로 나눈다.
② 적립횟수를 센다.

실행결과

> \# 월 납입액a=100000, 연이율r=2.2(%)의 월복리로 적금하여 원리합계가 목표액 2000000원을 처음으로 초과하는 데 걸리는 시간과 그때의 원리합계를 구하는 함수실행
> print(month(100000,2.2,2000000))
>
> 즉, 20개월 후 원리합계는 목표액을 초과하여 2038950에 도달한다.

또는 다음과 같이 코딩할 수도 있다.

프로그램 5-6 「목표액 달성기간(적금) 구하기」

```
① s=int(input("얼마를 마련하고자 하나요?:\n"))
② a=int(input("납입 금액은 얼마인가요?:\n"))
③ r=float(input("연이율은 몇 %인가요?:\n"))
   n=1
   # 월 납입액이 a원, 연이율r%로 n개월 적금(월복리)한 원리합계 sum 반환
   while n>=1:
       a1=a
       sum=0
       for i in range(n):
           a1=a1*(1+r/(12*100))
           sum=sum+a1

       # 원리합계가 처음으로 목표액을 넘는 순간 실행을 중단한다.
       if sum>=s:
           print(n,"개월 동안, 매월",a,"원 납부하면 원리합계는",int(sum))
④          break
       n=n+1
```

①~③에서 int를 써서 목표액 s 와 납입금액은 정수로, float를 써서 이율은 실수로 표현한다.

④ 원리합계 sum이 목표액 s보다 커지는 순간 반복을 중단한다.

실행 결과

```
얼마를 마련하고자 하나요?:
2000000
월납입 금액은 얼마인가요?:
20000
연이율은 몇 %인가요?:
0.03
100 개월 동안, 매월 20000 원 납부하면 원리합계는 2002527
```

◎ 도전 문제

원금을 연이율 r%를 적용하여 n년 상환으로 매달 일정한 금액(원리금 균등상환)을 갚아나가려 할 때 매달 갚아야 하는 금액을 계산하는 프로그램을 완성하시오.

6. 전기요금(Electric charges)

 전기요금은 기본요금, 전력량요금, 연료비 조정요금 및 기후환경 요금을 원칙으로 하고, 자원의 효율적 배분을 위하여 필요하다고 인정하는 경우에는 차등요금, 누진요금으로 보완할 수 있다. 또한 전기요금에는 부가가치세 등 부담금이 청구된다.
 기본 요금이란 사용전력량 유무에 관계없이 요금적용전력에 대하여 수급개시일부터 일률적으로 적용하는 요금을 말한다. 전력량요금이란 사용전력량이 있는 경우 사용전력량에 대하여 누진제로 부과하는 요금을 말한다.
 한국전력공사 홈페이지에 들어가면 자신이 쓴 전기요금을 조회할 수 있도록 전기요금 계산기가 있다. 이 전기요금 계산기는 주택용(저압/고압) 하계 할인이 적용된 경우만 사용할 수 있는 데, 사용한 양과 해당 항목 등을 입력하면 요금을 조회할 수 있다.

수학개념	일차함수, 이차함수
코딩개념	변수 리스트, 반복문, 조건(if~elif~else), 모듈: matplotlib.pyplot, numpy, Pandas

프로젝트 6   전기요금 계산기

다음은 주택용 전력의 사용량에 따른 기본 요금과 전력량 요금표이다. (한국전력공사, 2022년 10월 1일자 기준). 단, 전력 사용량 단위는 kwh이고 생략하기로 한다.

구간		기본요금(원)	전력량 요금(원/kwh)
1	300kwh 이하사용	730	83.1
2	301~450kwh	1,260	152.1
3	450kwh 초과	6,060	220.4

이 표에 따라 사용량을 입력했을 때 전기 요금이 출력되도록 프로그래밍을 해 보자. 단, 추가적인 부담금은 고려하지 않기로 한다.

◎ 수학 개념

문제1. 일차함수 $y = -2x + 6$, $-1 \leq x \leq 5$의 그래프를 그려보시오.

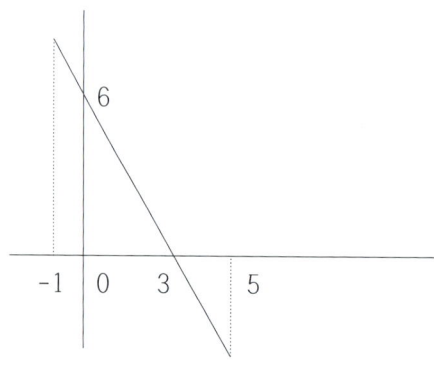

문제2. 다음 전기요금 계산법에 따라 사용량 325kwh의 전기요금을 계산하시오.

(1) 전력 사용량이 300 이하이면 기본요금 730원에 1 kwh당 83.1원씩 올라간다.

(2) 전력 사용량이 301 이상 450 이하이면 기본요금 1260원에 300까지는 1 kwh 당 83.1

원씩 계산되고 나머지는 1 kwh 당 152.1원씩 올라간다.

(3) 전력 사용량이 450을 초과하면 기본요금 6060원에 300까지는 1 kwh 당 83.1원씩 계산되고 301 이상 450까지는 1 kwh 당 152.1원씩 그리고 450을 넘으면 1 kwh 당 220.4원씩 올라간다.

사용량 ≤ 300	(예) 사용량이 250일 때의 전기요금 $= 730 + 83.1 \times (250)$
300 < 사용량 ≤ 450	(예) 사용량이 420일 때의 전기요금 $= 1260 + 83.1 \times 300 + 152.1 \times (420 - 300)$
사용량 > 450	(예) 사용량이 500일 때의 전기요금 $= 6060 + 83.1 \times 300 + 152.1 \times (450 - 300) + 220.4 \times (500 - 450)$

따라서 전기요금은

전기요금 = 기본요금 + (전력량 325의 요금)
$= 1260 + \{83.1 \times 300 + 152.1 \times (325 - 300)\}$
$\fallingdotseq 29993$원

잠깐!

- 실제 전기요금 청구 금액은 부가세와 기반기금도 추가하여 부과된다. 그러나 여기서는 기본요금에 사용량에 대한 전력량 요금을 더한 요금을 전기요금으로 계산하도록 하겠다. 그리고 사용량은 자연수로 나타내진다고 하자.

◎ 프로그래밍

문제1. 함수 $y=f(x)$의 그래프를 그리는 알고리즘을 완성하시오.

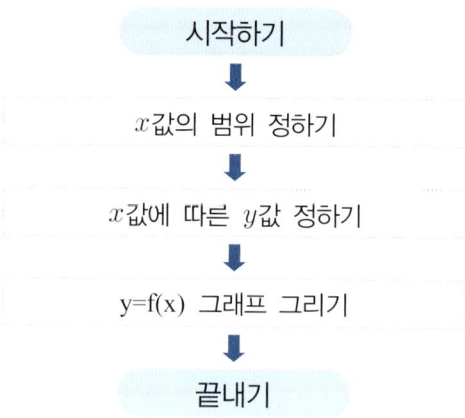

문제2. $y=2x+6,\ -2\leq x\leq 5$와 $y=5x-9,\ 5\leq x\leq 10$의 그래프를 그리시오.

이 그래프를 그리기 위해서 모듈 numpy, matplotlib.pyplot을 import 해 보자.

프로그램 6-1 「그래프 그리기」

```
   import matplotlib.pyplot as plt
①  import numpy as np

②  x=np.linspace(-2,5)    # -2≤x≤5 사이 등간격 수 50개로 배열
   y1=2*x+6
③  plt.plot(x, y1)

   x=np.linspace(5,10)
   y2=5*x-9
   plt.plot(x, y2)
```

> \# 그래프를 시각화한다.
> plt.show()

① linspace 함수의 사용을 위해 numpy 모듈을 불러온다.

② linspace(a,b,c)은 a와 b 사이의 수를 c개를 등간격으로 나눈 수의 리스트를 나타내며 c를 생략한 경우는 c=50개로 나눈다.

③ y1=2*x+6의 그래프를 그린다. 대응하는 점 (x, y_1)을 찍고 이를 직선으로 연결한다.

실행결과

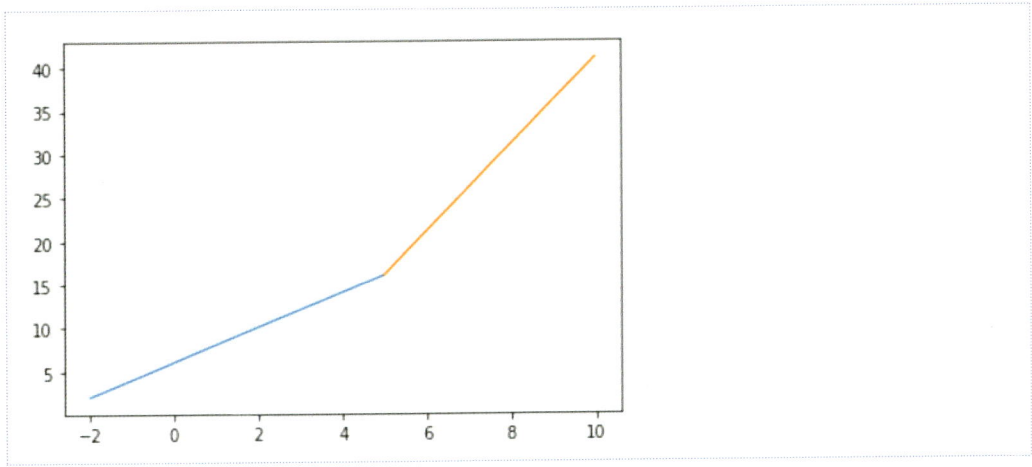

잠깐!

- 위 프로그램의 ②~③의 x=np.linspace(-2,5), y1=2*x+6, plt.plot(x, y1) 대신 x=np.linspace(-2,5, 5), y1=2*x+6, plt.plot(x, y1,'o')로 수정하고 결과를 비교해 보자.

문제3. 위의 전기요금 계산법에 따라 사용량의 전기요금을 계산하는 프로그램을 위한 알고리즘을 만드시오.

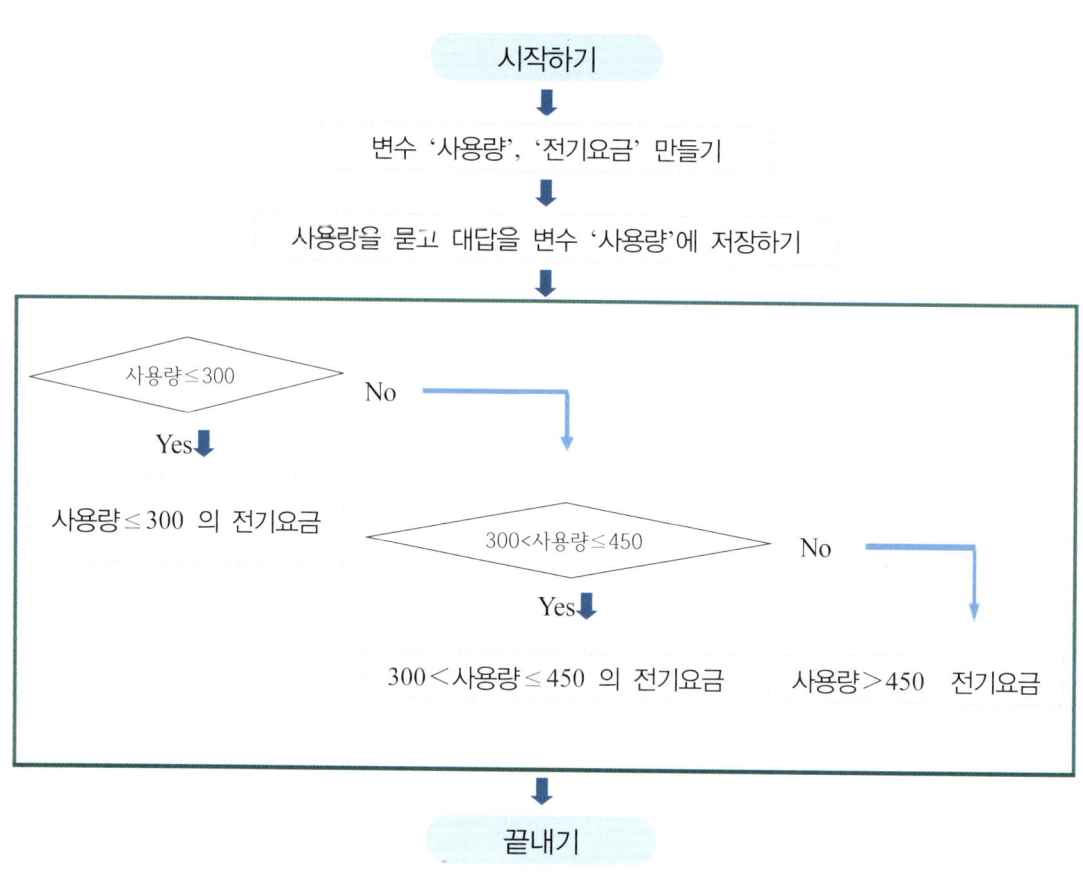

문제4. 알고리즘에 따라 사용량이 주어질 때 전기요금을 구하는 프로그램을 작성해 보시오.

프로그램 6-2 「사용량에 따른 전기요금」

```
# 사용량을 묻고 대답을 정수로 변수 'used' 에 저장한다.
used=int(input("사용량이 얼마인가요?"))
```

```
# 사용량에 따라 전기요금 출력
if used <=300:
    fare=730+83.1* used
elif 300<used and used<=450:
    fare=1260+83.1*300 +152.1*(used-300)
else:
    fare=6060+83.1*300+152.1*(450-300)+220.4*(used-450)

print('전기요금 :', fare)
```

실행결과

```
사용량이 얼마인가요?1000
전기요금 : 175025.0
```

문제5. 사용량 x, $0 \leq x \leq 550$에 대한 전기요금을 보여주는 그래프를 그리시오.

각 구간에서 직선으로 그려지므로 구간별 시작과 끝 점을 연결하는 plot 함수로 그래프를 그려보자.

프로그램 6-3 「사용량에 따른 전기요금 그래프 1」

```
#그래프를 그리기 위해 다음 모듈을 불러온다.
① import matplotlib.pyplot as plt
# 사용량 0에서 300까지 그래프 그리기
plt.plot([0,300],[730, 730+83.1*300])

# 사용량 300에서 450까지 그래프 그리기
plt.plot([300,450], [1260+83.1*300,1260+83.1*300 + 152.1*(450-300)])

# 사용량 450에서 550까지 그래프 그리기
```

```
        plt.plot([450,550],[6060+83.1*300+152.1*(450-300),
        6060+83.1*300+152.1*(450-300)+220.4*(550-450)])


        # x축 이름을 used로, y축 이름을 fare로 지정
        plt.xlabel('used')
        plt.ylabel('fare')
```

① 점(0,730)과 (300,730+83.1×300)을 직선으로 잇는다.

다음과 같은 방법으로 프로그램을 작성할 수도 있다. 이 경우는 직선 그래프가 아니어도 사용가능하다.

프로그램 6-4 「사용량에 따른 전기요금 그래프」

```
    #그래프를 그리기 위해 다음 모듈을 불러온다.
    import matplotlib.pyplot as plt
①   import numpy as np

    # 사용량 0에서 300까지 그래프 그리기
②   x=np.linspace(0,300)
    y1=730+83.1*x
    plt.plot(x, y1)

    # 사용량 300에서 450까지 그래프 그리기
    x=np.linspace(300,450)
    y2=1260+83.1*300+152.1*(x-300)
    plt.plot(x, y2)

    # 사용량 450에서 550까지 그래프 그리기
    x=np.linspace(450,550)
    y3=6060+83.1*300+152.1*(450-300)+220.4*(x-450)
    plt.plot(x,y3)

    # x축 이름을 used로, y축 이름을 fare로 지정
```

```
plt.xlabel('used')
plt.ylabel('fare')
```

① linspace()함수의 사용을 위해 numpy모듈을 불러온다.
② linspace(0,300)은 0≤x≤300사이를 등간격 수 50개로 배열한다.

실행결과

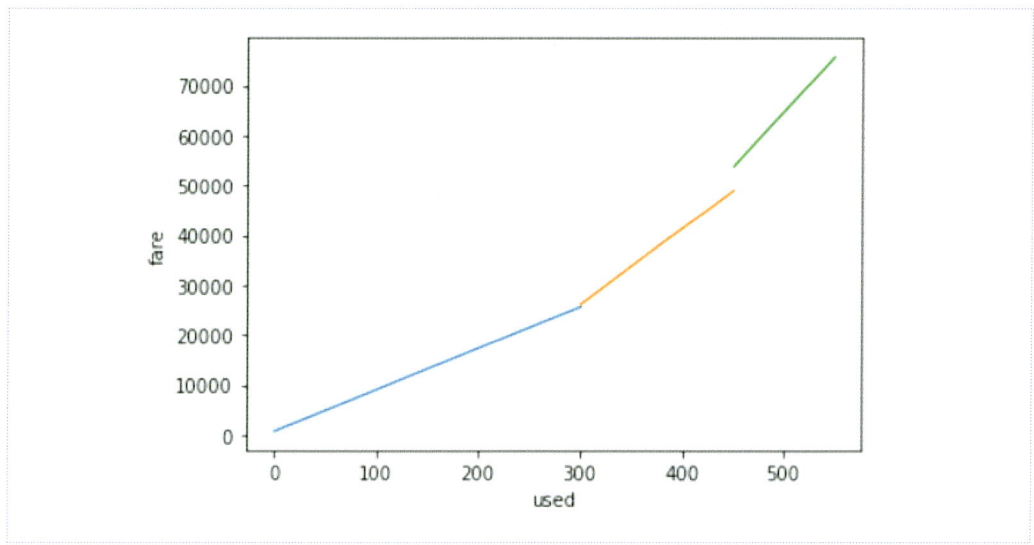

- 파란색 직선식 y1과 주황색 직선식 y2의 x=300에서의 값의 차이는 1260-730=530이고 주황색 직선식 y2와 녹색 직선식 y3의 x=450에서의 값의 차이는 [6060+83.1*300+152.1*(450-300)]-[1260+83.1*300+152.1*(450 -300)]=4800이다. 따라서 x=300에서의 두 값의 차 530은 x=450에서의 두 값의 차 4800에 비해 작은 수이므로 그래프가 연결된 것처럼 보인다.

문제6. 사용량은 100부터 시작하여 50간격으로 550까지(10번 반복) 사용량과 사용요금에 대한 딕셔너리를 만들고, 그에 따른 전기요금을 계산하여 표로 만드시오.

key값이 사용량과 사용요금이고, value를 100부터 시작하여 50간격으로 550까지의 사용량과 사용요금의 정보를 담은 리스트로 지정한 딕셔너리를 만들어 보자.

프로그램 6-5 「전기요금 표 만들기」

```
# 우선 빈 리스트를 생성하고 for문을 통해 담는다.
elec_fare = {'사용량' : [], '사용요금' : []}

# 550으로 적을 경우 550을 포함하지 않아 1큰 551을 적는다. 아래는 문제 4에서
  사용한 코드를 그대로 사용한다.
for used in range(100, 551, 50):
    if used <=300:
        fare=730+83.1 * used
    elif 300<used and used<=450:
        fare=1260+83.1*300 +152.1*(used-300)
    else:
        fare = 6060+83.1*300+152.1*(450-300)+220.4*(used-450)

    # 사용량 리스트에 사용량을, 사용요금 리스트에 사용요금을 추가한다.
①   elec_fare['사용량'].append(used)
②   elec_fare['사용요금'].append(fare)

# pandas의 데이터프레임을 이용하면 딕셔너리를 쉽게 표로 나타낼 수 있다.
③ import pandas as pd
  elec_fare_df = pd.DataFrame(elec_fare)
  elec_fare_df
```

① elec_fare['사용량'].append(used)는 리스트의 사용량 열에 사용량을 추가한다.
② elec_fare['사용요금'].append(fare)는 리스트의 사용요금 열에 사용요금을 추가한다.
③ 표로 데이터를 정리하기 위하여 모듈 pandas를 pd라는 이름으로 불러오자.

실행결과

	사용량	사용요금
0	100	9040.0
1	150	13195.0
2	200	17350.0
3	250	21505.0
4	300	25660.0
5	350	33795.0
6	400	41400.0
7	450	49005.0
8	500	64825.0
9	550	75845.0

잠깐!

- 딕셔너리란?

리스트와 함께 자료를 저장할 때 많이 쓰는 도구이다. 한영사전에서 사과를 찾으면 apple이 나오듯 key(사과) value(apple)값을 함께 콜론(:)으로 구분하여 입력한다. 중괄호({})를 이용하여 다음과 같이 생성할 수 있다.

fruit_dict = {'사과' : 'apple', '바나나' : 'banana', '오렌지' : 'orange'}

key에 따른 value를 확인하기 위해서는 fruit_dict['사과'] 와 같이 key값을 입력하면 'apple' 이 반환된다.

7. 콜라츠 추측(Collatz conjecture)

콜라츠 추측(Collatz conjecture)은 1937년에 독일의 수학자 로타르 콜라츠가 처음 제기한 문제로 많은 수학자들이 고민해 온 문제이다. 이 추측을 3n+1 추측이라고도 하고 혹은 규칙을 따르는 동안 숫자가 커졌다 작아졌다를 반복하다 결국 1에 수렴하는 것을 비구름에서 빗방울이 오르락 내리락하며 우박이 되는 모습에 빗대어 헤일스톤(우박) 수열이라고도 한다.

콜라츠 추측은 임의의 자연수가 다음 규치을 따르면 결국 항상 1에 이른다는 추측이다.
1. 짝수라면 2로 나눈다.
2. 홀수라면 3을 곱하고 1을 더한다.
3. 1이면 조작을 멈추고, 1이 아니면 첫 번째 단계로 돌아간다.

예를 들어, 6에서 시작한다면, 차례로 6, 3, 10, 5, 16, 8, 4, 2, 1 이 된다. 또, 27에서 시작하면 무려 111번을 거쳐야 1이 된다. 77번째에 이르면 9232를 정점으로 도달하다가 급격히 감소하여 34단계를 더 지나면 1이 된다.

이 추측의 반례는 아직 나오지 않았고, 아마도 참일 것으로 추정된다. 반례가 하나라도 나오는 순간 별다른 증명이 필요없이 저 추측은 거짓인 것으로 문제가 끝나기 때문이다. 이미 2020년대에 컴퓨터를 이용해 약 2.95해(2.95×10^{20})까지의 숫자를 넣어보았지만 모두 1에 도달했다. 그러나 아직 모든 자연수에 대하여 추측이 참이라는 증명은 발견되지 않고 있다. 이 문제의 해결에 500달러의 현상금을 걸었던 헝가리 수학자 에르되시 팔은 "수학은 아직 이런 문제를 다룰 준비가 되어 있지 않다."는 말을 남겼다.

증명은 어렵지만 문제 자체는 초등학생도 이해할 수 있을 정도로 단순하다. 지금 당장 구글에 The proof of the Collatz conjecture이라고 치면 전문 수학자부터 어린 학생이 쓴 논문까지 존재한다. 그러나 어느 것도 검증을 통과하지 못했다. 이렇게 계속 증명 시도가 좌절되니 괴델의 불완전성 정리(수리논리학에서 페아노 공리계를 포함하는 모든 무모순적 공리계는 참인 일부 명제를 증명할 수 없으며, 특히 스스로의 무모순성을 증명할 수 없다는 정리)에 따른 증명 불가능설이 상당한 신빙성을 얻고 있다.

수학개념	수열, 콜라츠 추측
코딩개념	변수, 반복(while문, for문), 모듈: matplotlib.pyplot

프로젝트 7   콜라츠 추측

콜라츠 추측이란 모든 자연수에 다음 규칙을 반복적으로 적용하면 결국 1에 도달할 것이라는 추측이다.
 1. 짝수라면 2로 나눈다.
 2. 홀수라면 3을 곱하고 1을 더한다.

사실 고성능 컴퓨터를 이용하면 대략 2.95×10^{20}개의 수에 대하여 콜라츠 추측이 참이라는 것을 확인할 수 있다. 그러나 이러한 콜라츠 추측이 참인지 거짓인지는 증명되지 않고 있다. 파이썬 프로그래밍을 통해 이러한 추측을 통계적으로 살펴보자.

◎ 수학 개념

콜라츠 추측은 임의의 자연수가 다음 조작을 거쳐 항상 1이 된다는 추측이다.
 1. 짝수라면 2로 나눈다.
 2. 홀수라면 3을 곱하고 1을 더한다.
 3. 1이면 조작을 멈추고, 1이 아니면 첫 번째 단계로 돌아간다.

예를 들어, 6에서 시작한다면, 차례로 6, 3, 10, 5, 16, 8, 4, 2, 1이 된다. 또, 27에서 시작하면 무려 111번을 거쳐야 1이 된다. 77번째에 이르면 9232를 정점으로 도달하다가 급격히 감소하여 34단계를 더 지나면 1이 된다. 이때 들쑥날쑥 나타나는 수 6, 3, 10, 5, 16, 8, 4, 2, 1을 우박수들의 수열, 간단히 우박수열이라고 한다.

문제 1. 콜라츠 추측의 규칙을 함수로 표현해 보자.

n이 자연수 일 때

$$f(n) = \begin{cases} \dfrac{n}{2}, & n : \text{짝수} \\ 3n+1, & n : \text{홀수} \end{cases}$$

이다. 따라서 콜라츠 추측이란 모든 자연 수에 대하여
$$f(n),\ f(f(n)),\ f(f(f(n))), \cdots,\ 1$$
이라는 것을 의미한다.

◎ 프로그래밍

문제 1. 주어진 수에 대하여 콜라츠 추측이 참인지 코드를 작성하여 확인해 보자. 또, 자연수 n이 주어질 때 우박수열을 구해보고 그 길이를 확인해 보자.

모든 자연수가 1에 도달하리라는 것이 증명되지 못했으므로 자연수가 주어질 때 그 수가 1에 도달하지 못할 수도 있다는 가정이 근저에 깔려 있다. 따라서 500번 까지만 실행해 보고 그 안에서 1에 도달하지 못하는 경우는 -1로 표현해 보자.

(1) 알고리즘

1. 우박수열을 담을 리스트를 만든다.
2. 콜라츠 규칙 적용에 따라 나온 수들을 리스트에 담는다.
3. 우박수열이 1에 도달할 때까지 이를 반복하여 우박 수열의 리스트를 만들고 수열의 길이가 500을 넘길 때까지 1에 도달하지 못하면 -1을 반환한다.
4. 마지막에 리스트를 반환한다.

(2) 프로그램

프로그램 7-1 「우박수열_500」

```
    # 주어진 자연수 num에 대한 최초로 1에 도달하는 횟수를 반환하고 그 횟수가 500을
    넘길 때까지 1에 도달하지 못하는 경우(수열의 길이가 500보다 큰 경우)는 -1로 표기해
    주는 함수
    def collatz(num):
        ls= []    # 우박수열을 담을 리스트
①      while num!=1:
②          ls.append(int(num))
            if num%2==0:
                num= num/2
            else:
                num=3*num+1
③          if len(ls) >= 500    # 수열의 길이가 500이상이면
                return -1
                break
④      ls.append(1)
```

⑤   return ls

① num이 1이 아니면 while 아래 블록을 계속 반복실행하고 num이 1이거나 반복횟수가 500을 넘으면 끝낸다(break).
② num을 리스트에 추가할 때 숫자(num)를 정수형으로 바꾸어 넣는다(int(num)).
③ 수열 길이가 500이상이 될 때까지 1에 도달하지 못하면 -1(의미없는 수)이라는 숫자를 반환하고 끝낸다.
④ 반환값이 -1이 아닌 경우 우박수열이 1로 끝나는 것을 보여주기 위해 리스트 마지막에 1을 추가한다.
⑤ 우박수열의 목록을 반환한다.

실행결과

```
# 최초로 1에 도달하는 20의 우박수열과 그 길이
print(collatz(20), "수열길이", len(collatz(20)))
```
[20, 10, 5, 16, 8, 4, 2, 1] 수열길이 8

```
# 최초로 1에 도달하는 100의 우박수열과 길이
print(collatz(100), "수열길이", len(collatz(20)))
```
[100, 50, 25, 76, 38, 19, 58, 29, 88, 44, 22, 11, 34, 17, 52, 26, 13, 40, 20, 10, 5, 16, 8, 4, 2, 1] 수열길이 26

프로그램 7-1 「우박수열_500」에서 콜라츠 규칙 적용을 500번 이하로 반복하는 동안 1에 도달하는지 체크해 보았다. 500을 일반적인 수 m으로 바꾸어 확장된 함수 collatz(num, m)를 만들고 실행해 보자.

프로그램 7-2 「우박수열_m」

```
# 주어진 자연수 num에 대한 최초로 1에 도달하는 횟수를 반환하고 그 횟수가 m보다
작을 때까지 1에 도달하지 못하는 경우(수열의 길이가 m보다 큰 경우)는 -1로 표기해
주는 함수
def collatz(num, m):
```

콜라츠 추측(Collatz conjecture)

```
        ls= []      # 우박수 수열를 담을 리스트
①       while num!=1:
②           ls.append(int(num))
            if num%2==0:
                num= num/2
            else:
                num=3*num+1
③           if len(ls) >= m:     # 수열의 길이가 m이상이면
                return -1
                break
④       ls.append(1)
⑤       return ls
```

※ 빨간색 부분에 주의 하자.

◎ 더 나아가기

문제1. 위에서 만든 함수 collatz( )을 이용하여 1에서 주어진 수(numb 라고 하자)까지 각 수에 대응하는 우박수열의 길이들의 변화를 그래프로 표현해 보자.

먼저 그래프를 그리기 위해서 matplotlib.pyplot 모듈을 불러오자.

프로그램 7-3「각 수에 대응하는 우박수열 길이의 그래프」

```
import matplotlib.pyplot as plt

def graph_lens(numb) :
    lens_paths = [ ]       # 각 우박수들의 길이를 넣을 빈 리스트

    for i in range(numb):
        n = i + 1
        lss = collatz(n)        # n의 우박수열
①       lens_paths.append(len(lss))

②   x=range(1,numb+1)          # 우박수열을 구하고자하는 수 [1,2,3,4, …, numb]
    y=lens_paths               # x에 대응하는 우박수열 길이들의 리스트
```

```
③      fig=plt.figure(figsize=(14, 7))
④      plt.plot(x,y, 'bo-')
       plt.xlabel('number')
       plt.ylabel('length of hailstone sequence')
       plt.title("length of hailstone sequence")
⑤      plt.grid(True, axis='y')    # 가로 방향의 그리드가 그려짐
⑥      plt.show()
```

① 각 $n=1,2,3,4,5$에 대응하는 우박수열의 길이를 lens_paths라는 리스트에 추가한다.

② for i in range(10)에 의해 lens_paths 리스트에는 각 collatz(1), collatz(2), …, collatz(10)의 길이가 들어 있으므로 리스트 x는 range(1,11)로 나타낸다. range( )를 바꿔가며 그래프를 그려보자.

③ 그림의 크기를 가로, 세로로 나타낸다.

④ "bo", "bo-", "bo--"은 각각 점을 blue 색 circle로 나타내기, 점을 blue 색 circle로 나타내고 점들 사이를 실선으로 잇기, 점을 blue 색 circle로 나타내고 점들 사이를 점선으로 잇기를 나타낸다.

⑤ plt.grid(True, axis='y')을 입력하면 가로로 그리드를 만들어 준다.

⑥ matplotlib.pyplot 모듈의 show() 함수는 그래프를 화면에 나타나도록 한다.

실행결과

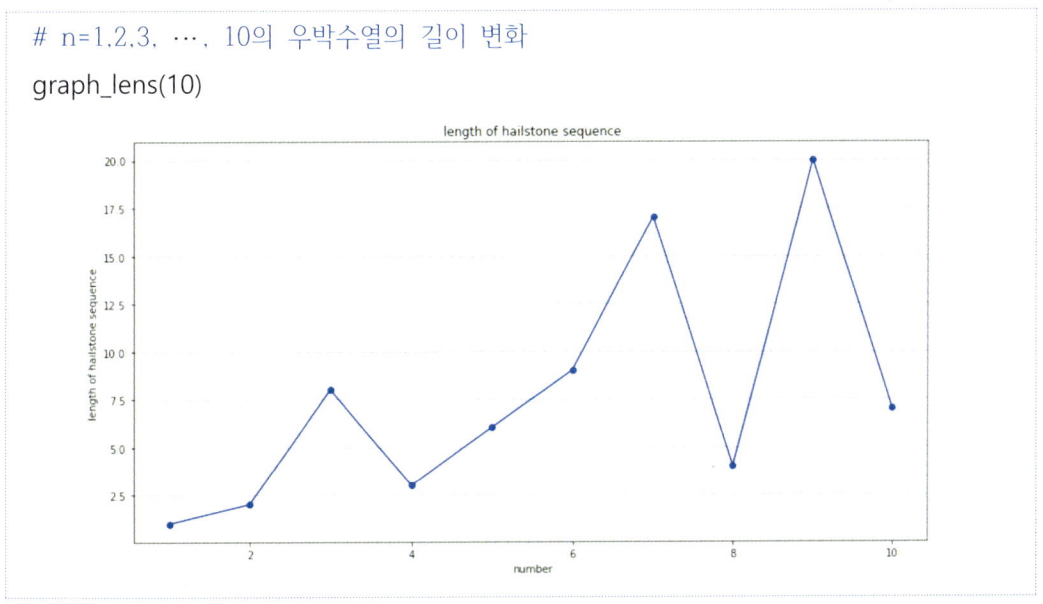

> **잠깐!** 🐍
>
> - (1,1) : 1의 우박수열의 길이 1
>   (2,2) : 2의 우박수열의 길이 2
>   (3,8) : 3의 우박수열의 길이 8
>   (4,3) : 4의 우박수열의 길이 3
>   ⋮
>   (10, 7) : 10의 우박수열의 길이 7

문제2. 프로그램 7-1 「우박수열_500」의 함수 collatz( )을 이용하여 1에서 10까지 각 수에 대응하는 우박수열의 path들을 그래프로 표현해 보자. 그래프를 그릴 때 x축은 'length of hailstone sequence', y축은 'hailstone numbers', 그래프의 제목은 'Graphs of hailstone sequences'라고 하자.

프로그램 7-4 「콜라츠 추측 path들」

```
import matplotlib.pyplot as plt

paths = [ ]        # 콜라츠 추측 path들을 넣을 빈 리스트
lens_paths = [ ]      # 각 우박수들의 길이를 넣을 빈 리스트

for i in range(10):
    n = i + 1
    lss = collatz(n)      # n의 우박수열의 리스트, 함수 collatz( )
①   paths.append(lss)
    lens_paths.append(len(lss))

fig = plt.figure(figsize=(14, 7))
②  for i in range(len(paths)):
        plt.xlabel('length of hailstone sequence')
        plt.ylabel('hailstone numbers')
③       plt.plot(paths[i], label='path' + str(i+1))
④       plt.legend()

plt.title('Graphs of hailstone sequences')
```

> ⑤ plt.grid(True)
> plt.show()
>
> print('우박수열들의 최대 길이는 ', max(lens_paths))

① 리스트 paths에 리스트 lss를 추가한다.
② range(len(paths))은 i=0부터 i=(paths에 들어있는 리스트의 길이)-1 까지를 나타낸다.
③ 그래프를 그리고 적당한 위치(위치표시 없을 때는 디폴트)에 각 데이터(paths)를 설명한다. 즉, 여기서 범례란 label='path' + str(i+1)을 말하며 이 경우 각 path가 path1, path2, …, path10로 표현된 것을 말한다.
④ ③과 함께 matplotlib.pyplot 모듈의 legend() 함수를 사용해서 그래프에 범례를 표시할 수 있다.
⑤ plt.grid(True)을 입력하면 그래프에 가로 세로 격자를 표시해 준다.

실행결과

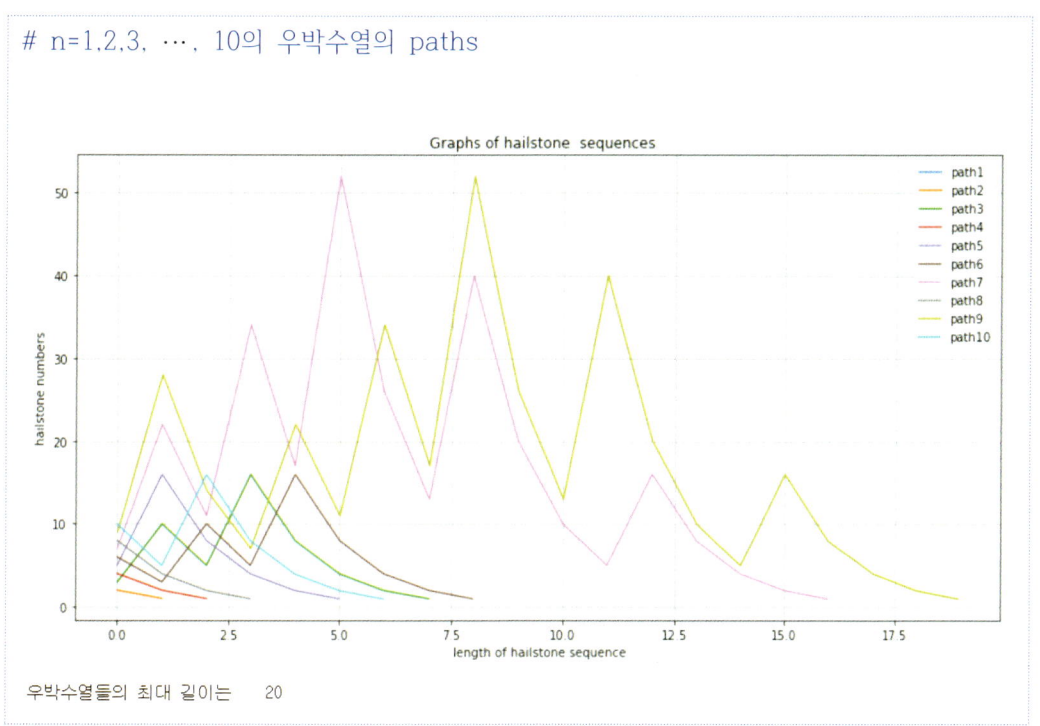

※ x=0에서의 값들은 각 우박수열의 시작점이다.

※ 우박수열 길이들의 최댓값은 9의 우박수열(연한 올리브색)의 길이인 20이다.

실행결과

n=1,2,3, …, 100의 우박수열의 paths
(프로그램 「콜라츠 추측 path들」에서 range(10)→range(100), range(1,11)→range(1,101)로 수정하고 범례 lable과 plt.legend( ) 제거)

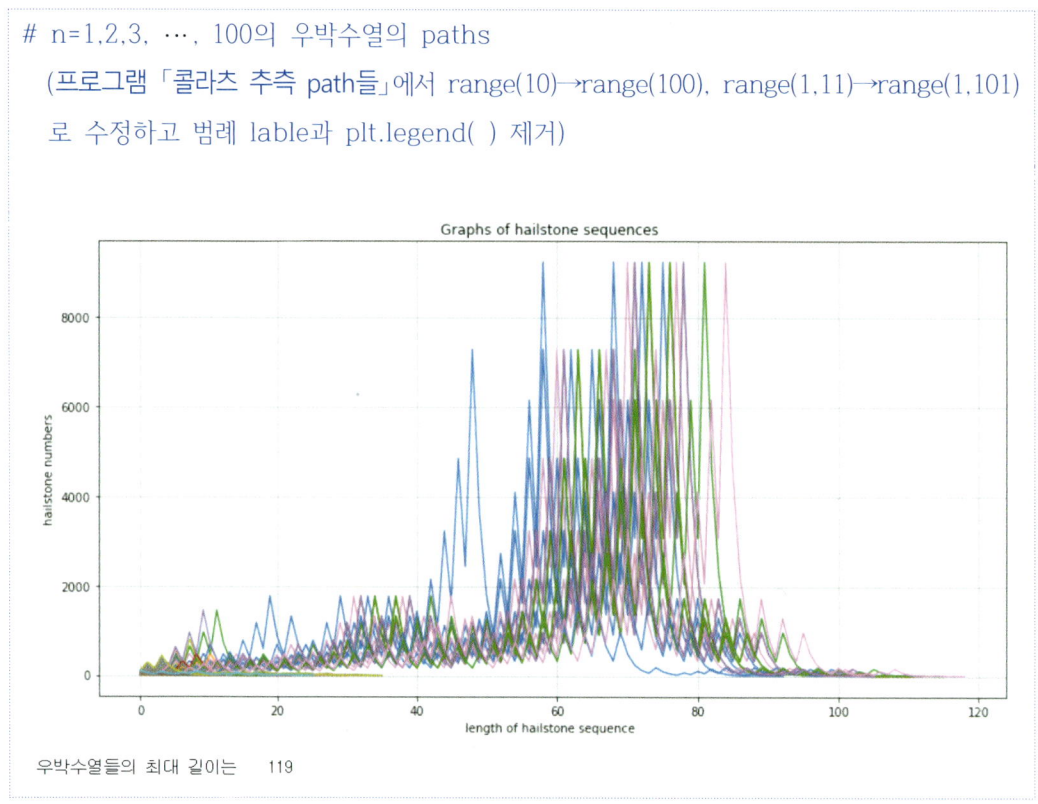

우박수열들의 최대 길이는   119

8. 마방진(Magic square)

마방진(magic square)은 n × n 사각형에 서로 다른 n^2개의 수를 배열한 것으로, 가로, 세로, 두 대각선 방향의 수를 더하면 모두 마법 상수가 나온다. 일반적인 마방진의 각 칸에는 1부터 n^2까지의 수가 모두 들어간다.

중국 하나라의 우왕 시절 (약 4000년 전) 매년 범람하는 황하의 물길을 정비할 때 이상한 그림이 새겨진 거북의 등 껍데기를 발견했다. 그것은 1부터 9까지의 숫자가 배열된 3차 마방진이었고, 가로, 세로, 대각선의 어느 방향으로 더해도 그 합(마방진 합)이 15였다. 그 후 마방진은 신비한 전설과 같이 인도, 페르시아, 아라비아 상인들에 의해 서아시아, 남아시아, 유럽까지 전해졌으며 신비한 힘이 깃들어 있는 부적처럼 여겨졌다.

서양에서의 최초의 마방진은 독일의 수학자이자 화가인 뒤러가 자신의 관뚜껑에 그린 <멜랑콜리아>라는 그림 속에 있는 4차 마방진이다. 이후 마방진에 대해 수많은 연구가 지속되었는데, B. 프레니클이라는 사람은 뒤러의 마방진 해법이 총 880개라는 것을 처음으로 밝혀내기도 했다.

중국의 마방진은 우리나라에도 전해졌는데, 이를 연구한 대표적인 학자는 최석정이다. 최석정은 조선 숙종 때 영의정까지 지낸 분으로 생활에 도움을 줄 수 있는 학문에 관심을 가졌다. 특히 수학에 많은 관심을 가지고 《구수략》이라는 책을 저술했는데, 여기에는 3차부터 10차 마방진까지의 독창적인 마방진에 대한 해법이 제시되어 있다.

1×1 마방진은 1개가 존재하지만 2×2 마방진은 존재하지 않는다. 3×3 마방진은 8개가 존재(사실 회전과 대칭을 고려하면 모두 같다.)하고 4×4 마방진은 880개의 서로 다른 배열이 존재한다. 5×5 마방진은 275,305,224개의 서로 다른 배열이 존재한다는 사실이 알려져 있다.

2	7	6
9	5	1
4	3	8

3x3 마방진

1	15	14	4
12	6	7	9
8	10	11	5
13	3	2	16

4x4 마방진

수학개념	마방진, 수열의 합
코딩개념	변수, 리스트, 함수, 반복, 모듈: numpy

프로젝트 8 마방진 판별

마방진이란 n×n 정방행렬에 1부터 n^2까지의 수를 배열한 것으로 가로, 세로, 대각선의 합이 같은 특징을 가지고 있다. 마방진을 만들고, 주어진 nxn행렬이 마방진인지 아닌지 판별하는 프로그램을 만들어 보자.

◎ 수학 개념

문제1. 2x2 마방진은 존재하지 않음을 설명하시오.

a	b
c	d

이 마방진이기 위해서는 적어도 a+b=a+d을 만족해야한다. 따라서 b=c이므로 같은 수가 중복되어 2x2 마방진은 존재할 수 없다.

문제2. nxn 마방진의 마법 상수(가로줄의 합=세로줄의 합=대각선의 합=마법상수)는 $\dfrac{n(n^2+1)}{2}$ 임을 설명하시오.

nxn 마방진의 모든 수의 합은

$$\begin{array}{l} 1 \quad\quad + \quad 2 \;+\; 3 \;+\cdots+ (n^2-1)+n^2 \\ n^2 \quad +(n^2-1)+(n^2-2)+\cdots+\quad 2 \quad +1 \\ \hline (n^2+1)+(n^2+1)+\cdots+\cdots+(n^2+1)+(n^2+1)=n^2(n^2+1) \end{array}$$

이므로

$$1+2+3+\cdots+(n^2-1)+n^2 = \frac{n^2(n^2+1)}{2}$$

이다. 그런데

$$\frac{n^2(n^2+1)}{2} = (\text{마법상수}) \times n$$

이므로

$$(\text{마법상수}) = \frac{n(n^2+1)}{2}$$

이다. 따라서 3x3 마방진의 매직 상수는 15, 4x4 마방진의 마법 상수는 34, 5x5 마방진의 마법 상수는 65, …이다.

문제3. 홀수 n에 대한 nxn 마방진을 만드는 방법은 많이 알려져 있다. 그 중 한 가지 방법을 설명하시오.

n x n 마방진 만들기 (n은 홀수)

(1) 첫번째 행의 가운데 숫자를 1로 정한다.

(2) 1의 위치에서 한 칸 왼쪽, 한 칸 위쪽으로 이동하여 그 곳에 2를 적는다.

(3) 다시 2의 위치에서 한 칸 왼쪽, 한 칸 위쪽으로 이동하여 그 곳에 3을 적는다.

(4) 이러한 과정을 n^2까지 반복한다.

단, ① 정해진 수에서 한 칸 왼쪽, 한 칸 위쪽으로 이동한 위치가 칸을 벗어나면 그 줄의 가장 먼 칸에 다음 수를 적는다.

② 정해진 수에서 한 칸 왼쪽, 한 칸 위쪽으로 이동한 위치에 이미 숫자가 이미 있으면 정해진 수 한 칸 아래에 그 다음 수를 적는다.

③ 정해진 수에서 한 칸 왼쪽, 한 칸 위쪽으로 이동한 위치가 속하는 행도 열도 없으면 정해진 수 바로 아래에 수를 적는다.

예를 들어 이 방법에 따라 3x3 마방진을 만들어 보자.

1단계	(1은 첫번째 행 가운데)	첫번째 행의 가운데 숫자를 1로 정한다.
2단계	1 / / 2_ _	1의 위치에서 왼쪽으로 한 칸, 위쪽으로 한 칸 이동한 위치가 칸을 벗어나고 1열 위에 있으므로 그 열의 가장 먼 칸에 다음 수 2를 적는다.
3단계	1 / _ _ 3 / 2 _ _	2의 위치에서 왼쪽으로 한 칸, 위쪽으로 한 칸 이동한 위치가 칸을 벗어나고 2행 옆에 있으므로 그 행의 가장 먼 칸에 다음 수 3을 적는다.
4단계	_ 1 _ / _ _ 3 / 2 _ 4	3의 위치에서 왼쪽으로 한 칸, 위쪽으로 한 칸 이동하면 그 자리에 1이 있으므로 3 바로 밑에 4를 적는다.
5단계	_ 1 _ / _ 5 3 / 2 _ 4	4의 위치에서 왼쪽으로 한 칸, 위쪽으로 한 칸 이동하여 5를 적는다.
6단계	6 1 _ / _ 5 3 / 2 _ 4	5의 위치에서 왼쪽으로 한 칸, 위쪽으로 한 칸 이동하여 6을 적는다.
7단계	6 1 _ / 7 5 3 / 2 _ 4	6의 위치에서 왼쪽으로 한 칸, 위쪽으로 한 칸 이동한 위치가 칸을 벗어나고 어느 행이나 열에 있지 않으므로 6아래에 7을 적는다.
8단계	6 1 8 / 7 5 3 / 2 _ 4	7의 위치에서 왼쪽으로 한 칸, 위쪽으로 한 칸 이동한 위치가 칸을 벗어나고 1행 줄에 있으므로 그 행의 가장 먼 칸에 다음 수 8을 적는다.
9단계	6 1 8 / 7 5 3 / 2 9 4	8의 위치에서 왼쪽으로 한 칸, 위쪽으로 한 칸 이동한 위치가 칸을 벗어나고 2열 줄에 있으므로 그 열의 가장 먼 칸에 다음 수 9를 적는다.

사실 이 하나의 3x3 마방진을 가지고 회전과 대칭을 이용하여 모든 3차의 마방진 8개를 만들 수 있다.

◎ **프로그래밍**

문제1. n×n 마방진을 생성하는 코드를 작성하시오(n은 홀수).

마방진의 각 행과 열의 인덱스는 0,1,2, …로 나타내며 마방진의 이름을 MasicSquare라고 할 때

           MasicSquare[2]는 마방진의 세번째행
           MasicSquare[3][4]는 마방진의 4행 5열

을 나타낸다.

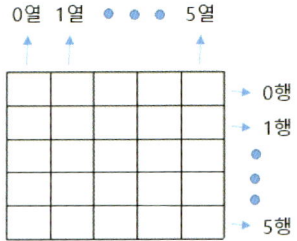

프로그램 8-1 「홀수차 마방진 만들기」

```
      def make_MagicSquare(n):
①         MagicSquare=[[0]*n for _ in range(n)]

          # 1을 넣을 처음 위치
          i=0
          j=n//2     # n을 2로 나눈 몫

          for k in range(1,n**2+1):
②             MagicSquare[i][j]=k

              # k+1을 넣을 다음 위치
③             i=i-1    # k를 넣은 후 왼쪽으로 한 칸 이동
              j=j-1    # (왼쪽으로 한 칸 이동 후) 위로 한 칸 이동

④             if i<0:     # 행이 칸을 벗어나면, 다시 말해서 인덱스가 -1이면(i=-1)
                  i=i+n   # i=n-1, 즉 n행을 말한다.
              if j<0:     # 열이 칸을 벗어나면, 다시 말해서 인덱스가 -1이면(j=-1)
                  j=j+n   # j=n-1, 즉 n열을 말한다.
```

```
            # 이동할 위치에 0 아닌 숫자가 있거나 또는 i<0이고 j<0인 경우 한 칸
   아래로 이동
⑤          if MagicSquare[i][j]!=0:
                i=(i+2)%n
                j=(j+1)%n

   return MagicSquare
```

① 더미변수 "_"은 0, 1, 2, 3, 4를 갖고 반복을 수행하며 실제 문장에서 사용되지 않기 때문에 " "를 사용한다. 이것은

$$[[0\ 0\ 0\ \cdots\ 0\ 0]$$
$$[0\ 0\ 0\ \cdots\ 0\ 0]$$
$$[0\ 0\ 0\ \cdots\ 0\ 0]$$
$$\vdots$$
$$[0\ 0\ 0\ \cdots\ 0\ 0]\ ]$$

의 이름을 MagicSquare라 정한다는 것을 말한다.

② MagicSquare[i][j]=k : MagicSquare의 행과 열의 인덱스(행렬에서의 i+1행, j+1열)가 i, j인 자리에 k를 넣는다.
③ 다음 k+1을 넣을 자리의 인덱스를 정한다.
④ 그러나 만일 i나 j 중 음수가 나오는 경우 i나 j가 마지막 열 혹은 마지막 행이 되도록 i나 j를 다시 정한다.

실행결과

```
# 5차의 마방진 생성
make_MagicSquare(5)

[[15, 8, 1, 24, 17],
 [16, 14, 7, 5, 23],
 [22, 20, 13, 6, 4],
 [3, 21, 19, 12, 10],
 [9, 2, 25, 18, 11]]
```

문제2. 3x3 마방진은 회전과 대칭에 의해 8개의 서로 다른 배열을 찾을 수 있다. 위의 프로그램 8-1 「홀수차 마방진 만들기」를 이용하여 3x3마방진을 하나 만들고 회전과 대칭을 이용하여 나머지 7개의 마방진을 만드시오.

회전(rot), 뒤집기(flip), 나열(array) 함수들의 사용을 위하여 numpy 모듈을 import 한다.

프로그램 8-2 「3차의 모든 마방진 생성」

```
    import numpy as np

    magic3=make_MagicSquare(3)    # 하나의  3x3 마방진을 만들어 magic3로 저장
①   rotations  =[np.rot90(magic3,x)for x in range(4)]
②   reflections=[np.flip(x,1)for x in rotations]
③   all_magics3  =np.array(rotations +reflections)

    print(all_magics3)
```

① np.rot90(magic3,x) : 배열을 x번 반시계방향으로 90도 회전한다.
② np.flip(x,1) : 회전해서 나온 배열들을 다시 차례대로 뒤집는다.
③ 회전과 대칭해서 나온 배열들을 합친다.

실행결과

```
[[[6 1 8]
  [7 5 3]
  [2 9 4]]

 [[8 3 4]
  [1 5 9]
  [6 7 2]]

 [[4 9 2]
  [3 5 7]
  [8 1 6]]

 [[2 7 6]
  [9 5 1]
  [4 3 8]]

 [[8 1 6]
  [3 5 7]
  [4 9 2]]

 [[4 3 8]
  [9 5 1]
  [2 7 6]]

 [[2 9 4]
  [7 5 3]
  [6 1 8]]

 [[6 7 2]
  [1 5 9]
  [8 3 4]]]
```

◎ 더 나아가기

문제1. 주어진 정사각형 모양의 배열이 마방진인지를 테스트하는 프로그램을 완성하시오.

정사각형 모양의 배열이 주어지면 다음 순서에 따라 각 행의 합, 열의 합, 대각선의 합이 일치하는지 조사하고 합이 모두 일치하면 마방진이라고 선언한다.

n×n 정방행렬이 주어지면

(1) 각 행의 항들의 합이 마법상수 $\dfrac{n(n^2+1)}{2}$ 와 일치하는지 확인한다.

프로그램 8-3 「각 행의 합」

```
    def checkRow(square):
①       n=len(square)       # 행렬의 길이
        ls_rowsums=[]       # 각 행의 합을 담을 빈 리스트
        for row in range(n):
            sum = 0         # 행의 항들의 합을 0부터 시작
            for col in range(n):
②               sum += square[row][col]    # 행의 각 항들을 합한다.
            ls_rowsums.append(sum)         # 행의 합을 리스트 ls_rowsums에 담기

        return ls_rowsums   # 각 행의 합의 리스트 반환
```

① n×n 행렬의 길이란 n을 말한다.

② square[row][col]는 row 번째 행과 col 번째 열의 교차점에 있는 값이다.

실행결과

```
# 주어진 3차 배열의 각 행의 합
checkRow([[6,1,8],[7,5,3],[2,9,4]])
 [15, 15, 15]
checkRow([[6,1,8],[7,5,3],[2,9,4]])
 [16, 12, 17]
```

(2) 각 열의 항들의 합이 마법상수와 일치하는지 확인한다.

프로그램 8-4 「각 열의 합」

```
def checkCol(square):
    n=len(square)        # 행렬의 길이
    ls_colsums=[]        # 각 열의 합의 리스트
    for col in range(n):
        sum = 0
        for row in range(n):
            sum += square[row][col]    # 열의 각 항들의 합
        ls_colsums.append(sum)         # 열의 합 리스트에 담기

    return ls_colsums    # 각 열의 합의 리스트 반환
```

실행결과

```
# 주어진 3차 배열의 각 열의 합
checkCol([[6,1,8],[7,5,3],[2,9,4]])

[15, 15, 15]

checkCol([[5,3,8],[2,6,4],[1,7,9]])

[8, 16, 21]
```

(3) 각 대각선의 항들의 합이 마법상수와 일치하는지 확인한다.

프로그램 8-5 「각 대각선의 합」

```
def checkDiag(square):
    n=len(square)        # 행렬의 길이
    ls_Diagsums=[]       # 각 대각선의 합을 담을 리스트

    # 대각선의 합
    sum1 = 0     # 왼쪽 위에서 시작하는 대각선의 합을 0에서 시작
    sum2 = 0     # 오른쪽 위에서 시작하는 대각선의 합을 0에서 시작
    for i in range(n):
```

마방진(Magic square)

```
            sum1+=square[i][i]        # 왼쪽 위에서 시작하는 대각선의 합
            sum2+=square[i][n-i-1]    # 오른쪽 위에서 시작하는 대각선의 합
    ls_Diagsums.append(sum1)
    ls_Diagsums.append(sum2)

    return ls_Diagsums        # 각 대각선의 합의 리스트 반환
```

실행결과

```
# 각 대각선의 합
checkDiag([[6,1,8],[7,5,3],[2,9,4]] )
 [15, 15]
checkDiag([[5,3,8],[2,6,4],[1,7,9]])
 [20, 15]
```

(4) n×n 행렬의 각 행의 합, 열의 합, 대각선의 합이 모두 일치하면 n×n 행렬은 마방진이라고 결론을 내린다.

각 행의 합의 리스트, 각 열의 합의 리스트, 대각선 합의 리스트를 합치고 이를 집합으로 나타낸다. 원소의 중복을 허락하지 않는 집합의 원소가 하나이면, 즉 길이가 1이면 리스트의 모든 값이 같은 수임을 의미하므로 마방진이다.

프로그램 8-6 「마방진 판별」

```
       def check_Square(square):
①          ls=checkRow(square) +checkCol(square)    # 두 리스트의 합
②          ls=ls+checkDiag(square)       # ls는 결국 세 리스트의 합
           print(ls)

③          set_is=set(ls)    # 리스트를 집합으로 바꿈
④          if len(set_is)==1:       # 집합의 원소가 한 개이면
               print("마방진이다.")
           else:
```

```
            print("마방진이 아니다.")
```

① checkRow(square)와 checkCol(square) 함수를 return한다는 것을 알고 있다.
② 세 개의 리스트를 합치기 위해서 zip()함수를 이용하기도 한다.
③~④ 리스트의 항들이 모두 같은 수라는 것은 집합으로 나타냈을 때 원소가 하나라는 것을 상기하자.

실행결과

```
# 행, 열, 대각선의 각 합을 나열하고 마방진인지 판별
check_square([6,1,3], [5,7,4], [2,9,8])

[10, 16, 19, 13, 17, 15, 21, 12]
마방진이 아니다.
```

◎ **도전 문제**

앞에서 n×n(n : 홀수)마방진을 만드는 프로그램을 완성하였다. n이 짝수인 경우 n×n 마방진을 만드는 프로그램을 작성해 보시오.

9. 하노이 탑 퍼즐(Tower of Hanoi puzzle)

하노이 탑 퍼즐은 1883년 프랑스의 수학자인 에두아르 뤼카가 발명한 게임으로 알려져 있으며 다음과 같은 전설이 전해오고 있다.

고대 인도 베나레스에 있는 한 사원에는 다이아몬드로 이루어진 3개의 기둥이 있고, 그 기둥 중 하나에는 가운데에 구멍이 난 64개의 크기가 각각 다른 황금 원반이 꽂혀 있다고 한다. 황금 원반은 가장 아래쪽에 있는 것이 가장 크고 위로 갈수록 점차 작아져 전체적으로 원추형의 탑을 이루고 있다. 원반은 한 번에 하나씩만 옮길 수 있으며 작은 원반 위에 그보다 더 큰 원반을 옮길 수 없다. 이 규칙으로 64개의 원판을 처음 놓여 있던 막대에서 다른 막대로 모두 옮기면 탑은 무너지고 세상의 종말이 온다고 한다.

일반적으로 받침대를 고정시키는 3개의 기둥과 가운데에 구멍이 있고 반지름이 모두 다른 몇 개의 원판으로 구성되어 있다고 하자. 가장 큰 원판이 맨 아래쪽에, 가장 작은 원판이 맨 위쪽에 놓이도록 1개의 기둥에 순서대로 쌓여있다. 게임의 목적은 다음 두 가지 조건을 만족시키면서, 최소한의 이동 횟수로 한 기둥에 꽂힌 원판들을 그 순서 그대로 다른 기둥으로 옮겨서 다시 쌓는 것이다.

　① 한 번에 하나의 원판만 옮길 수 있다.
　② 큰 원판이 작은 원판 위에 있어서는 안 된다.

64개의 원판을 모두 옮기는데 최소한 18446744073709551615번을 움직여야 하고, 한번 옮길 때마다 걸린 시간을 1초라고 하면 64개의 원판을 옮기는 데 5849억 4241만 7355년이 걸린다고 한다.

수학개념	수열, 점화식, 하노이탑 퍼즐
코딩개념	변수, 반복문, 재귀함수

프로젝트 9   하노이 탑 퍼즐

하노이 탑 게임의 목적은 다음 두 가지 조건을 만족시키면서, 최소한의 이동 횟수로 한 기둥에 꽂힌 원판들을 그 순서 그대로 다른 기둥으로 옮겨서 다시 쌓는 것이다.
  ① 한 번에 하나의 원판만 옮길 수 있다.
  ② 큰 원판이 작은 원판 위에 있어서는 안 된다.
원판의 개수에 따라 원판을 최소로 옮기는 횟수를 구하는 프로그램을 완성하시오.

◎ 수학 개념

문제1. 각 기둥의 이름을 A, B, C라고 하자. A기둥에 원판이 아래에 큰 것부터 작은 것 순으로 쌓여 있다. 규칙에 따라 원판을 이동할 때 몇 번을 옮겨야 모두 C기둥으로 똑같이 옮겨질까요?

(1) 원판이 하나인 경우 : 기둥 A에서 모두 기둥 C로 옮기는 횟수는 1번이다.
  경로 : A-->C

(2) 원판이 두 개인 경우 : 기둥 A에서 모두 기둥 C로 옮기는 횟수는 3이다.
  경로 : A-->B,   A-->C,   B-->C

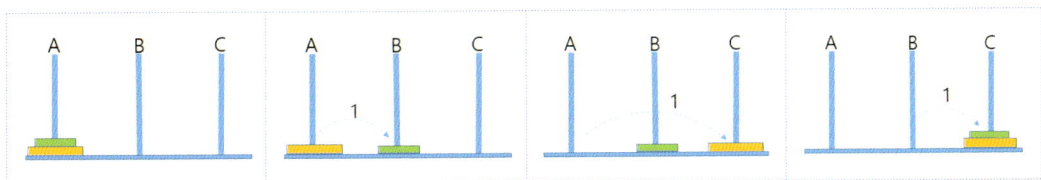

하노이 탑 퍼즐(Tower of Hanoi puzzle)

(3) 원판이 세 개인 경우 : 기둥 A에서 모두 기둥 C로 옮기는 횟수는 7이다.
경로 : A-->C, A-->B, C-->B, A-->C, B-->A, B-->C, A-->C

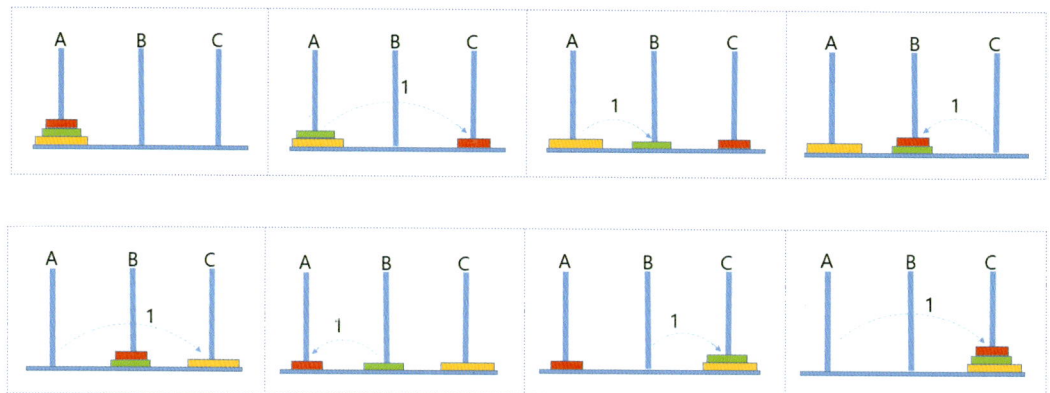

(4) 원판이 네 개인 경우 : 기둥 A에서 모두 기둥 C로 옮기는 횟수는 15이다.

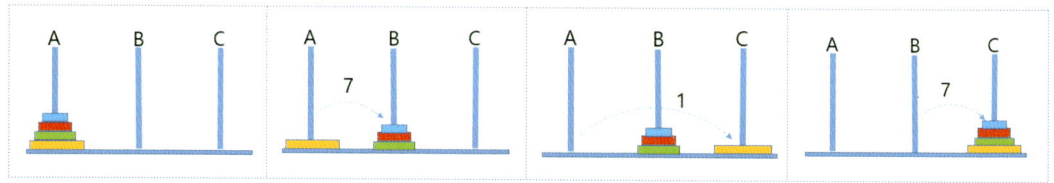

(5) 원판이 n 개인 경우 : 옮긴 횟수를 a_n이라고 하면 기둥 A에서 모두 기둥 C로 옮기는 횟수는 $2a_{n-1}+1$이다.

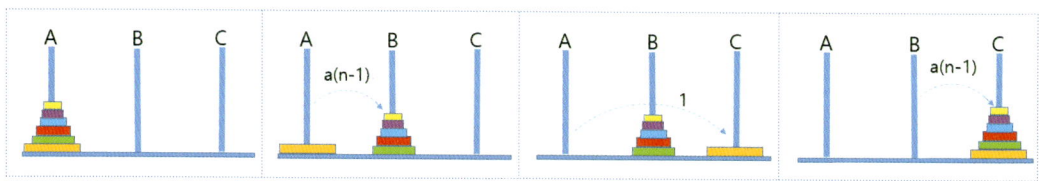

문제2. 원판의 수 n에 따라 A의 원판이 모두 C로 이동하는 데 최소한으로 움직인 횟수의 수열 $\{a_n\}$은 $a_n = 2a_{n-1} + 1$ 임을 알았다. 일반항 a_n을 구하시오.

$a_1 = 1, \ a_n = 2a_{n-1} + 1 \, (n \geq 2)$이므로
$$a_1 + 1 = 2$$
$$a_2 + 1 = 2(a_1 + 1)$$
$$a_3 + 1 = 2(a_2 + 1)$$
$$\vdots$$
$$a_{n-1} + 1 = 2(a_{n-2} + 1)$$
$$a_n + 1 = 2(a_{n-1} + 1)$$

양 변을 각각 곱하면
$$(a_1+1)(a_2+1)\cdots(a_{n-1}+1)(a_n+1) = 2^n (a_1+1)(a_2+1)\cdots(a_{n-1}+1)$$

양변을 공통 인수로 나누어 정리하면
$$a_n + 1 = 2^n \text{ 이고}$$
$$\therefore a_n = 2^n - 1$$

◎ 프로그래밍

문제1. 원판의 수 n에 따라 A의 원판이 모두 C로 이동하는 데 움직인 횟수인 a_n을 재귀적 방법으로 구하는 알고리즘을 완성하시오.

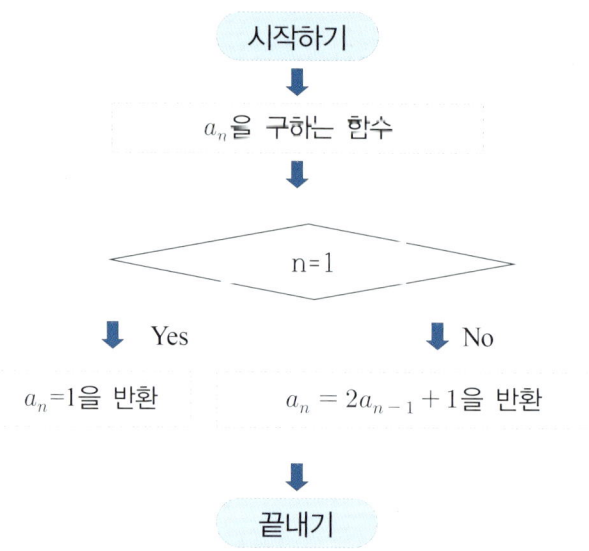

문제2. 원판의 수 n에 따라 A의 원판이 모두 C로 이동하는 데 움직인 횟수인 a_n을 구하는 프로그램을 완성하시오.

A의 n개 원판을 모두 C로 이동하는 데 움직인 횟수인 a_n을 구해보자.

프로그램 9-1 「이동횟수 구하기 함수」

```
    # 원판이 n개인 경우 이동횟수를 계산하는 함수
    def hanoi(n):
        if n==1:
①           return 1
        else:
②           return 2* hanoi(n-1)+1
```

① 원판이 1개인 경우 이동횟수 1을 출력한다.
② 원판이 n(≥2)개인 경우 이동횟수 $a_n = 2 \times a_{n-1} + 1$을 출력한다.

실행결과

```
# 원판이 5개인 경우의 이동횟수
hanoi(5)
    31
# 원판 64개를 이동하는 데 걸린 횟수
hanoi(64)
    18446744073709551615

# 한번 옮기는 데 1초가 걸린다고 할 때 모두 옮기는 데 걸린 시간
print(hanoi(64)/365/24/60/60)
    584942417355.072          # 약 5849억 4241만 7355년

# 원판이 1개인 경우부터 8개인 경우까지 이동횟수
for k in range(1,9):
    print(hanoi(k), ' ', end=" ")
        k +=1
    1   3   7   15   31   63   127   255
```
①

① print(hanoi(k), ' ', end=" ") 의 end=" "은 출력 결과를 횡렬로 나열하라는 명령어로서 " "의 간격에 따라 띄어쓰기 간격이 결정된다.

◎ 더 나아가기

문제1. 위의 이동 규칙을 보고 알 수 있는 특징을 서술하시오.

일단 A의 원판 중 맨 아래 가장 큰 원판을 제외하고 모두 B로 이동한 후 A의 맨 아래 원판을 C로 이동한다. 그리고 나서 다시 B의 모든 원판을 C로 이동한다.

문제2. 위에서 나열한 그림 대신 원판이 이동되는 경로를 나타내 보고 싶다. 이를 프로그래밍하기 위해 A기둥의 원판 n개가 C기둥으로 모두 옮겨지는 절차를 그림이나 글로 적어보시오.

예를 들어서 A 기둥에 원판이 2개인 경우 이동경로는 A→B, A→C, B→C 이다.

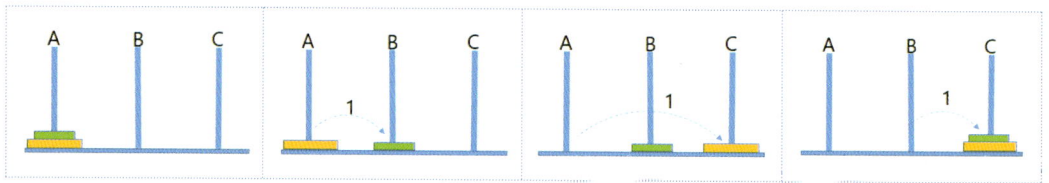

- 원판 1개인 경우 : A→C로 1번 이동한다.
- 원판 2개인 경우 : A→B, A→C, B→C로 3번 이동한다.
- 원판 3개인 경우 : 일단 A의 작은 원판 2개를 모두 B로 옮긴 후(이것은 위의 원판 2개를 A에서 B로 옮기는 방법과 같음) A의 마지막 가장 큰 원판을 C로 옮기고 다시 B의 2개를 C로(이것은 위의 원판 2개를 B에서 C로 옮기는 방법과 같음) 옮긴다.
- 원판 4개인 경우 : 일단 A의 원판 3개를 모두 B로 옮긴 후(이것은 위의 원판 3개 옮기는 방법 횟수와 같음) 마지막 가장 큰 원판을 C로 옮기고 다시 B의 3개를 C로 옮긴다.

⋮

- 원판 n개인 경우 : 일단 A의 원판 n-1개를 모두 B로 옮긴 후 마지막 가장 큰 원판을 C로 옮기고 다시 B의 n-1개를 C로 옮긴다.

문제3. 원판의 이동 경로를 나타내는 프로그래밍을 해 보시오. 이 방법에는 재귀적 의미가 담겨있다. 따라서 A기둥의 n개 원판을 C기둥으로 옮기는 경로를 보여주는 재귀함수 hanoi(n,A,B,C)를 정의해 보자. 여기서 n은 원판의 수, A,B,C 순서는 원판이 A에서 C로 이동함을 의미한다(예를 들어 A,C,B는 원판이 A에서 B로 이동함을 의미한다).

프로그램 9-2 「이동경로함수」

```
# n개의 원판을 A에서 C로 옮기는 이동경로 표시 함수
```

```
    def hanoi(n,A,B,C):
        if n == 1:
            print(A, ' --> ', C, ',', end="")
        else:
            # 이전 단계에서 A-->B로 이동한 모든 경로를 표시
①          hanoi(n-1,A,C,B)
②          print(A, ' --> ', C, ',', end="")
③          hanoi(n-1,B,A,C)
```

① hanoi(n-1,A,C,B)에 의해 n-1개의 원판을 모두 A에서 B로 이동한다.
② A에 남아있는 가장 큰 원판을 C로 이동할 수 있다. 이때 print(A,'-->', C)은 결과를 아래로 길게 나타나도록 하고 print(A, ' --> ',C,',',end="")과 같이 쓰면 결과가 횡렬로 나타난다.
③ 이제 hanoi(n-1,B,A,C)에 의해 B에 있는 n-1개 원판을 C로 모두 이동하면 된다.

실행결과

```
# A의 세 원판을 C로 옮기는 경로
hanoi(3,'A','B','C')
 A  -->  C ,A  -->  B ,C  -->  B ,A  -->  C ,B  -->  A ,B  -->  C ,A  -->  C ,
```

잠깐!

- hanoi(5,'A','B','C')과 hanoi(5,A,B,C)의 차이를 비교해 보라. 함수는 hanoi(5,A,B,C)라고 입력하지만 실행하고자할 때 함수를 hanoi(5,A,B,C)라고 입력하면 A,B,C는 문자로 인식하지 못해 error가 나온다. hanoi(5,'A','B','C')라고 입력해야 한다.

◎ 도전 문제

하노이탑 퍼즐의 변형된 문제들이 있다. 그 중 기둥이 네 개이고 원판이 n개인 경우 최소 이동 횟수를 구하는 프로그램을 완성하시오. 이동 규칙은 기둥이 세 개인 경우와 같다.

10. 님 게임(Nim game)

님 게임(Nim game)은 주로 옛날 서양에서 즐기던 놀이로, 성냥개비를 두고 두 사람이 번갈아 가져가다가 마지막 성냥개비를 가져가는 사람이 이기는 게임이다. 오랜 역사를 가진 님 게임으로부터 많은 변형된 게임들이 만들어지게 되고 게임이론의 한 부분으로 연구되고 있다. 2인이 하는 기본적인 님 게임은 불공정 게임으로서 반드시 이길 수 있는 필승 전략이 있다. 그러나 님 게임의 변형에는 승리를 예측할 수 없는 공정한 게임도 있다.

님 게임의 일종인 '31을 먼저 말하기 게임(베스킨라빈스31 게임이라고도 한다.)'은 불공정 게임으로서 필승전략이 존재하며 게임 규칙은 다음과 같다.

❶ 처음 사람이 1부터 3사이의 수 중 하나를 말한다.
❷ 앞 사람이 말한 수에 1부터 3사이의 수 중 하나를 더하여 말한다.
❸ 위 과정을 반복하고, 31을 먼저 말한 사람이 이긴다.

수학개념	문자와 식
코딩개념	변수, 반복(while문)

프로젝트 10 님 게임

2인이 하는 님 게임에서 이기는 전략을 발견하고 이를 이용하여 컴퓨터와 내가 게임을 할 때 컴퓨터가 항상 게임에서 이기도록 프로그래밍을 해보자.

◎ 수학 개념

문제1. '10을 먼저 말하기 게임'의 규칙이 다음과 같다. 짝과 함께 게임을 해 보고, 내가 게임에서 이기기 위한 필승 전략은 무엇인지 설명하시오.

> ❶ 처음 사람은 1 또는 2의 수 중에서 하나를 말한다.
> ❷ 다음 앞 사람이 말한 수에 1 또는 2의 수 중 하나를 더하여 말한다.
> ❸ 위 과정을 반복하고, 10을 먼저 말한 사람이 이긴다.

(1) 내가 10을 먼저 말하기 위해서는 그 전에 내가 7을 말해야 한다. 이유는 다음과 같다.

(2) 내가 7을 말하기 위해서는 그전에 내가 4를 말해야 한다. 이유는 다음과 같다.

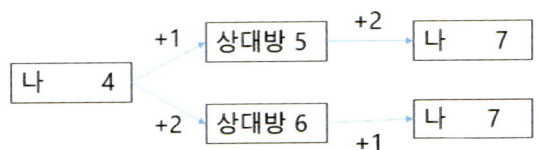

(3) 또 4를 말하기 위해서는 그전에 내가 1을 말해야 한다. 이유는 다음과 같다.

결국 내가 이기기 위해서는 내가 먼저 1을 말하고 그 다음 내 차례에 4, 7, 10을 말하면 된다.

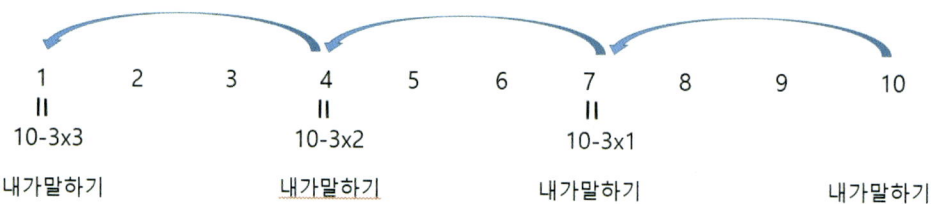

이 규칙을 자세히 살펴보자. 내가 이기기(내가 10을 먼저 말하기) 위해서는 먼저 10을 3(한계수2 +1)으로 나눈 나머지인 1을 말하고, 상대방이 몇을 말하든지 앞에서 내가 말한 수에 3씩 더해가며 말한다. 단, 1 또는 2 중 하나를 말할 때 마지막 수 2를 한계수라고 하자.

예를 들어, 다음과 같이 차례로 말하면 내가 먼저 10을 말하므로 이기는 게임이다.

나	상대방	나	상대방	나	상대방	나
1	2	4	5	7	8	10

또는

나	상대방	나	상대방	나	상대방	나
1	3	4	5	7	9	10

⋮

만일 상대방이 먼저 1을 말하더라도 어느 순간에 4 또는 7을 말할 수 있다면 필승전략을 써서 이길 수 있다. 그러나 상대방도 필승 전략을 알고 있다면 결국 1을 선점하는 사람이 반드시 이기는 게임이 된다.

문제2. '100을 먼저 말하기 게임'의 필승 전략은 무엇인지 설명하시오. 게임규칙은 다음과 같다.

> ❶ 1에서 10사이의 수 중에서 하나를 말한다.
> ❷ 앞 사람이 말한 수에 1~10의 수 중 하나를 더하여 말한다.
> ❸ 위 과정을 반복하고, 100을 먼저 말한 사람이 이긴다.

문제1의 경우처럼 $100 = 11 \times 9 + 1$, 즉 100을 11로 나눈 나머지가 1이므로 내가 먼저 1을 말하고 내 차례가 되면 (상대방이 말한 수에 합해서 11이 되는 수를 더하여 말한다. 즉, 나는 차례로 1, 12, 23, 34, ⋯, 78, 89, 100을 말하면 되는 데 이것은 1에 11(한계수10+1)씩 더해가면서 말하는 것과 같다.

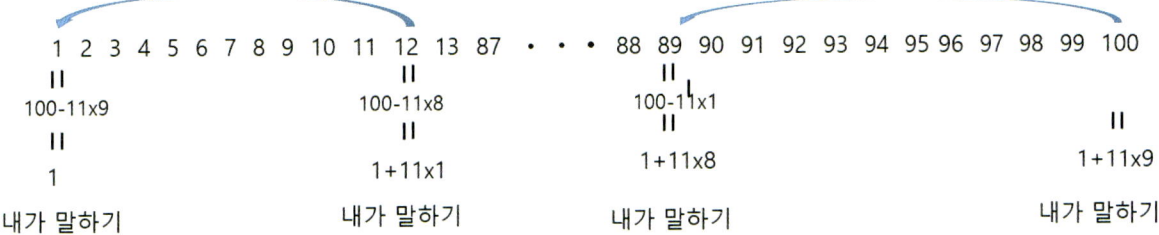

문제3. 게임의 규칙을 '먼저 150을 말하는 사람이 이기는 것'으로 바꾸어도 '문제2'의 필승 전략을 그대로 적용할 수 있는지 설명하시오.

적용할 수 있다. 150으로 바꾼다면 $150 \div 11 = 13 \cdots 7$ $(7 + 11 \times 13 = 150)$이므로 먼저 내가 7을 말하고 상대가 더한 수에 합해서 11이 되는 수를 더하는 식으로 말한다. 즉, 내가 7을 말하고 다음 상대방이 15를 말하면 상대방이 8을 더해서 말했으므로 나는 8+3=11이니까 상대방이 말한 수에 3을 더해 18을 말한다. 이와 같은 방법으로, 내가 18, 29, 40, ⋯ , 128, 139, 150을 말한다. 이 수들의 규칙성을 보면 내가 처음 말한 수에 11을 더해가며 말하면 된다.

7, 18=7+11x1, 29=7+11x2, 40=7+11x3,⋯, 150=7+11x13

이다.

문제4. 문제 2에서 한계수를 바꾸어도, 즉 더하는 수를 1부터 9까지의 수 또는 1부터 12까지의 수로 바꾸어도 '문제2'의 필승 전략을 그대로 적용할 수 있는지 설명하시오.

(1) 더하는 수를 1부터 9(한계수)까지의 수로 바꾸는 경우 상대방이 먼저 말해야 한다. $100 \div 10 = 10 \cdots 0$ $(10 \times 10 = 100)$이므로 반드시 내가 이기려면 상대방이 먼저 말해야 한다. 왜냐하면 상대방이 먼저 말을 하는 경우(1~9의 수) 내 차례가 오면 10, 20, 30…100을 말함으로써 이길 수 있다. 그런데 내가 먼저 말하는 경우 상대방도 필승 전략을 알고 있다면 나는 반드시 지게 된다. 즉, 내가 어떤 수(1~9의 수)를 말하든지 다음에 상대방이 10, 20, 30…100을 말할 수 있어 상대방이 이기게 된다.

(2) 더하는 수를 1부터 12(한계수)까지의 수로 바꾸는 경우 내가 먼저 9를 말한다. $100 \div 13 = 7 \cdots 9$ $(9 + 13 \times 7 = 100)$이므로 내가 먼저 말하는 경우 처음 9를 말하고 내 차례가 올 때마다 13을 더하여 22, 35, …, 100을 말한다. 상대방이 먼저 말하는 경우(1~12의 수)는 (1)의 경우와 같은 이유로 내가 질 수도 있다. 따라서 반드시 필승전략을 가지고 내가 먼저 말해야 한다.

문제5. 목표수(말해야 하는 수)와 더하는 수의 범위에 따른 게임에서 나의 필승 전략을 일반화 해보시오.

목표수를 t, 더하는 수의 범위를 1~n이라고 하고 $t \div (n+1)$의 나머지를 r, $0 \leq r \leq n$이라고 하자.

(1) $t \div (n+1)$의 나머지가 0이면, 상대가 먼저 말해야 한다(1~n의 수). 그 다음 나는 적당한 수(1~n의 수)를 더하여 $n+1$을 말한다. 이어 내 차례가 오면 $2(n+1)$, $3(n+1)$, …, $k(n+1)=t$를 말한다.

(2) $t \div (n+1)$의 나머지가 0이 아니면, 반드시 내가 먼저 $t \div (n+1)$의 나머지 r을 말하고 그 다음 차례로 r에 $n+1$씩 더한 수를 말한다.

◎ **프로그래밍**

문제1. 컴퓨터가 상대방에게 말해야 하는 목표수 target과 더하는 수의 범위 1~n을 물은 후 게임을 할 때, 컴퓨터가 항상 게임을 이기도록(목표수에 도달) 프로그래밍을 해보시오.

(1) 필승 전략을 가지고 게임을 하여 이기는 과정을 생각하고, 글이나 그림으로 그 절차를 보여주는 알고리즘을 작성해 보자.

(2) 절차에 따라 상대에게 목표 수와 더하는 수의 범위를 물은 후 컴퓨터가 항상 게임을 이기도록 프로그램을 작성해 보자.

이 게임은 상대방이 말하는 수에 n이하의 수를 더해서 말하는 게임이다.

프로그램 10-1「컴퓨터 필승1」

```python
# 목표 수(target)와 더하는 수의 범위(1~n)를 묻고 대답을 정수로 저장한다.
target=int(input("목표수는 몇으로 할까요?"))
n=int(input("더하는 수의 범위는 1부터 몇까지 할까요?"))

# 컴퓨터가 말하는 수를 변수 computer로 나타내고 0에서 시작한다.
computer=0

# 전략상 (target)÷(n+1)의 나머지가 0이면 상대방이 먼저 시작하게 한다.
if target%(n+1)==0:
    print("컴퓨터가 나중에 말할게요. 상대방이 먼저 말하세요")

    while computer<target:
        a=int(input("상대방은 수를 말하세요:    "))

        # 상대방이 말하는 수가 범위를 벗어난 경우
```

님 게임(Nim game)

```
            if a<=computer or a>computer+n:
                print('잘못입력하셨습니다. 컴퓨터가 입력한 수에 %d이하의 수를
                더해서 말하세요' %n)
            else:
                computer=computer+(n+1)
                print('컴퓨터가 말할께요:   ', computer)

    # 전략상 (target)÷(n+1)의 나머지가 0이 아니면 컴퓨터가 먼저 시작한다
    else:
        computer=computer+target%(n+1)
        print('컴퓨터가 먼저 말할께요:   ', computer)
        while computer<target:
            a=int(input('상대방은 수를 말하세요:   '))
            if a<=computer   or a>computer+n:
                print('잘못입력하셨습니다. 컴퓨터가 입력한 수에 %d이하의 수를
                더해서 말하세요' %n)
            else:
                computer=computer+(n+1)
                print('컴퓨터가 말할께요:   ', computer)

    # 컴퓨터가 목표수를 말하게 되면 컴퓨터가 이겼다고 말한다.
    print("컴퓨터가 이겼어요.")
```

① 컴퓨터가 이기는 전략은 언제나 target을 n+1로 나눈 나머지 r에 차례로 n+1을 더해가며 말한다.

② While~에서는 컴퓨터가 말한 수가 목표 수 target 보다 작은 동안 아래 블록을 반복한다.

③ 상대방이 말한 수가 범위를 벗어나면 잘못입력을 말하고 다시 입력하게 한다.

실행 결과

```
목표수는 몇으로 할까요?    50
말할수 있는 수의 범위는 1부터 몇까지 할까요?    9
컴퓨터가 나중에 말할게요. 상대방이 먼저 말하세요.
상대방은 수를 말하세요:    3
컴퓨터가 말할께요:    10
상대방은 수를 말하세요:    16
컴퓨터가 말할께요:    20
상대방은 수를 말하세요:    29
컴퓨터가 말할께요:    30
상대방은 수를 말하세요:    42
잘못입력하셨습니다. 컴퓨터가 입력한  수에 9이하의 수를 더해서 말하세요
상대방은 수를 말하세요:    39
컴퓨터가 말할께요:    40
상대방은 수를 말하세요:    47
컴퓨터가 말할께요:    50
컴퓨터가 이겼어요.
```

```
목표수는 몇으로 할까요?    50
말할수 있는 수의 범위는 1부터 몇까지 할까요?    10
컴퓨터가 먼저 말할께요.    6
상대방은 수를 말하세요:    12
컴퓨터가 말할께요:    17
상대방은 수를 말하세요:    27
컴퓨터가 말할께요:    28
상대방은 수를 말하세요:    39
잘못입력하셨습니다. 컴퓨터가 입력한 수에 10이하의 수를 더해서 말하세요
상대방은 수를 말하세요:    35
컴퓨터가 말할께요:    39
상대방은 수를 말하세요:    47
컴퓨터가 말할께요:    50
컴퓨터가 이겼어요.
```

◎ 더 나아가기

다음과 같이 100을 말하는 사람이 지는 것으로 게임의 규칙을 바꾸고, 컴퓨터가 항상 게임을 이기도록 프로그래밍을 해보자.

> ❶ 1부터 10까지의 수 중에서 하나를 택한다.
> ❷ 앞 사람이 말한 수에 1부터 10까지의 수 중 하나를 더하여 말한다.
> ❸ 위 과정을 반복하고, 100을 말한 사람이 진다.

문제1. 게임의 필승 전략은 무엇인지 설명하시오.

내가 먼저 99를 말하면 상대가 100을 말할 수 밖에 없으므로 승리한다. 이것은 99를 먼저 말하는 사람이 이기기 위한 필승전략과 같다.

문제2. 목표 수를 말하면 지는 게임에서 목표수와 더하는 수의 범위 1~n 에 따른 게임의 필승 전략을 말하시오.

목표수를 target, 더하는 수의 범위를 1~n이라고 할 때 목표수를 말하지 않을 때 이기는 게임은 (target-1)을 내가 먼저 말하면 승리하는 게임과 같다. 왜냐하면 내가 target-1을 먼저 말하면 상대방은 target를 말할 수 밖에 없어 내가 이기게 된다.

문제3. 목표수 target과 더하는 수의 범위 1~n을 물은 후 게임을 할 때, 컴퓨터가 항상 게임을 이기도록 (상대방이 목표수를 말하도록)프로그램을 완성하시오.

프로그램 10-1「컴퓨터 필승1」에서 target를 target-1로 수정하면 된다. 파란색 글씨에 주의하자.

프로그램 10-2 「컴퓨터 필승2」 - 상대방이 목표 수에 먼저 도달

```
# 말해야 하는 수와 더하는 수의 범위를 묻고 대답을 각각 'target'와 'n'이라는 변수에 정수로 저장
target=int(input("목표수는 몇으로 할까요?"))
n=int(input("말할수 있는 수의 범위는 1부터 몇까지 할까요?"))
computer=0

# (t-1)÷(n+1)의 나머지가 0이면 상대방이 먼저 말하게 한다.
if (target-1)%(n+1)==0:
    print("컴퓨터가 나중에 말할게요. 상대방이 먼저 말하세요")
    while computer<(target-1):
        a=int(input("상대방은 수를 말하세요:    "))
        if computer>= a or a>computer+n:
            print('잘못입력하셨습니다. 컴퓨터가 입력한 수에 %d이하의 수를 더해서
            말하세요' %n)
        else:
            computer=computer+(n+1)
            print('컴퓨터가 말할께요:    ', computer)

# (t-1)÷(n+1)의 나머지가 0이 아니면 컴퓨터가 먼저 말한다.
else:
    print("컴퓨터가 먼저 말할게요.")
    computer=computer+(target-1)%(n+1)
    print('컴퓨터가 말할께요:    ', computer)
    while computer<(target-1):
        a=int(input("상대방은 수를 말하세요:    "))
        if computer>= a or a>computer+n:
            print('잘못입력하셨습니다. 컴퓨터가 입력한 수에 %d이하의 수를 더해서
            말하세요' %n)
        else:
            computer=computer+(n+1)
```

님 게임(Nim game)

```
            print('컴퓨터가 말할께요:     ',  computer)

print("상대방이", target, "을 말할 수밖에 없으니 제가 이겼어요.")
```

실행 결과

```
말해야 하는 수는 몇으로 할까요? 100
더하는 수의 범위는 1부터 몇까지 할까요? 10
제가 나중에 말할께요.
수를 말하세요! 9
11
수를 말하세요! 15
22
수를 말하세요! 27
33
수를 말하세요! 40
44
수를 말하세요! 50
55
수를 말하세요! 61
66
수를 말하세요! 75
77
수를 말하세요! 87
88
수를 말하세요! 89
99
당신은 100을 말할 수 밖에 없으니 제가 이겼어요.


말해야 하는 수는 몇으로 할까요? 120
더하는 수의 범위는 1부터 몇까지 할까요? 15
제가 먼저 말할께요.
7
수를 말하세요! 17
23
수를 말하세요! 30
39
수를 말하세요! 45
55
수를 말하세요! 60
71
수를 말하세요! 80
87
수를 말하세요! 95
103
수를 말하세요! 104
119
당신은 120을 말할 수 밖에 없으니 제가 이겼어요.
```

11. 황금 나선(Golden spiral)

나선(Spiral)이란 한 점의 주위를 돌면서 그 점으로부터 점점 멀어지는 평면곡선을 말한다. 나선 모양에 따라 아르키메데스 나선, 황금 나선, 피보나치 나선, 다각형 나선 등 다양한 나선들이 있으며, 자연에서 만날 수 있는 나선 모양에는 해바라기 꽃씨의 배열이나 암모나이트의 모양 등이 있다.

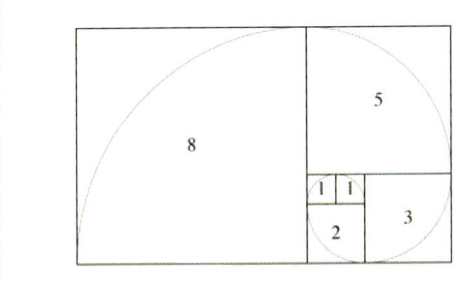

[그림1] 피보나치 나선 : 직사각형의 가로와 세로의 길이가 피보나치 수열의 인접한 두 항인 직사각형을 기본으로 하여 만들어진 나선

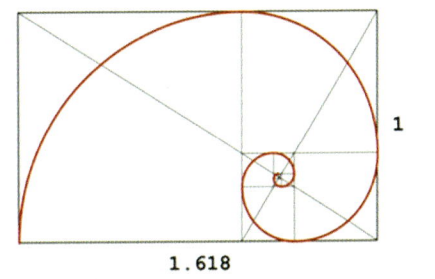

[그림2] 황금나선 : 직사각형의 가로와 세로의 길이 비가 황금비인 황금 사각형을 기본으로 하여 만들어진 나선

수학개념	삼각비, 피보나치 수열, 피보나치나선, 황금나선, 황금비
코딩개념	변수, 반복문, 함수, 모듈: turtle, math

프로젝트 11 황금 나선 그리기

피보나치 나선과 황금 나선에 대한 이해를 바탕으로 두 나선을 그리는 프로그래밍을 해보고 이를 비교해 보자.

◎ 수학 개념

■ **피보나치 나선**(Fibonacci Spiral)이란 [그림1]과 같이 직사각형을 나누고 있는 정사각형들의 한 변 길이가 피보나치 수열을 이루고 있는 나선으로서, 엄밀히 말하면 황금 나선과 근사할 뿐 황금 나선은 아니다. 그러나 보통 황금 나선이라고도 한다. 인접한 정사각형 변의 길이가 피보나치 수열 1, 1, 2, 3, 5, 8, 13, …을 이루며 증가한다.

■ **황금 나선**(Golden Spiral)이란 [그림2]에서와 같이 가로와 세로의 비가 황금비 $\varphi:1$을 이루는 직사각형을 나누고 있는 작은 정사각형들의 사분호를 이어 만든 나선이다. 정사각형의 한 변 길이는, $1, \varphi, 1+\varphi, 1+2\varphi, 2+3\varphi, 3+5\varphi, 5+8\varphi, \cdots$와 같이 피보나치수열 형태의 수열을 이룬다.

문제1. 다음 한 변의 길이가 1인 정사각형 ABCD와 정사각형 DCEF를 시작으로 인접하는 정사각형의 변의 길이는 피보나치 수열을 이룬다. 각 정사각형의 한 변의 길이를 구하고 그 정사각형 안에 사분원을 그려 넣어 피보나치 나선을 완성하시오.

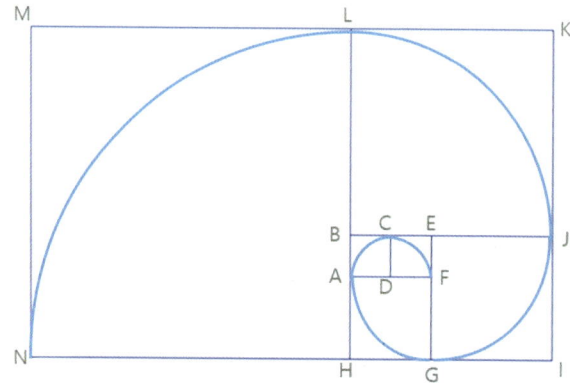

AB=1, CE=1, AF=2, EG=3, BJ=5, LM=8, …

◎ 프로그래밍

문제1. 피보나치 수열의 첫째항부터 n번째 항까지 나열해 주도록 프로그램을 작성하시오.

(1) 피보나치 수열의 정의를 사용하여 프로그램을 작성해 보자.

프로그램 11-1 「피보나치수열의 첫째항부터 n번째 항까지 나열」

```
# 피보나치수열의 첫째항부터 n번째 항까지 나열하는 함수
def terms_fibo(n):
    r1=1        # 첫째항
    r2=1        # 둘째항
①   print( r1, end=" ")
②   print( r2, end=" ")

    for i in range(n):
③       r3=r1+r2
④       print( r3, end=" ")
        r1=r2
        r2=r3
```

①~②, ④ print(r1, end=" "), print(r2, end=" ")은 r1, r2를 가로로 띄어서 나열하고 이어 r3를 띄어쓰기로 나열한다 print(r3, end=" ").

③ r1과 r2는 인접하는 두 항으로 이 식은 $a_{n+1} = a_{n-1} + a_n,\ n \geq 1$ 이다.

(2) 피보나치 수열의 항들의 리스트를 작성해 보자.

프로그램 11-2 「피보나치수열의 첫째항부터 n번째 항의 list」

```
# 피보나치수열의 첫째항부터 n번째 항까지 나열하는 함수
def list_fibo(n):
    list_terms=[1,1]     # 처음 두 항의 리스트

    for i in range(2,n):
①       list_terms.append(list_terms[i-1]+list_terms[i-2])

    return list_terms
```

황금 나선(Golden spiral)

① $i = 2, 3, \cdots, n$에 대해 만일 $i = 2$라면 list_terms.append(list_terms[i-1]+list_terms[i-2])은 리스트의 1번 항과 리스트의 0번 항을 더해 다시 리스트에 추가하라는 것이다.

실행결과

```
# 피보나치 수열의 첫째항부터 20번째 항 나열
terms_fibo(20)
 1 1 2 3 5 8 13 21 34 55 89 144 233 377 610 987 1597 2584 4181 6765

# 피보나치수열 첫째항부터 20번째 항까지의 list, 항들을 가로로 나열하기
print(list_fibo(20), end=" ")

[1, 1, 2, 3, 5, 8, 13, 21, 34, 55, 89, 144, 233, 377, 610, 987, 1597, 2584, 4181, 6765]
```

문제2. 한 변이 1인 정사각형에서 시작하여 돌아가면서 사분원을 그리는 방식으로 [그림 3]의 피보나치 나선을 그리는 절차를 그림이나 글로 나타내시오.

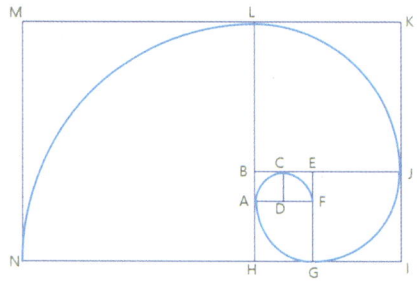

(1) 점 F에서 시작하여 점 D를 중심으로 하고 반지름이 1인 사분원을 그린다.
(2) 이어서 점 C에서 시작하여 점 D를 중심으로 하고 반지름이 1인 사분원을 그린다.
(3) 이어서 점 A에서 시작하여 점 F를 중심으로 하고 반지름이 2인 사분원을 그린다.
(4) 이어서 점 G에서 시작하여 점 E를 중심으로 하고 반지름이 3인 사분원을 그린다.
(5) 이어서 점 J에서 시작하여 점 B를 중심으로 하고 반지름이 5인 사분원을 그린다.
⋮

문제3. 위의 절차대로 사분원들을 이어 그리도록 해보자. 피보나치 나선을 그리는 프로그래밍을 해 보시오.

우리는 그래픽 모듈 turtle를 호출하기 위해서 import turtle 혹은 import turtle as t 혹은 from turtle import * 을 입력한다. 이때 turtle 모듈의 함수를 입력하려면, 예를 들어 원을 그리는 함수 circle()을 입력하려면

　　　import turtle 일 경우 turtle.circle( )라고 입력한다.
　　　import turtle as t 일 경우 t.circle( )라고 입력한다.
　　　from turtle import * 일 경우 circle( )라고 입력한다.

- 다음 함수는 프로그램 작성에 활용할 수 있다.

사용예시	설명
circle(20,90)	반지름 20과 각 90이 주어졌을 때 1/4 원 호를 그리기 이때 중심은 거북위치의 왼편으로 20만큼 떨어진 지점이다. 즉, 거북이 원주위에 있다고 생각하면 된다. 원을 그리는 방향은 거북이 향하는 방향에서 반시계 방향으로 그린다.

「원그리기」 함수 circle(,)이 원을 그리는 방식(예를 들어 중심의 위치, 돌아가는 방향 등)을 고려하면서 위 절차에 따라 피보나치 나선을 그리는 프로그램을 완성해 보자.

(1) 프로그램 작성에 필요한 변수는 피보나치수열의 인접하는 세 항을 나타내는 r1, r2, r3 변수이다.

프로그램 11-3 「피보나치 나선 그리기」

```
import turtle as t
# 피보나치 수열의 첫째항
r1=1
# 피보나치 수열의 둘째항
r2=1
# 수열의 첫째항을 반지름으로 한 사분원
t.circle(r1,90)
```

황금 나선(Golden spiral)

```
        # 수열의 둘째항을 반지름으로 한 사분원
        t.circle(r2,90)

        # 셋째항부터 12째항을 반지름으로한 사분원 그리기
        for i in range(10):
            r3=r1+r2
            t.circle(r3,90)
            r1=r2
            r2=r3

①      t.done()
```

① t.done()을 입력하는 이유는 터틀 그래픽을 사용한 프로그램이 완료되었음을 알리고 창을 닫을 때까지 프로그램을 유지시킨다.

> **잠깐!**
> - Colab에서 turtle을 사용하기 위해서는 ColabTurtlePlus를 설치하고 다음과 같이 Import 해야한다.
>   from ColabTurtlePlus import Turtle as t
>   따라서 책의 내용과 첫 시작이 조금 다를 수 있으나 나머지 코드는 동일하다.
> - ColabTurtlePlus를 Colab 가상환경에 다음과 같이 입력하여 설치한다.
>   !pip install ColabTurtlePlus

실행결과

프로그램 11-4 「피보나치 나선 그리기 함수」

```
import turtle as t

def spiral_fibonacci(n):
    # 첫 항부터  n항까지의 리스트 만들기(프로그램 11-2)
①   list_terms=[1,1]
    for i in range(2, n ):
②       list_terms.append(list_terms[i-1]+list_terms[i-2])
```

황금 나선(Golden spiral)

③	t.speed(0)　　# 그리는 속도를 가장 빠르게 설정
④	for f in list_terms:　　# 리스트의 항 f에 대하여
	t.circle(f,90)
	t.done()
	# 함수실행 : 20항까지 피보나치 나선 그리기
	spiral_fibonacci(20)

①~② 첫 항부터 n항까지의 리스트를 만든다(프로그램 11-2).

③ speed(숫자)에서 숫자는 0에서 10까지 넣을 수 있는 데 숫자가 커갈수록 속도가 커진다. 그러나 0이면 거북의 움직임이 없다것을 말하는 데 사실 움직임이 가장 빠르다고 할 수 있다.

④ 피보나치 수열을 반지름으로 하는 4분원을 그린다.

실행결과는 프로그램 11-3 「피보나치 나선 그리기」의 결과와 같다.

◎ 더 나아가기

문제1. 황금 나선을 설명하시오.

- 황금비 $\varphi = \dfrac{1+\sqrt{5}}{2} = 1.618\cdots$ 이고 $1+\varphi = \varphi^2$ 이 성립한다.
- 황금나선은 황금 사각형에 정사각형을 붙여 또 다른 황금 사각형을 만들어 가면서 정사각형 안의 사분원들을 이어 만든 곡선이다. 이때 사분원의 반지름이 황금비 φ배 만큼씩 커지면서 만들어지는 곡선이다. 즉, 사분원의 반지름은

$$1,\ \varphi,\ \varphi^2,\ \varphi^3,\cdots$$

과 같이 커진다. 황금비 φ에 대하여 $1+\varphi = \varphi^2$이므로 이 수열은 처음 두 항 1과 φ로 시작하여 피보나치 수열과 같은 패턴으로 앞의 두 항의 합이 그 다음 항이 되는 수열

$$1,\ \varphi,\ 1+\varphi,\ 1+2\varphi,\ 2+3\varphi,\ 3+5\varphi,\ \cdots$$

과 같음을 알 수 있다.

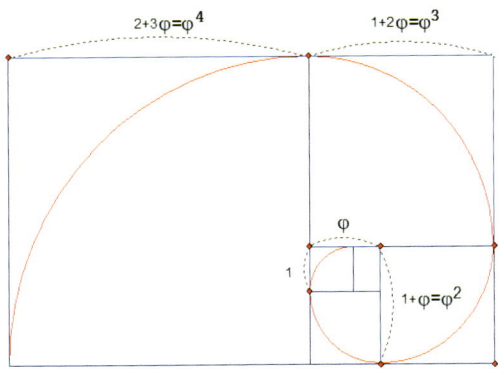

문제2. 황금 나선의 정의에 따라 황금 나선을 그리는 프로그램을 완성하시오.

(1) 황금 나선을 그리는 함수를 만들어 보자. 앞의 피보나치 수열의 특성을 고려하여 그릴 수 있지만 사분원의 반지름이 φ배로 증가함을 이용해 보자.

프로그램 11-5 「황금 나선 그리기 함수」

```
import turtle as t

import math

# 사분원의 반지름 길이가 rad 이하의 황금 나선 그리기
① def GoldenSpiral(rad):
       length= 1     # 시작 길이

②     goldenRatio=(1+math.sqrt(5))/2   # 황금비
       while length<rad
           t.circle(length, 90)   # length를 반지름으로 하는 사분원 그리기
           length*=goldenRatio

       t.speed(0)   # 그리는 속도를 가장 빠르게 설정

       t.done()
```

① 사분원의 반지름 길이가 rad 이하의 황금 나선 그리기 함수

② 황금비는 $1 + \varphi = \varphi^2$를 만족하는 수 $\varphi = \dfrac{1 + \sqrt{5}}{2}$이다.

실행결과

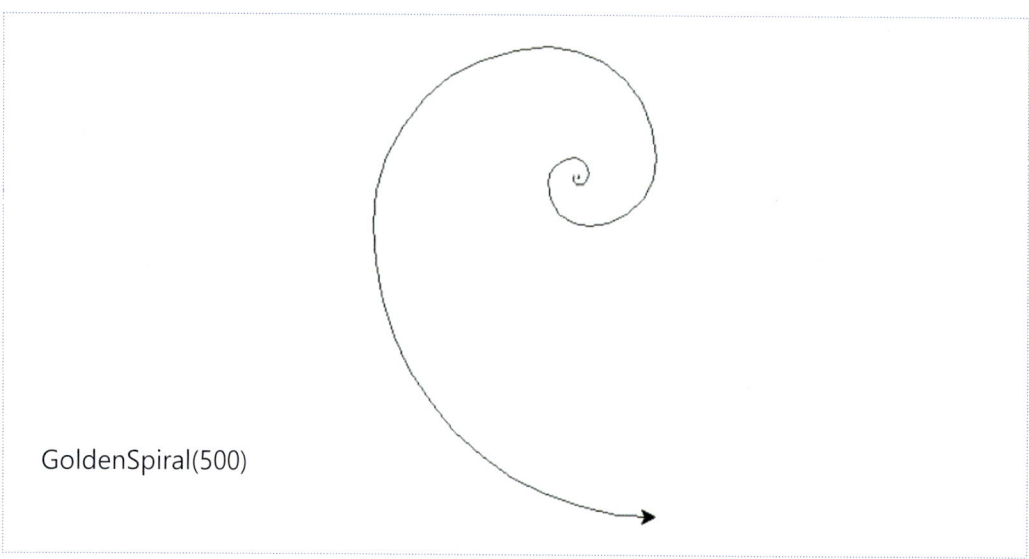

GoldenSpiral(500)

잠깐!

- 황금 나선과 피보나치 나선은 구분이 안 될 정도로 비슷하다. 아래와 같이 그렸을 때 바깥쪽으로 도는 곡선이 황금 나선이다.

문제3. 아래 [그림4]와 같이 황금 사각형이 나타나도록 황금 나선을 그리고자 한다. 오른편 그림과 같이 정사각형 안의 사분원을 반복하여 그려야 하므로 반복되는 정사각형안의 사분원 그리기를 함수로 만들어 코드 길이를 줄여보자. 이 함수를 squicirc(반지름)라는 이름으로 만들어 보시오.

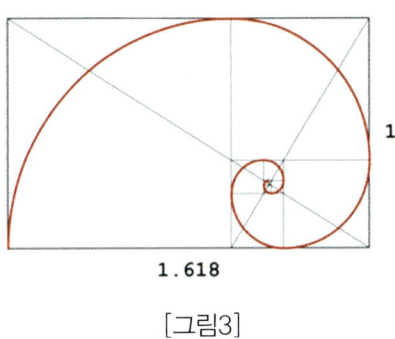
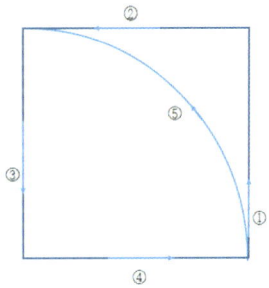

[그림3]

(1) [그림3]의 오른편 그림처럼 정사각형 안에 사분원을 그리는 함수 이름을 squicirc라고 하고 입력값은 반지름으로 정하자.

프로그램 11-6 「정사각형안의 사분원 그리기 함수」

①
```
import turtle as t

# 한 변의 길이가 r인 정사각형과 그 안의 사분원 그리기 함수
def squicirc(r):
    t.color("black")
    t. width(2)

    # 정사각형 그리기
    for i in range(4):
        t.fd(r)
        t.lt(90)
```

	# 반지름이 r인 사분원 그리기
②	t.color("red")
	t.circle(r,90)

① 정사각형의 펜 색을 검정으로 정한다.
② 사분원의 색을 빨간색으로 정한다.

(2) 위 squicirc( ) 함수를 이용하여 아래와 같은 나선을 완성하는 프로그램을 만들어 보자. 황금 나선 프로그램을 수정(빨간 상자 부분)하여 완성된 프로그램과 실행결과는 다음과 같다.

프로그램 11-7 「정사각형이 있는 나선」

	import turtle as t
①	import math
②	t.lt(90)
	r1=1
③	r2=(1+math.sqrt(5))/2
	# 한 변의 길이가 r1=1인 정사각형과 그 안의 사분원을 그린다.
	squicirc(r1)
	# 한 변의 길이가 황금비 r2=φ인 다음 정사각형과 그 안의 사분원을 그린다.
	squicirc(r2)
	# 다음은 이어 피보나치 패턴으로 10번 반복하여 그린다.
	for i in range(10):
	r3=r1+r2
	squicirc(r3)
	r1=r2
	r2=r3

① 근호를 사용하기 위해 필요한 math모듈을 불러온다.
② 처음에 거북이 0도 방향을 바라보고 있으므로 90도 방향을 바라보고 시작하는 것도 좋다.
③ 피보나치 타입 수열의 둘째항이 황금비 $\varphi = \dfrac{1+\sqrt{5}}{2}$ 이다.

실행결과

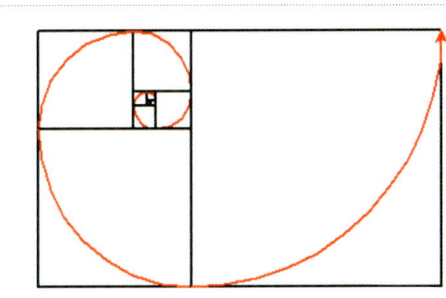

바깥 직사각형의 가로와 세로의 비는 φ : 1이다.

잠깐!

- math모듈에는 다양한 함수들이 존재한다. import math를 한 경우 math의 모든 함수를 불러오게 된다. 만약 sqrt 하나만 사용한다면 from math import sqrt 라고 불러올 수 있다. 이 경우 math.sqrt(5)가 아닌 바로 sqrt(5)로 코드를 작성할 수 있어 보다 간편하다.

12. 장미꽃 디자인(Roseflower design)

　디자인이란 우리의 생활을 보다 아름답고 편리하게하기 위한 것이다. 즉, 일상생활의 목적에 따라 실용요소와 미적요소를 함께 고려하는 조형 영역으로서 대량생산에 의한 생활용품의 기능이나 구조 등을 목적에 맞게 계획 설계하는 것을 말한다.

　특히, 자연의 아름다움을 모티브로 한 디자인을 유니폼, 생활용품, 포장지 등에 적용하여 제품의 기능에 미적 요소를 더함으로서 제품의 품격을 높일 수 있다. 이러한 디자인 제작의 과정은 다음과 같다.

1. 시각화시킬 수 있는 특징을 살려 관찰하고 아이디어 스케치를 한다.
2. 특징을 나타낼 수 있는 색을 결정하고 칠한다.
3. 생략과 강조를 통해 이미지를 단순화시킨다.

　특히 많은 예술품 중에는 점, 선, 면, 공간 등의 기하학적 도형을 이용한 디자인들도 많다. 장미는 꽃이 아름답고 색채가 다양하며, 꽃잎은 깃 모양으로 어긋나게 배열되어 있다. 우리는 장미꽃 모양의 특징을 살려 다음과 같이 단순화된 장미꽃 디자인을 만들 수 있다.

수학개념	삼각비, 라디안
코딩개념	변수, 리스트, 반복문(for문, while문), 모듈: math, random, turtle

프로젝트 12 장미꽃 디자인

기하학적 도형을 이용한 장미꽃을 그리고 색칠하는 프로그램을 완성해 보자.

◎ 수학 개념

문제1. 아래 그림을 보고 삼각비를 정의해 보시오.

두 개의 닮은 직각삼각형에 대하여 $\dfrac{(높이)}{(빗변의\,길이)}$, $\dfrac{(밑변의\,길이)}{(빗변의\,길이)}$, $\dfrac{(높이)}{(밑변의\,길이)}$의 값은 각각 항상 같다는 것을 알 수 있다. 이와 같은 비를 통틀어 **삼각비**라고 하고 다음과 같이 정의한다.

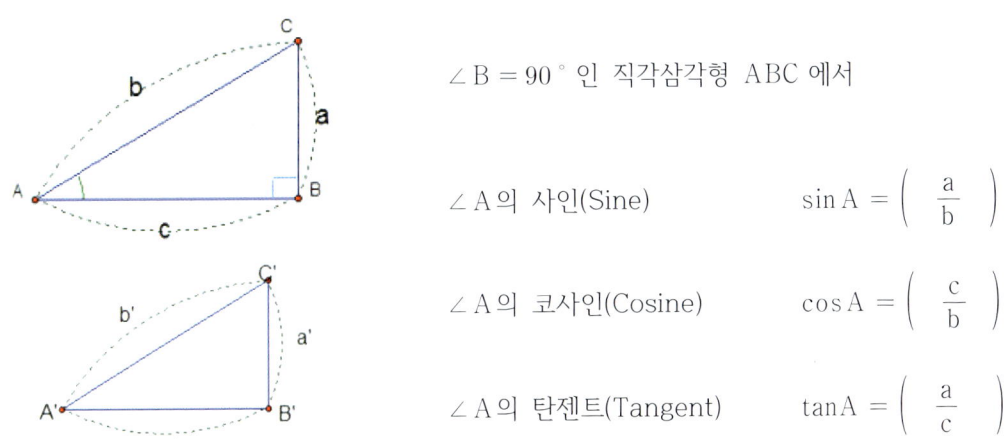

∠B = 90°인 직각삼각형 ABC에서

∠A의 사인(Sine) $\sin A = \left(\dfrac{a}{b}\right)$

∠A의 코사인(Cosine) $\cos A = \left(\dfrac{c}{b}\right)$

∠A의 탄젠트(Tangent) $\tan A = \left(\dfrac{a}{c}\right)$

문제2. 다음은 라디안을 정의한 것이다. 라디안과 도(°)사이의 관계를 말하시오.

라디안은 각을 재는 단위로서 '반지름에 대한 호의 길이의 비'로 정의된 실수이다. 따라서 호의 길이와 반지름의 길이가 같으면 그 중심각의 크기는 1 라디안이며 단위는 보통 rad를 쓰거나 생략한다. 라디안과 도(°)사이의 관계는 다음과 같다.

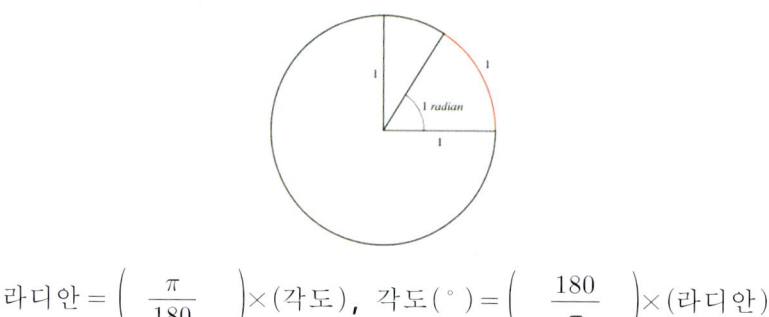

라디안 = $\left(\dfrac{\pi}{180}\right) \times$ (각도), 각도(°) = $\left(\dfrac{180}{\pi}\right) \times$ (라디안)

문제3. 위 그림에서 장미꽃 잎은 다음 그림과 같은 모양들로 이루어졌다고 할 수 있다. $\overline{AC} = a$ 이고 밑각의 크기가 36°인 이등변삼각형에서 $\overline{AB}$의 길이를 구하시오.

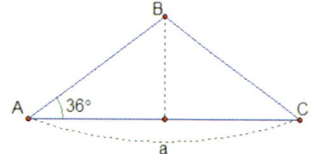

그림에서 보듯이 이등변삼각형 밑변의 길이를 a라고 하면

$$\dfrac{\frac{a}{2}}{\overline{AB}} = \cos 36° \Leftrightarrow \overline{AB} = \dfrac{a}{2\cos 36°}$$

◎ **프로그래밍**

문제1. 정오각형으로 이루어진 정오각형 장미꽃을 디자인하는 프로그래밍을 하시오.

(1) 작은 정오각형부터 큰 정오각형 순으로 그리도록 글이나 그림을 이용하여 문제해결 절차를 보여주는 알고리즘을 작성해 보자.

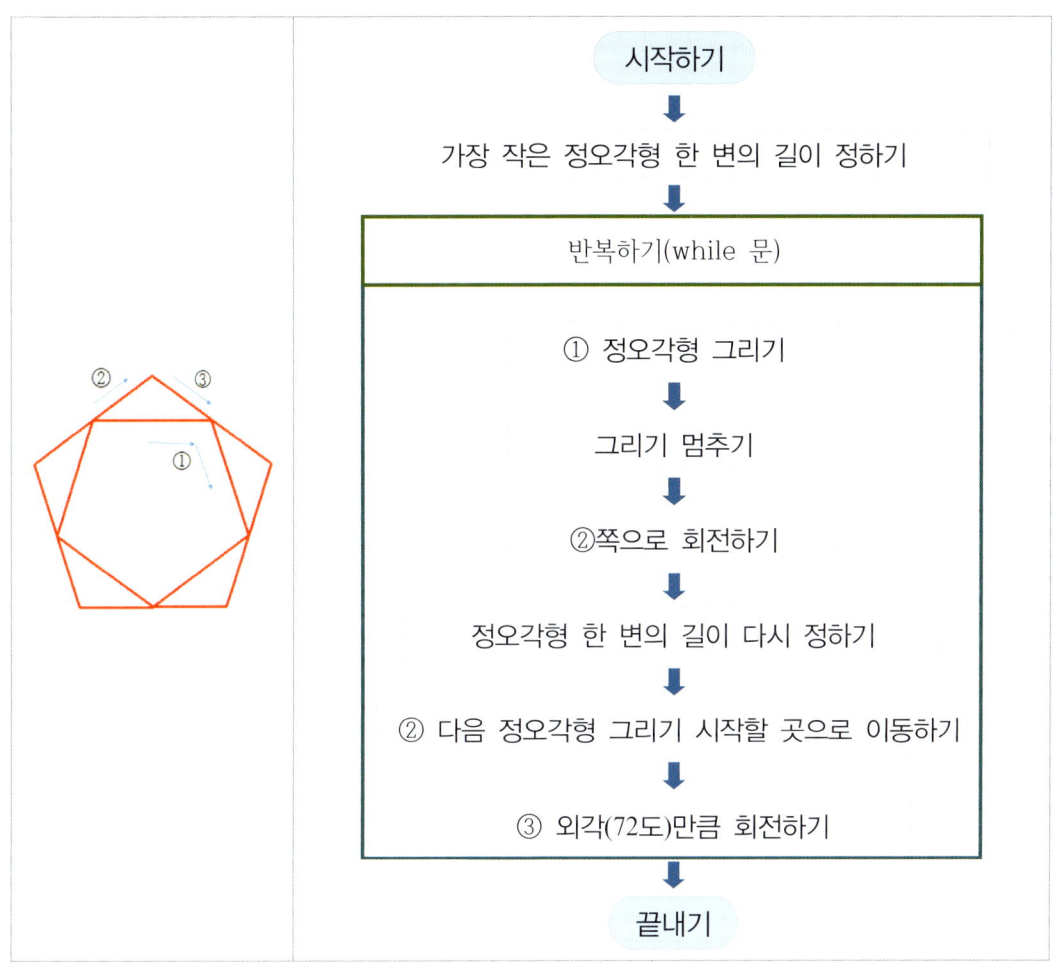

▶ 다음 명령들을 프로그램 작성에 활용할 수 있다.

모듈	사용예시	설명
math	cos(라디안)	코사인 함수로서 인자는 라디안을 사용
	radians(각)	인자인 각도(°)를 실수 값으로 반환.
	pi	원주율 π
	while (판단문): 　실행문	(판단문)이 참인 동안 블록 실행문 을 반복한다.

장미꽃 디자인(Roseflower design)

(2) 한 변 길이가 10인 정오각형 그리기에서 시작하여 한 변의 길이가 100이하인 정오각형들로 만들어진 장미꽃을 그리려고 한다. 파이썬 코드를 작성해 보자.

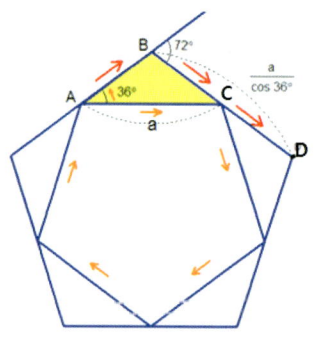

1) 먼저 한 변의 길이가 주어졌을 때 정다각형을 그리는 코드를 작성한다.

프로그램 12-1 「정다각형 그리기」

```
# 그래픽 사용을 위해 turtle 모듈을 불러온다.
import turtle as t

# length만큼 앞으로, 외각 360/n 도만큼 오른쪽으로 돌기를 n번 반복한다.
def polygon(n, length):
    for i in range(n):
        t.fd(length)
        t.rt(360/n)
t.done( )
```

실행결과

2) 시작과 끝에 명령어를 추가하여 정오각형으로 이루어진 정오각형 장미꽃을 디자인하는 프로그램은 다음과 같다.

프로그램 12-2 「정오각형 장미(작은 정오각형부터 그리기 시작하기)」

```
# t라는 이름으로 turtle 모듈을 불러온다.
# math 모듈을 불러온다.
import turtle as t
① import math as m
② length=10

while length<=100:   # 변의 길이 length가 100이하인 동안 아래 블록을 반복한다.

    # 정오각형을 그리기
    polygon(5, length)

    t.penup()   # 다음 그림을 그리려고 이동하기 위해 잠시 펜을 든다.
    t.lt(36)
    length=length/(m.cos(m.radians(36)))
    t.fd(length/2)
    t.rt(72)
    t.pendown()
③ t.hideturtle()                    # 터틀 오브젝트를 캔버스에서 숨기기
t.done()
```

① cosine 함수와 radian 함수 사용을 위해 math 모듈을 불러온다.
② 꽃 내부 구멍을 없애려면 처음 시작길이를 length=2정도로 수정한다.
③ 화면상에서 거북을 숨기는 함수이다.

- (length)/cos 36° 를 파이썬 언어로 나타내려면 math 모듈의 함수 cos(라디안) 이므로 36도를 라디안으로 고쳐야한다. 각도를 라디안으로 고치는 math 모듈의 함수 radians()를 써서 cos 36° 를 math.cos(math.radians(36))라고 쓸 수 있다.

실행결과

◎ 더 나아가기

문제1. 몇 각형(n)인지 묻고 한 변 길이가 10인 정n각형 그리기에서 시작하여 한 변의 길이가 100정도인 정n각형까지를 그리려고 한다. 이를 위한 파이썬 코드를 작성해 보시오. 정오각형 장미꽃 그리기 프로그램에서 5와 n의 관계를 고려하여 프로그래밍을 바꿔보시오.

▶ 다음 명령들을 프로그램 작성에 활용할 수 있다.

모듈	사용예시	설명
turtle	textinput("", 문자열)	묻고 답하는 활성 창 생성

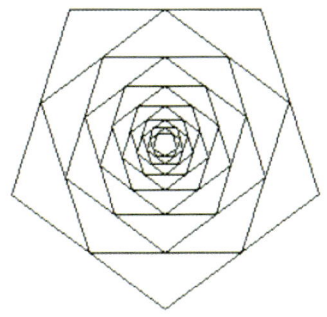

(1) 정오각형 장미의 5 대신 n을 넣어 코딩한다. 빨간 글씨에 주의하며 프로그램을 완성해 보자.

프로그램 12-3 「정n각형 장미(작은 정n각형부터 그리기 시작하기)」

```
    import turtle as t
    import math as m

    # 묻고 답하는 활성 창을 생성
①   r=t.textinput("","몇각형 꽃을 그릴까?:")
②   n=int(r)
③   length=10

    # 작은 정n각형부터 차례로 큰 정n각형그리기
    while length<=100:
        t.pendown()
④       polygon(n, length)
        t.penup()
⑤       length=length/(m.cos(m.radians(180/n)))
        t.lt(180/n)
        t.fd(length/2)
        t.rt(360/n)

    t.hideturtle()
    t.done()
```

①~③ 몇 각형 장미를 그릴 것인지 묻고 대답을 변수 n으로, 변의 길이를 변수 length로 저장하자.
④ 정n각형을 그린다.
⑤ 이웃하는 정n각형의 한 변 길이를 정한다.

문제2. 정오각형 장미꽃 내부에 네 가지 색 red, yellow, blue, green 색을 무작위로 칠해 보시오.

▶ 다음 명령어들을 프로그램 작성에 활용할 수 있다.

모듈	사용예시	설명
random	choice(list이름)	목록에서 원소 하나를 임의로 선택
turtle	fillcolor('색')	선택한 색으로 색칠
	begin_fill()	색칠 시작
	end_fill()	색칠 종료
	penup()	펜을 들어올리기(그리기 멈춤)
	pendown()	펜을 내리기(그리기 시작)

잠깐!

- 다양한 색이 보이려면 큰 정오각형부터 그리고 색칠해야 한다. 작은 것부터 그리고 색칠한 경우 마지막 제일 큰 정오각형의 색이 전체를 덮어 한 가지 색이 칠해진 정오각형만 그려지게 된다.

(1) 이제 정오각형을 큰 것부터 작은 것 순으로 그려야 한다. 앞의 「정오각형 장미」 프로그램과 빨간 글씨에 주의하며 프로그램을 완성해 보자.

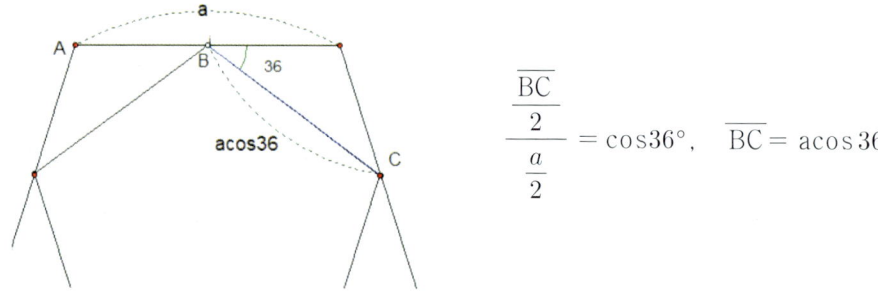

$$\frac{\overline{BC}}{\frac{a}{2}} = \cos 36°, \quad \overline{BC} = a\cos 36$$

프로그램 12-4 「정오각형 장미(큰 정오각형부터 그리기 시작하기)」

```
import turtle as t
import math as m
length=100

# 큰 정오각형부터 그려서 장미꽃 완성하기
① while length>=10 :
    polygon(5,length)
    t.penup()
    t.fd(length/2)
    t.rt(36)
    length=length*(m.cos(m.radians(36)))
    t.pendown()
t.done()
```

① 숫자 10을 더 적은 수로 바꾸어 보자.

(2) 다음 명령어에 주의하면서 장미꽃 내부에 네 가지색 red, yellow, blue, green색을 무작위로 칠해 보자.

프로그램 12-5 「색칠한 정오각형 장미」

```
import turtle as t
import math
# random 모듈 불러오기
import random

length=100
① t.width(3)
② color=["red","yellow","blue","green"]
   while length>=10:
③      t.fillcolor(random.choice(color))
```

장미꽃 디자인(Roseflower design)

```
            # 색 채우기
④   t.begin_fill()
    for i in range(5):
            t.fd(length)
            t.rt(72)
⑤   t.end_fill()

    t.penup()
    t.fd(length/2)
    t.rt(36)
    length=length*(math.cos(math.radians(36)))
    t.pendown()
t.done()
```

① 숫자를 변화시켜 붓의 두께를 바꾼다.

② 색의 리스트(이름을 color로 정함) 작성한다.

③ 색깔 리스트에서 도형을 채울 임의의(random) 색을 선택한다.

④~⑤ 사이 도형에 색을 칠한다.

실행결과

 잠깐!

- list는 숫자나 문자열의 모임으로 [ ]로 나타내며 빈 리스트를 a=[ ]와 같은 식으로 생성할 수 있다. 예를 들어 색의 모임을 나타내는 리스트 color=["red","yellow","blue","green"]라고 쓸 수 있고 숫자의 리스트는 number=[2,4,6,8]등과 같이 쓸 수 있다.

(3) n을 입력할 때마다 정n각형 장미를 디자인하고 색칠하는 프로그램을 완성해 보자. 정n각형을 큰 것부터 작은 것 순으로 그린다.

▶ 필요한 명령어

명령어	사용예시	설명
textinput("", 문자열)	t.textinput("","몇각형 꽃을 그릴까?")	묻고 답하는 활성 창 생성
int()	n=int(r)	r을 정수로 n이라는 변수로 저장

① 몇 각형 장미를 그릴 것인지 묻고 대답을 변수 n으로, 변의 길이를 변수 length로 저장하자.

② 큰 정n각형의 한 변 길이를 a라고 할 때 작은 정n각형의 한 변 길이 $\overline{BC}$는 다음과 같다.

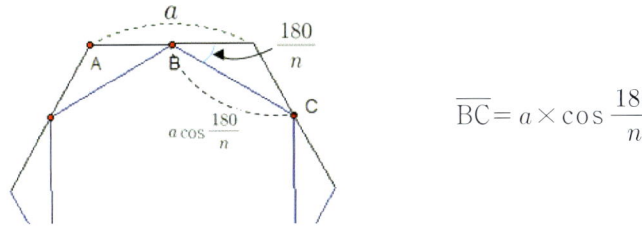

$$\overline{BC} = a \times \cos\frac{180}{n}$$

③ 몇 각형 장미를 그릴지 묻고 그 답에 따라 『정오각형 장미에 임의의 색칠』파이썬 코드에서 아래 빨간 상자 부분만 추가하고 정오각형 대신 정n각형 그리기(녹색 부분에 주의)로 바꾼다.

④ 편의상 선의 두께를 가늘게 1로, 색은 세 가지 색 red, pink, violet만 선택해 보자.

프로그램 12-6 「정n각형 장미에 임의의 색칠」

```
import turtle as t
import math
import random

① r=t.textinput("","몇각형 꽃을 그릴까?:")
  n=int(r)
```

```
length=100
t.width(1)
color=["red","pink","violet"]
while length>=10:
    t.fillcolor(random.choice(color))
    t.begin_fill()
        for i in range(n):
        t.fd(length)
        t.rt(360/n)
    t.end_fill()
    t.penup()
    t.fd(length/2)
    t.rt(180/n)
    length=length*(math.cos(math.radians(180/n)))
    t.pendown()
t.done()
```

① Colab TurtlePlus의 묻고 답하는 활성창에서는 t.textinput(~)를 지원하지 않으므로 input(~)으로 수정해야 한다.

실행 결과

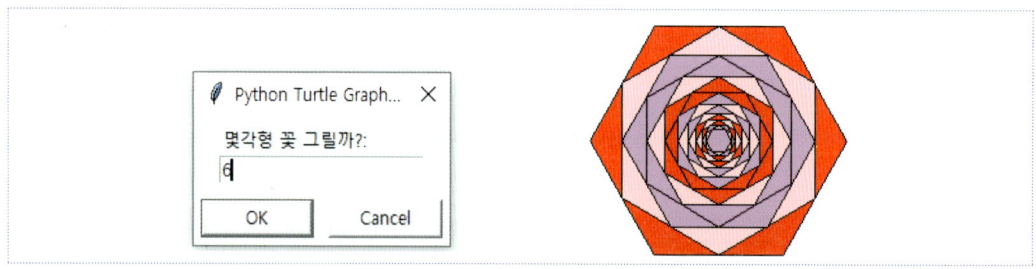

> **잠깐!**
>
> - 더 다양한 색을 사용하고 싶다면 RGB값을 입력하여 사용할 수 있다. 색상모드를 다음과 같이 변경하고
>
>   turtle.colormode(255)
>
>   다음과 같이 RGB값을 각각 입력하여 색을 칠할 수 있다.
>
>   turtle.fillcolor(255, 0, 100)
>
> - 이를 이용하여 색을 무작위로 칠해보고 싶다면 random 모듈의 randint를 사용하여 0에서 255 사이의 수를 임의로 받아오게 하여 색을 칠할 수 도 있다.
>
>   import random
>   turtle.fillcolor((random.randint(0,255), random.randint(0,255), random.randint(0,255)))

◎ 도전 문제

아래 다알리아 꽃 디자인처럼 중심에서 만나는 꽃잎 수가 9개이면 9-다알리아라고 한다. n이 주어지면 n-다알리아를 그리는 프로그램을 완성하시오.

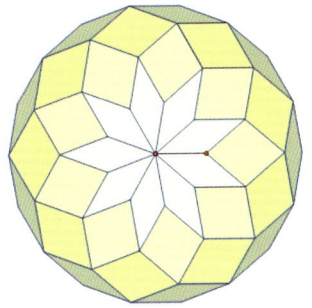

13. 별 다각형(Star polygon)

별 다각형이란 별 모양의 다각형을 말한다. 아래의 다각형들과 같이 모든 변의 길이가 같고, 모든 각이 같으며 변들이 서로 규칙적으로 교차하여 만들어진 다각형을 정규 별 다각형 (Regular Star Polygon)이라고 한다. 여기서 별 다각형이라고 함은 정규 별 다각형을 의미하는 것으로 한다. 타입은 $\left\{\dfrac{q}{p}\right\}$ 또는 (q,p)로 표기하며, (q,p)표기에서 q는 정다각형의 꼭짓점의 수를 말하고 p는 별 다각형의 한 꼭짓점과 그 꼭짓점에서 p번 건너뛴 꼭짓점을 연결한다는 것을 의미한다.

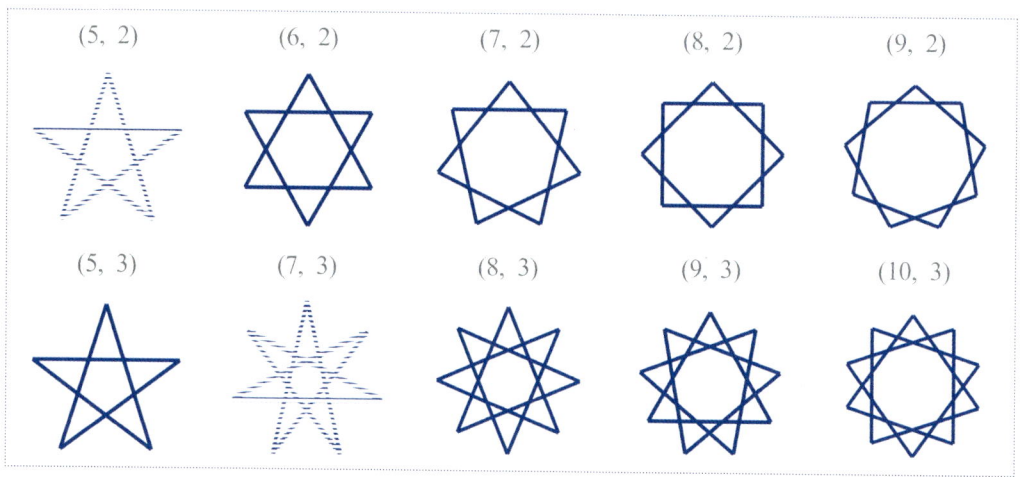

수학개념	내각, 외각, 별 다각형, 평면좌표 최대공약수, 외접원
코딩개념	변수, 반복문(for문, while문), 함수, 모듈: math, turtle

프로젝트 13   별 다각형 그리기

별 다각형의 성질을 탐구하고 별 다각형을 구현하는 프로그래밍을 해 보자.

◎ **수학 개념**

문제1. $(8,3)$타입의 별 다각형의 의미를 말해보시오.

꼭지각이 8개이고 한 꼭짓점과 세 번째 꼭짓점을 이어 만든 별 다각형이다.

문제2. 별 다각형을 그리기 위해서 필요한 요소는 무엇일까?

한 변의 길이와 외각

문제3. $(8,3)$타입의 별 다각형에서 한 꼭지각과 외각은 얼마일까?

꼭지각 : 45도
외각 : $180 - 45 = 135$도

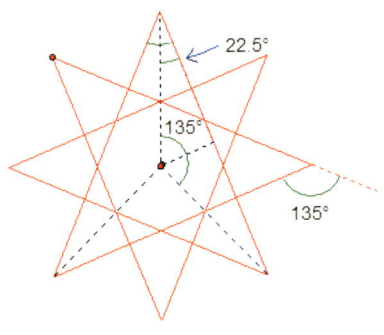

별 다각형(Star polygon)

문제4. (8,5)타입의 별 다각형과 (8,3)타입의 별 다각형은 어떤 관계일까?

8개의 꼭짓점에서 각 꼭짓점과 세 번째 꼭짓점을 계속 연결하는 것은 각 꼭짓점과 다섯 번째 꼭짓점을 계속 연결하는 것과 같으므로 (8,3)타입 별 다각형과 (8,5)타입 별 다각형은 같다.

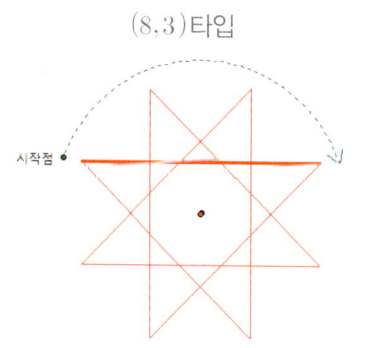
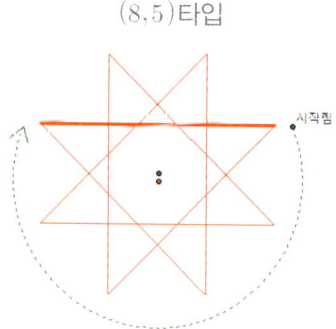

문제5. 외접원의 반지름이 100으로 주어진 경우 (8,3) 타입의 별 다각형 변의 길이는 얼마일까?

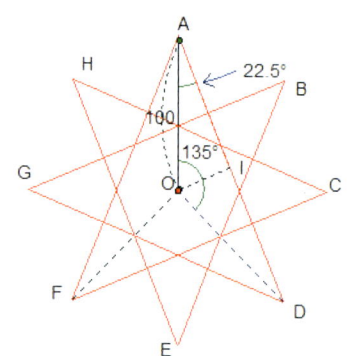

한 변의 길이 $AD = 2AI = 2 \times 100 \times \cos 22.5$

문제6. (20,12)타입의 별 다각형과 (5,3)타입 별 다각형의 관계를 말하시오.

(20,12)타입의 별 다각형은 (5,3)타입 별 다각형의 꼭짓점을 이동해 가며 4번(20과 12의 최대공약수) 그린 것이다.

문제7. 서로 소인 p, q가 주어질 때 한 변 길이가 200인 (q, p)타입의 별 다각형에 대하여

(1) (q, p)타입의 별 다각형의 한 꼭지각은 얼마인가?

($180 \times (1 - \frac{2p}{q})$)도이다.

중심각 $AOD = 360 \div q \times p = \frac{360p}{q}$

삼각형 AOD는 이등변 삼각형

각 $OAD =$ 각 $ODA = (180 - \frac{360p}{q}) \div 2 = 90 \times (1 - \frac{2p}{q})$

꼭지각 $FAD = 90 \times (1 - \frac{2p}{q}) \times 2 = 180 \times (1 - \frac{2p}{q})$

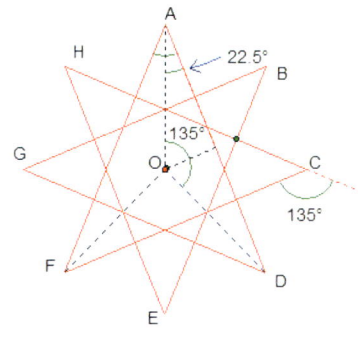

$q = 8, p = 3$인 경우

(2) (q, p)타입 별 다각형의 외각은 얼마인가?

그림에서 보듯이 $180 - (꼭지각) = 360 \times \frac{p}{q}$ 도이다.

별 다각형(Star polygon)

◎ 프로그래밍

문제1. 한 변 길이가 200인 (8,3)타입의 별 다각형을 그리는 절차를 그림으로 나타내시오.

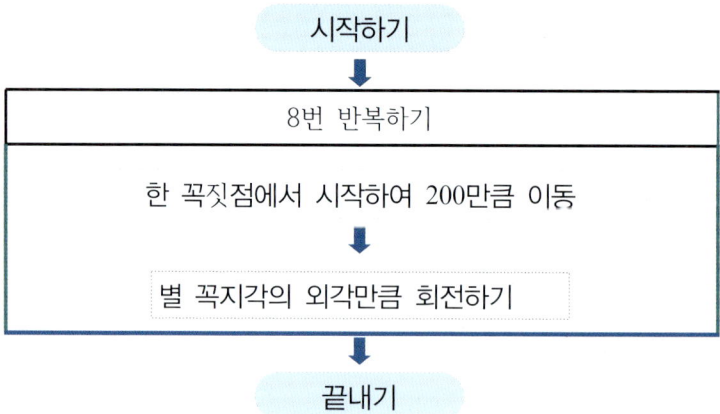

문제2. 한 변 길이가 200인 (8,3)타입의 별 다각형을 그리는 프로그램을 작성해 보시오.

프로그램 13-1 「(8,3)타입의 별 다각형1」

```
import turtle as t

for i in range(8):
    t.fd(200)
    t.rt(135)
t.done()
```

실행결과

문제3. 문제2에서와 같은 방법으로 한 변 길이가 200인 (20, 12)타입의 별 다각형을 그리는 프로그램을 작성하시오.

다음과 같이 꼭짓점 20개를 다 지나는 별 다각형이 그려지는 것이 아니라 꼭짓점 5개만 지나는 (5, 3)타입의 별 다각형이 같은 곳에 반복적으로 4번 그려진다. 이유는 20과 12가 서로소가 아니기 때문이다.

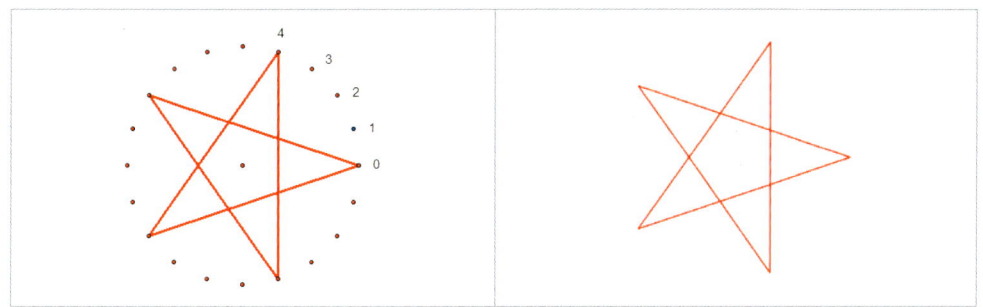

문제4. 위 문제1에서 한 변의 길이가 200인 (8, 3)타입의 별 다각형 그리기 프로그램을 완성하였다. 이 프로그램을 수정하여 서로 소인 p, q가 주어질 때 한 변 길이가 s인 (q, p)타입의 별 다각형을 그리는 알고리즘을 작성하고 함수를 만들어 실행하시오.

(1) 알고리즘

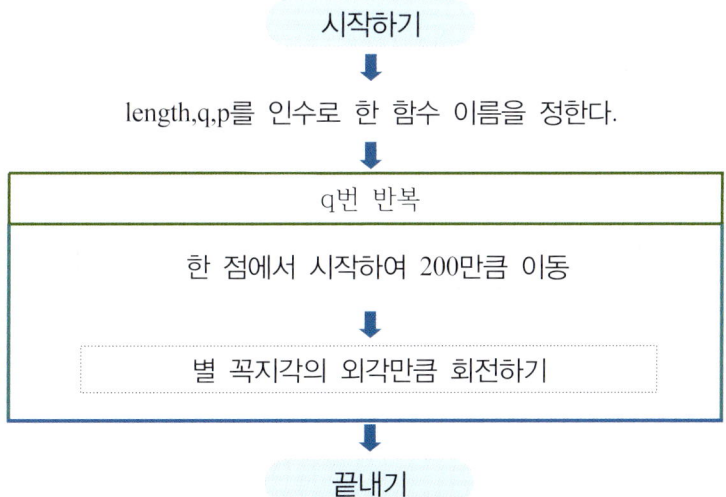

별 다각형(Star polygon)

(2) 프로그램

프로그램 13-2 「서로소인 q,p에 대한 별 다각형그리기 함수」

```
import turtle as t

# p,q가 서로 소일 때 (q,p)타입의 별 다각형 그리기
① def star_prime(length,q,p):
        for i in range(q):
            t.fd(length)
②           t.rt(360* p/q)
    t.done()
```

① length는 변의 길이, q는 꼭짓점의 수, p는 간격을 나타낸다.

② (q, p)타입 별 다각형의 외각은 $360 \times \dfrac{p}{q}$ 도이다.

실행결과

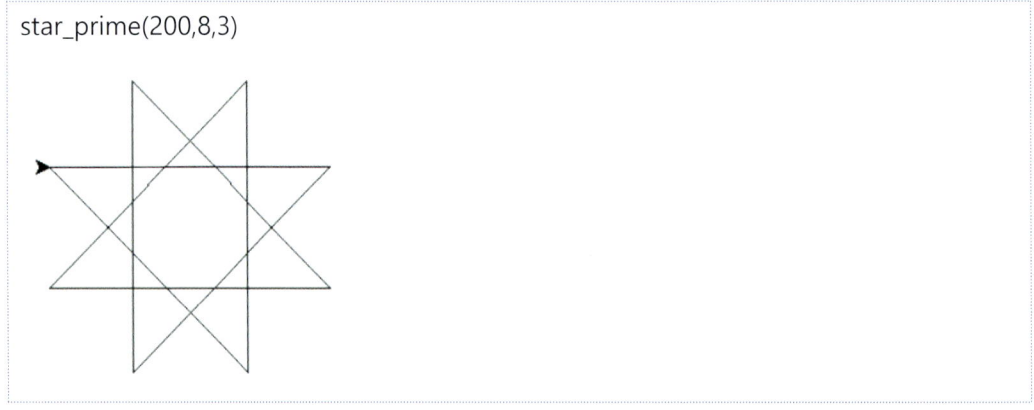

star_prime(200,8,3)

◎ 더 나아가기

문제1. 이제 또 다른 방법으로 별 다각형을 그려보자. 별 다각형의 외접원의 반지름100이 주어진 경우 좌표이동으로 $(8, 3)$타입의 별 다각형 그리기 프로그램을 완성하시오.

(1) 수학개념

1) 중심이 $(0,0)$이고 반지름이 100인 원 위에 정팔각형을 이루는 8개의 꼭짓점을 찍는 방법을 생각해 보자. 평면의 점은 (x,y)로 나타낼 수 있으나 평면의 점을 나타내는 또 다른 방법을 생각해 보자.

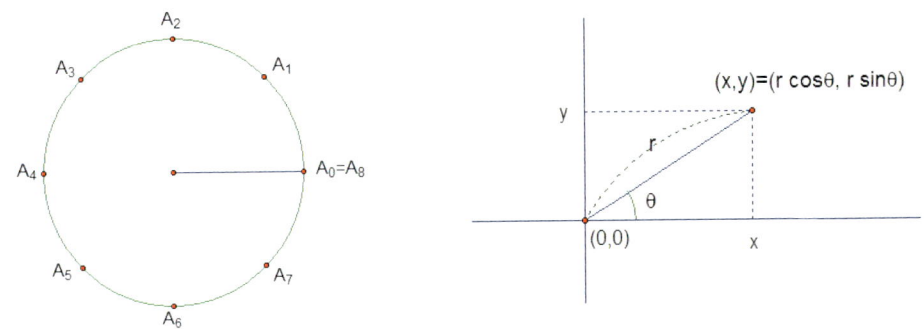

정팔각형의 8개 꼭짓점 $A_0, A_1, A_2, \cdots, A_7$좌표를 나타내 보면 다음과 같다.

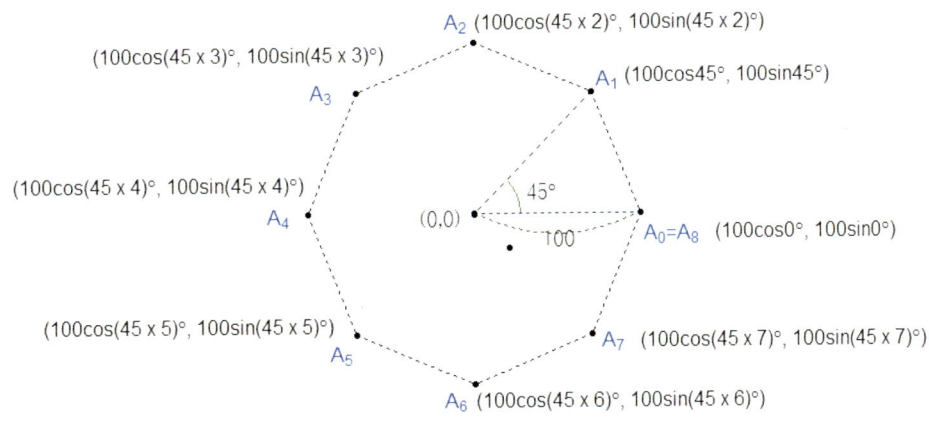

별 다각형(Star polygon)

2) (8, 3)타입의 별 다각형을 그리기 위해 A_0에서 시작하여 A_3로 이동하여 가면 된다. 즉, 점 A_0에서 시작해서 점 A_3로, 점 A_3에서 점 A_6로 …. 이동해 가면서 8개의 변을 그린다.

$$A_0 \xrightarrow{\text{선분1}} A_3 \xrightarrow{\text{선분2}} A_6 \xrightarrow{\text{선분3}} A_9 \xrightarrow{\text{선분4}} A_{12} \xrightarrow{\text{선분5}} A_{15} \xrightarrow{\text{선분6}} A_{18} \xrightarrow{\text{선분7}} A_{21} \xrightarrow{\text{선분8}} A_{24}$$

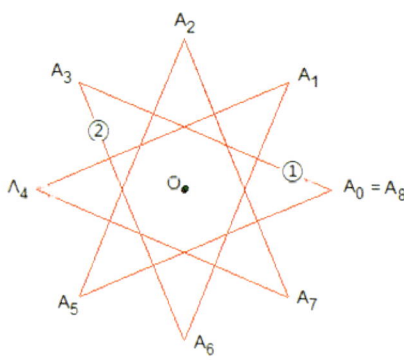

이때 $A_8 = A_0$, $A_9 = A_1$, $A_{10} = A_2$, … $A_{23} = A_7$, … 이다.

3) 점 A_0에서 시작하여 3씩 건너서 8개의 변을 그리기 위해서는 A_n일 때까지 계속해야 한다. 이때 $n = 24$는 3과 8의 최소공배수이다.

4) 꼭짓점 좌표는 $A_n = (100\cos(45 \times n)°, 100\sin(45 \times n)°)$ 꼴이므로 몇 번째 꼭짓점인지를 나타내는 변수 'n'을 만든다.

(2) 알고리즘

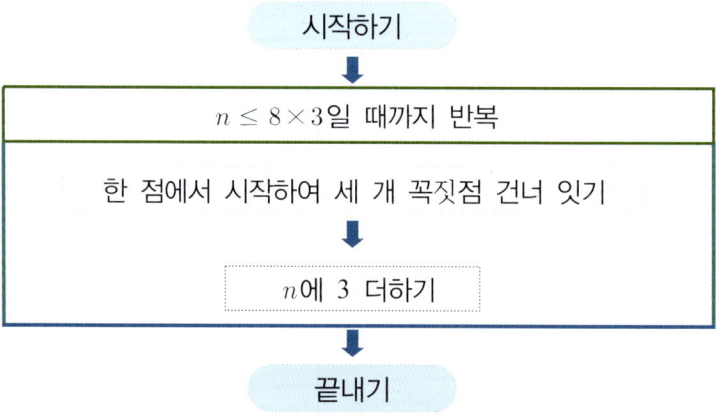

(3) 프로그램

프로그램 13-3 「(8,3) 타입 별 다각형 2」

```
import turtle as t
#sine, cosine, radians 함수 이용을 위해 math 모듈 불러옴
import math as t

# r=3씩 띄면서 다음 지점과 잇기
r=0
①  t.penup()
②  while r<=24:
③      x=100*m.cos((m.radians(360/8))*r)
④      y=100*m.sin(m.radians(360/8)*r)
⑤      t.goto(x,y)
⑥      t.pendown()
⑦      r=r+3

t.done()
```

① 먼저 (0,0)위치에 있는 거북을 r=0, 즉 (100,0)위치로 이동만하기 위해 t.penup()을 넣는다.
② 각 꼭지점에서 3칸씩 띄어 그어야하므로 r은 8과 3의 최소공배수만큼 변할 수 있다.
③~⑦ (x,y)로 이동한 다음 거기서 r을 3 늘린 다음 위치와 연결한다.

실행결과

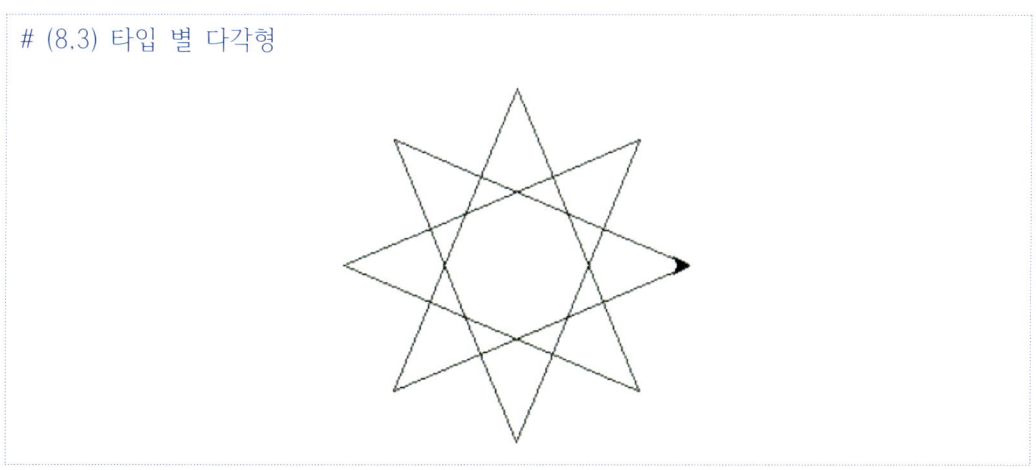

(8,3) 타입 별 다각형

문제2. 프로그램 13-3 「(8,3) 타입 별 다각형 2」을 약간 수정하여 서로소인 q,p에대한 (q,p)타입의 별 다각형을 그리는 함수를 만드시오.

프로그램 13-4 「서로소인 q,p에 대한 (q,p) 타입 별 다각형 함수 2」

```
   import turtle as t
   import math as m

   # 외접원의 반지름이 radius이고 적당한 위치에서 시작하며 서로소인 q,p에 대한
   (q,p)타입 별 다각형 그리기 함수
① def star_primee(radius,q,p,r):
       k=r
       t.penup()
② while k<=q*p+r :
③         x=100*m.cos((m.radians(360/q))*k)
④         y=100*m.sin(m.radians(360/q)*k)
⑤         t.goto(x,y)
       t.pendown()
       k = k + p
   t.done()
```

① radius는 별의 중심에서 꼭짓점까지의 거리이다. r은 원주를 q등분 했을 때의 점 $(100\cos(\frac{360}{q}r), 100\sin(\frac{360}{q}r))$을 나타낸다.

② r에서 시작하여 p간격으로 q개의 꼭짓점을 이동하므로 k<=q*p+r인 동안 반복해야 한다.

③ $x = 100\cos(\frac{360}{q}k)$

④ $y = 100\sin(\frac{360}{q}k)$

③~⑤ 위치

　　x=100*m.cos((m.radians(360/q))*r),

　　y=100*m.sin(m.radians(360/q)*r)

으로 이동한다.

실행결과

문제3. 앞에서 (20,12)타입의 별 다각형을 그리면 (8,3)타입의 별 다각형만 4번 겹쳐 그려짐을 알았다. (20,12)타입의 별 다각형을 완성하려면 어떻게 해야 할까?

(1) 20과 12의 최대공약수 4로 나눈 (5,3) 타입의 별 다각형을 프로그램 「서로소인 q,p에 대한 별 다각형」을 이용하여 그린다.

(2) 아래 그림에서와 같이 비어있는 나머지 3개의 꼭짓점에서 시작하여 시작점을 r=0, 1, 2, 3로 옮겨가며 (5,3)타입의 별 다각형을 4번 반복해서 그린다.

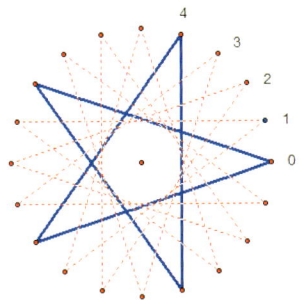 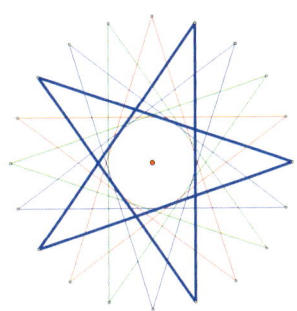

별 다각형(Star polygon)

문제4. 임의의 수 q, p (서로 소가 아닐 수도 있음) 에 대하여 (q, p) 타입의 별 다각형을 그리는 프로그램을 작성하시오.

(1) 알고리즘

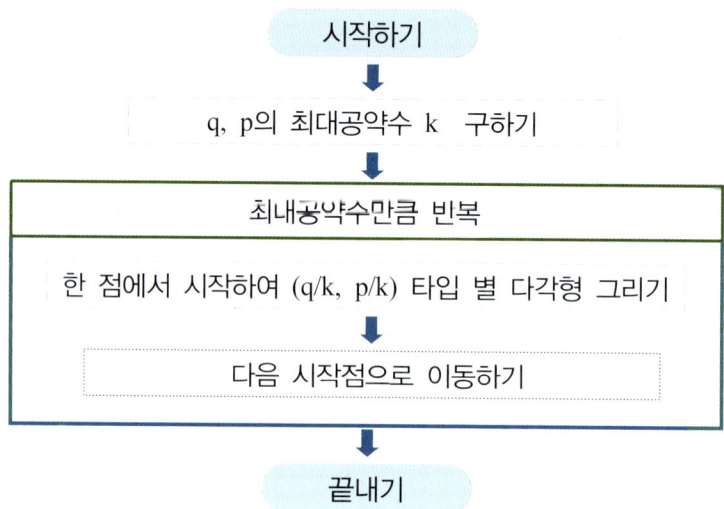

(2) 프로그램

프로그램 13-5 「임의의 q,p에 대한 (q,p)타입 별 다각형 함수」

```
import turtle as t
#sine, cosine, radians 함수 이용을 위해 math 모듈 불러온다.
import math as m

#q,p의 최대공약수 구하는 함수
def GCD(q,p):
    for i in range(p,0,-1):
        if q%i==0 and p%i==0:
            return i

# 외접원의 반경이 radius이고 서로소인 q,p에 대한 (q,p)타입의 별 다각형 함수
def star_primee(radius,q,p,r):
    k=r
    t.penup()
```

```
            while k<=q*p+r :
                x=100*m.cos((m.radians(360/q))*k)
                y=100*m.sin(m.radians(360/q)*k)
                t.goto(x,y)
                t.pendown()
                k=k+p

    # 임의의 q,p에 대한 (q,p)타입 별 다각형 함수
    def star_any(radius, q,p):
        g=GCD(q,p)
        r=0
①       while r<g:
            t.penup()
            x=100*m.cos((m.radians(360/q))*r)
②           y=100*m.sin(m.radians(360/q)*r)
            t.goto(x,y)
③           star_primee(radius,q/g,p/g,r/g)
            r=r+1
        t.done()
```

① while r<g : r=0, 1, 2, …, g-1, 즉, 최대공약수 g번 만큼 그린다.
② (q/g, p/g) 타입의 별 다각형을 시작 위치를 바꿔가며 g번 그리기 위한 시작점의 위치이다.
③ 각 시작점에서 서로소인 (q/g, p/g) 타입의 별 다각형 star_primee(radius,q/g,p/g,r/g)을 그린다.

실행결과

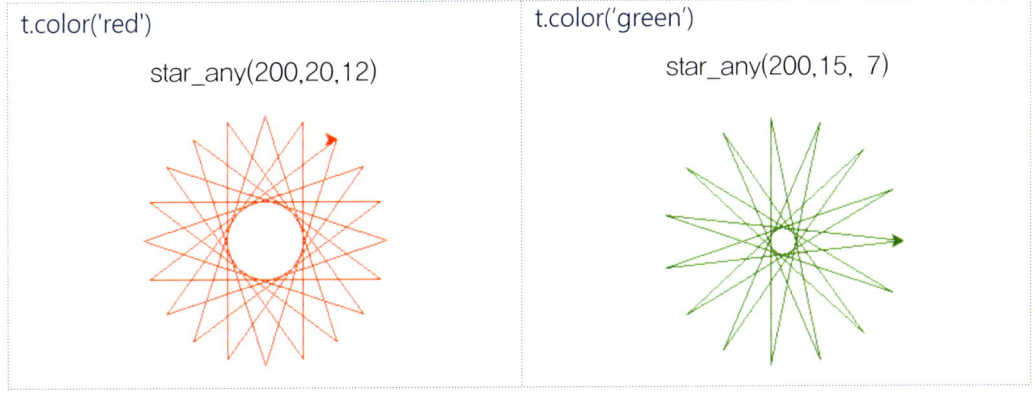

별 다각형(Star polygon)

14. 코흐 눈송이(Koch snowflake)

코흐 눈송이(Koch snowflake)는 기하학적 프랙탈 중의 하나로서 1904년 스웨덴의 수학자 헬리에 폰 코흐의 논문에 처음 등장하여 그의 이름을 따서 붙인 것이다. 수학에서의 최초의 기하학적 프랙탈이라 할 수 있다. 1904년에 발표한 그의 논문에서 넓이는 유한하지만 그 영역을 둘러싸고 있는 둘레의 길이는 무한히 긴 프랙탈 도형을 소개하였다. 그러한 도형 중의 하나가 코흐곡선이다.

코흐곡선은 선분을 3등분하여 가운데 부분을 삭제하고 1/3 길이의 두 변을 정삼각형의 두 변처럼 바깥쪽으로 연결하여 그리는 것을 반복하여 얻는 곡선이다. 코흐 눈송이는 정삼각형을 그리고 각 변을 기본선분으로 하여 코흐곡선 그리기를 반복한 곡선이다.

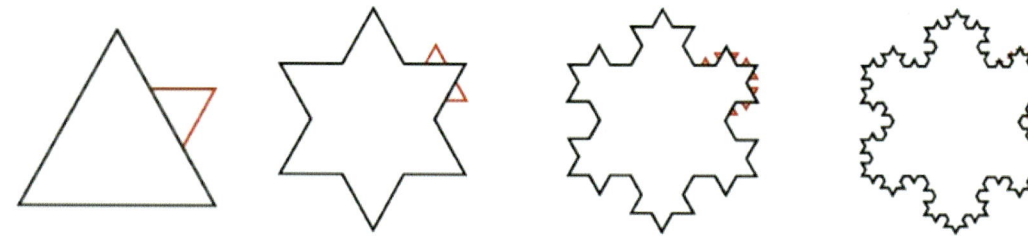

수학개념	수열, 무한등비급수, 로그, 프랙탈
코딩개념	변수, 반복(for문), 재귀함수, 모듈: turtle

프로젝트 14 코흐 눈송이 그리기

재귀함수를 이용하여 코흐 눈송이를 그리는 프로그래밍을 해보자.

◎ **수학 개념**

문제1. 코흐곡선을 그리는 절차를 살펴보시오.

코흐곡선을 그리는 절차	단계별 도형
1단계 : 1단계 도형인 선분을 하나 그린다.	—
2단계 : 1단계 도형 → 반시계방향으로 60회전 → 1단계 도형 → 시계 방향으로 120도 회전 → 1단계 도형 → 반시계방향으로 60회전 → 1단계 도형	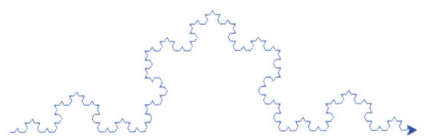
3단계 : 2단계 도형 → 반시계방향으로 60회전 → 2단계 도형 → 시계 방향으로 120도 회전 → 2단계 도형 → 반시계방향으로 60회전 → 2단계 도형	
n단계 : n-1단계 도형 → 반시계방향으로 60회전 → n-1단계 도형 → 시계 방향으로 120도 회전 → n-1단계 도형 → 반시계방향으로 60회전 → n-1단계 도형	

코흐 눈송이(Koch snowflake)

문제2. 변의 길이가 1인 정삼각형에서 시작하는 코흐 눈송이의 단계별 모양을 나타낸 것이다. 둘레의 길이와 면적의 변화를 조사하시오.

단계	단계별 도형	둘레의 길이	면적
[1단계] 정삼각형을 그린다.		3	$\frac{1}{2}ab\sin 60$ $\frac{1}{2} \times 1 \times 1 \times \sin 60 = \frac{\sqrt{3}}{4}$
[2단계] 1단계 도형의 각 변을 3등분해서, 한 변의 길이가 이 3등분의 길이와 같은 정삼각형을 붙인다.		$\left(\frac{1}{3}\right) \times 4 \times 3$	$\frac{\sqrt{3}}{4} + \frac{\sqrt{3}}{4} \times \frac{1}{9} \times 3$
[3단계] 2단계 도형의 각 변을 3등분해서, 한 변의 길이가 이 3등분의 길이와 같은 정삼각형을 붙인다.		$\left(\frac{1}{3}\right)^2 \times 4^2 \times 3$	$\frac{\sqrt{3}}{4} + \frac{\sqrt{3}}{4} \times \frac{1}{9} \times 3$ $+ \frac{\sqrt{3}}{4} \times \left(\frac{1}{9}\right)^2 \times 4 \times 3$
[4단계] 3단계 도형의 각 변을 3등분해서, 한 변의 길이가 이 3등분의 길이와 같은 정삼각형을 붙인다.		$\left(\frac{1}{3}\right)^3 \times 4^3 \times 3$	$\frac{\sqrt{3}}{4} + \frac{\sqrt{3}}{4} \times \frac{1}{9} \times 3$ $+ \frac{\sqrt{3}}{4} \times \left(\frac{1}{9}\right)^2 \times 3 \times 4$ $+ \frac{\sqrt{3}}{4} \times \left(\frac{1}{9}\right)^3 \times 3 \times 4^2$

[n단계] (n−1)단계 도형의 각 변을 3등분해서, 한 변의 길이가 이 3등분의 길이와 같은 정삼각형을 붙인다.		$\left(\dfrac{1}{3}\right)^{n-1} \times 4^{n-1} \times 3$	$\dfrac{\sqrt{3}}{4} + \dfrac{\sqrt{3}}{4} \times \dfrac{1}{9} \times 3$ $+ \dfrac{\sqrt{3}}{4} \times \left(\dfrac{1}{9}\right)^2 \times 3 \times 4$ $+ \dfrac{\sqrt{3}}{4} \times \left(\dfrac{1}{9}\right)^3 \times 3 \times 4^2$ $\vdots$ $+ \dfrac{\sqrt{3}}{4} \times \left(\dfrac{1}{9}\right)^{n-1} \times 3 \times 4^{n-2}$
[극한]		∞	$\dfrac{\sqrt{3}}{4} + \dfrac{\sqrt{3}}{4} \times 3 \times \dfrac{\left(\dfrac{1}{9}\right)}{1 - \dfrac{4}{9}}$ $= \dfrac{\sqrt{3}}{4} \times \dfrac{8}{5} = 0.6928\cdots$

◎ 프로그래밍

문제1. 다음은 가장 작은 선분의 길이를 정하고 점점 모양을 확장해 가는 방식으로 코흐곡선을 그리는 프로그램을 완성하시오.

(1) 앞에서 코흐 곡선을 그리는 방법과 다르게 다음과 같이 코흐곡선을 그리는 방법을 이해해 보자.

단계별 코드	단계별 도형

1단계 도형 그리기 : 1단계의 도형을 koch(1)이라고 쓰자.
# 길이가 5인 선분을 그린다. 	
t.fd(5)	

2단계 도형 그리기 : 2단계의 도형을 koch(2)라고 쓰자. koch(1)　　# 1단계 도형 그리기 t.lt(60)　　# 반시계 방향으로 60도 회전 koch(1)　　#1단계 도형 그리기 t.rt(120)　# 시계 방향으로 120도 회전	

코흐 눈송이(Koch snowflake)

koch(1)　　　　#1단계 도형 그리기 t.lt(60)　　　　# 반시계 방향으로 60도 회전 koch(1)　　　　#1단계 도형 그리기	
3단계 도형 그리기 : 3단계의 도형을 koch(3)이라고 쓰자. 　　koch(2)　　　　# 2단계 도형 그리기 　　t.lt(60)　　　　# 반시계 방향으로 60도 회전 　　koch(2)　　　　# 2단계 도형 그리기 　　t.rt(120)　　　# 시계 방향으로 120도 회전 　　koch(2)　　　　# 2단계 도형 그리기 　　t.lt(60)　　　　# 반시계 방향으로 60도 회전 　　koch(2)　　　　# 2단계 도형 그리기	
n단계 도형 그리기 : n단계의 도형을 koch(n)이라고 쓰자. 　　koch(n-1)　　　# (n-1)단계 도형 그리기 　　t.lt(60)　　　　# 반시계 방향으로 60도 회전 　　koch(n-1)　　　# (n-1)단계 도형 그리기 　　t.rt(120)　　　# 시계 방향으로 120도 회전 　　koch(n-1)　　　# (n-1)단계 도형 그리기 　　t.lt(60)　　　　# 반시계 방향으로 60도 회전 　　koch(n-1)　　　# (n-1)단계 도형 그리기	

(2) 단계별 코드를 바탕으로 n단계 도형을 그리는 재귀함수 koch(n)를 정의하고 실행해 보자.

프로그램 14-1 「코흐 곡선 그리기 재귀함수」

```
    import turtle as t

    # n단계 코흐곡선 그리기 함수를 koch(n)라 이름 짓는다.
①  def koch(n):
        # 가장 작은 선분의 길이 5부터 시작
        if n==1:
            t.fd(5)
```

	if n>1:
②	koch(n-1)
③	t.lt(60)
④	koch(n-1)
⑤	t.rt(120)
⑥	koch(n-1)
⑦	t.lt(60)
⑧	koch(n-1)

① 1단계의 도형 koch(1)은 길이 5인 선분이다.

②~⑧ n단계의 코흐곡선 koch(n)은 모양 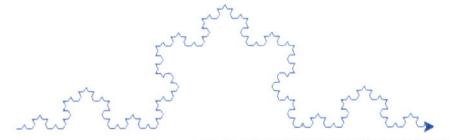 의 네 선분에 (n-1)단계의 코흐 곡선 koch(n-1)을 적용한 것이다.

실행결과

```
# 1부터 10까지 점점 속도가 빨라지며 0일 때 가장 빠르다. 프랙탈은 오래 걸리므로 0으로 설정한다.
t.speed(0)
koch(5)
```

- t.color("blue")을 추가하여 선의 색을 파란 색으로 바꿀 수 있다.
- 그림이 화면에 다 나올 수 없는 경우 펜을 옮겨 그릴 수 있다. 이때는 다음과 같은 명령어를 koch(n)함수를 정의하기 전에 앞에 추가한다. 펜만 이동할 경우는 그릴 필요가 없으므로 펜을 잠시 들어 올렸다 그리기 시작할 때 다시 펜을 내린다.

```
        t.penup()      # 펜의 위치만 이동하기 위해서 잠시 펜을 든다.
        t.goto(-200,100)    # 펜의 위치를 (-200,100) 위치로 옮긴다.
        t.pendown()    # 다시 그리기 위해 펜을 내린다.
```

문제2. 코흐 눈송이를 그리려면 위의 재귀함수 koch(n)를 어떻게 사용하면 될까? koch(n)을 이용하여 코흐 눈송이를 그리는 프로그램을 완성하시오.

프로그램 14-2 「코흐 눈송이 함수」

```
# koch(n)을 이용하여 n단계의 코흐 눈송이를 그리는 함수
def koch_snow(n):
    for i in range(3):
        koch(n)
①       t.rt(120)
```

① 정삼각형 모양으로 코흐곡선을 붙여 코흐 눈송이를 만들기 위해 외각 120도 만큼 회전한다.

실행결과

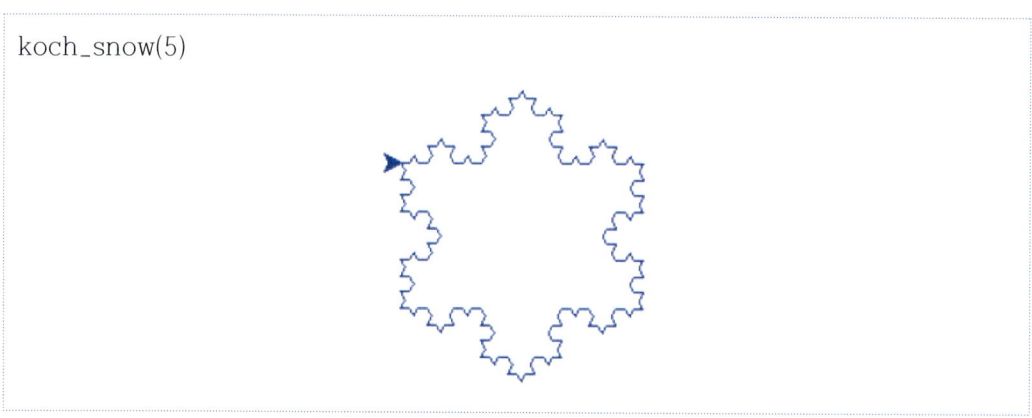

koch_snow(5)

◎ 더 나아가기

문제1. 코흐 눈송이 프로그램을 수정 보완하여 새로운 프랙탈을 만들어 보시오.

(예시) 코흐 곡선의 삼각형을 정사각형으로 변형하여 그린 곡선

프로그램 14-3 「코흐 눈송이 변형 함수」

```
# 코흐 곡선에서 정삼각형 대신 정사각형으로 대치한 도형을 기본 도형으로 n단계 프랙탈 재귀함수
def qkoch(n):
    # 가장 작은 선분의 길이 3부터 시작
    if n==1:
        t.fd(3)

    # 기본 도형을 따라 n-1단계의 도형 그리기
    if n>1:
        qkoch(n-1)        # (n-1)단계의 도형 그리기
        t.lt(90)          # 반시계 방향으로 90도 회전
        qkoch(n-1)        # (n-1)단계의 도형 그리기
        t.rt(90)          # 시계 방향으로 90도 회전
        qkoch(n-1)        # (n-1)단계의 도형 그리기
        t.rt(90)          # 시계 방향으로 90도 회전
        qkoch(n-1)        # (n-1)단계의 도형 그리기
        t.lt(90)          # 반시계 방향으로 90도 회전
        qkoch(n-1)        # (n-1)단계의 도형 그리기
```

```
#코흐 눈송이를 변형한 프랙탈 그리는 함수(정삼각형 대신 정사각형이 기본)
def qkoch_q(n):
    for i in range(4):
        qkoch(n)
        t.rt(90)
    t.done()
```

실행결과

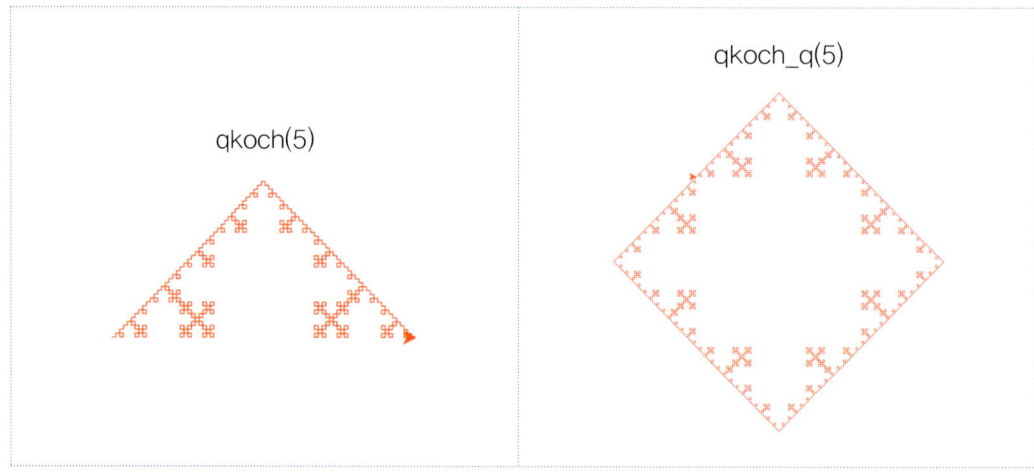

◎ 도전 문제

코흐 눈송이는 삼각형을 기본으로 하여 그리듯이 앞에서 사각형을 기본으로 하여 다른 프랙탈 무늬를 만들었다. 이제 삼각형 사각형이 아닌 다른 도형을 기본으로 프랙탈 무늬를 만드는 프로그램을 작성해 보시오.

15. 프랙탈 나무(Fractal tree)

프랙탈(영어: fractal)은 일부 작은 조각이 전체와 비슷한 기하학적 형태를 말한다. 이런 특징을 자기 유사성이라고 하며, 자기 유사성을 갖는 기하학적 구조를 프랙탈 구조라고 한다. 프랙탈은 자연 곳곳에서 나타나는 기본적인 구조로서 불규칙하며 혼란스러워 보이는 현상 속에서 규칙도 찾아낼 수 있다. 구름, 산, 번개, 난류, 해안선 및 나뭇가지 등이 여기에 해당한다. 프랙탈 기하학은 수학의 한 분야로 연구되고 있으며 과학, 공학, 컴퓨터 예술에 적용되기도 한다.

특히 프랙탈 구조가 나무의 모양으로 나타난 것을 프랙탈 나무(Fractal Tree)라고 한다. 프랙탈 나무는 나뭇가지가 벌어지는 모양이 프랙탈의 자기유사성을 보여주고 있다. 프랙탈은 무한히 자기 자신의 구조를 복제하므로 재귀함수를 이용하여 매우 쉽게 프랙탈 나무를 만들 수 있다.

수학개념	프랙탈, 이진 프랙탈 나무, 피타고라스 나무
코딩개념	변수, 리스트, 반복문, 조건문, 함수, 재귀 함수, 모듈: turtle

프로젝트 15   프랙탈 나무 그리기

기하학적 프랙탈 나무로서 이진 나무와 피타고라스 나무가 있다. 이를 수학적으로 분석하고 재귀함수를 이용하여 그려보자.

◎ 수학 개념

이진 프랙탈 나무란 나뭇가지의 모양이 한 가지에서 두 개의 가지가 뻗어나는 식으로 자라는 나무모양을 가지고 있다.

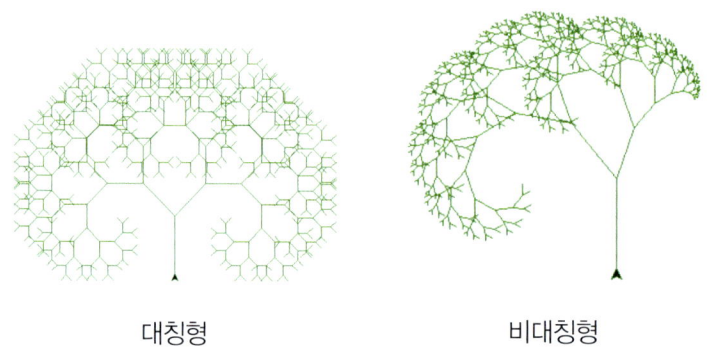

대칭형   비대칭형

문제1. 이진 나무 중 가장 긴 가지의 길이가 80이고 길이가 점점 0.8배씩 줄어드는 가지들로 이루어진 나무를 그리는 과정을 설명해 보시오. 이때 가지가 뻗어나는 규칙은 하나의 가지에서 두 개의 가지가 90도를 이루며 대칭적으로 그려지는 것으로 한다.

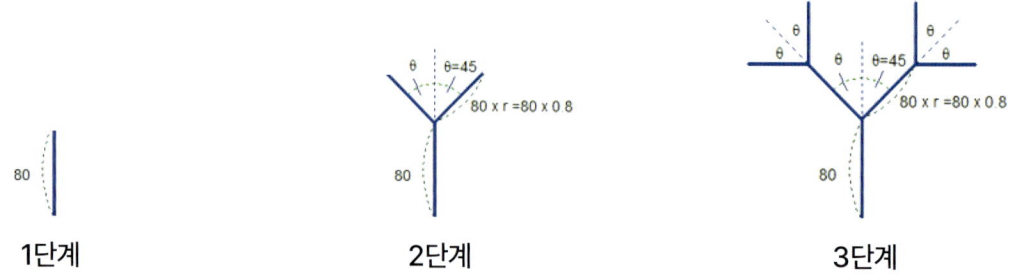

1단계   2단계   3단계

(1) 처음 1단계 그림으로 길이 80의 선분을 그린다.

(2) 2단계 그림에서는 두 개의 가지가 좌우 대칭적으로 더 뻗어 나고 작은 가지 길이는 1단계 가지 길이의 0.8배이다.

(3) 3단계 그림에서는 1단계 선분 위에 좌우 대칭적으로 2단계 그림을 그린다.

(4) 이러한 과정을 계속 반복한다.

◎ 프로그래밍

문제1. 이진 프랙탈 나무 중 가장 긴 가지의 길이가 80이고 길이가 점점 0.8배씩 줄어드는 가지들로 이루어진 이진 나무를 제작하는 프로그램을 작성하기 위해 알고리즘을 작성해 보시오. 이때 가지가 뻗어나는 규칙은 하나의 가지에서 두 개의 가지가 90도를 이루며 대칭적으로 그려지는 것으로 한다.

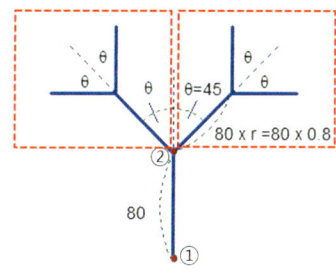

위 그림은 3단계를 그린 그림이다. 이 3단계 그림을 그리기 위해서는

(1) ①번 점에서 시작하여 ②번 점까지 이동한 1단계의 선분을 그린다.

(2) ②번 점에서 시작하여 왼쪽으로 45도 기울어진 2단계의 그림을 그리고 다시 ②번 점으로 돌아온다.

(3) ②번 점에서 시작하여 오른쪽으로 45도 기울어진 2단계의 그림을 그리고 다시 ②번 점으로 돌아온다.

(4) 다시 처음 시작한 ①번 점으로 이동하여 처음 시작할 때와 같은 방향으로 위치를 정한다.

따라서 n단계의 이진 나무를 완성하기 위해서는

(1) ①번 점에서 시작하여 ②번 점까지 이동한 1단계의 선분을 그린다.
(2) ②번 점에서 시작하여 왼쪽으로 45도 기울어진 n-1단계의 그림을 그리고 다시 ②번 점으로 돌아온다.
(3) ②번 점에서 시작하여 오른쪽으로 45도 기울어진 n-1단계의 그림을 그리고 다시 ②번 점으로 돌아온다.
(4) 다시 처음 시작한 ①번 점으로 이동하여 처음 시작할 때와 같은 방향으로 위치를 정한다.

문제2. 알고리즘에 따라 이진 프랙탈 나무 중 가장 긴 가지의 길이가 80이고 길이가 점점 0.8배씩 줄어드는 가지들로 이루어진 나무를 그리는 프로그램을 완성하시오. 이때 가지가 뻗어나는 규칙은 하나의 가지에서 두 개의 가지가 90도를 이루며 대칭적으로 그려지는 것으로 한다.

프로그램 15-1 「이진나무 그리기 함수1」

```
import turtle as t

# 그리는 속도를 '가장 빠르게'로 정한다.
t.speed(0)
# 원래 양의 x축 방향을 향하는 거북을 양의 y축 방향을 향하도록 하는 것이 좋다.
t.lt(90)

# 최대 길이 length와 n단계의 이진나무 함수
def binary1(length,n):
    if n>0:
        t.pencolor('red')
        t.fd(length)
        t.lt(45)
        binary1(length*0.8,n-1)
        t.rt(90)
        t.pencolor('green')
```

①

②	binary1(length*0.8,n-1)
	t.lt(45)
③	t.fd(-length)
④	t.done()

① 1단계가지 t.fd(length)에서 왼쪽으로 45도 기울어진 왼편가지 전체인 n-1단계 binary 1(length*0.8,n-1)를 그린다.

② 1단계가지 t.fd(length)에서 오른쪽으로 45도 기울어진 오른편가지 전체 binary1(length*0.8,n-1)를 그린다.

③,④ 그리기 시작하는 출발점으로 되돌아온다.

실행결과

문제3. 프로그램 15-1 「이진나무 그리기 함수1」에서 사잇각과 축소비율을 각각 $\theta_1 = 40$, $\theta_2 = 20$ 와 $r = 0.8$ $r = 0.6$으로 바꾸어 이진나무를 그리는 프로그램을 완성하시오.

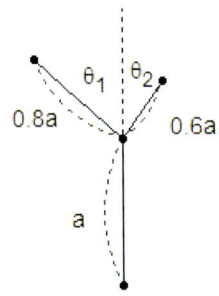

프로그램 15-1 「이진나무 그리기 함수1」을 수정한 것이다. 프로그램의 빨간색 글씨에 유의하자.

프로그램 15-2 「이진나무 그리기 함수2」

```
import turtle as t

# 그리는 속도를 '가장 빠르게'로 정한다.
t.speed(0)

# 최대 길이length와 n단계의 이진나무 함수
def binary2(length,n):
    # 양의 x축 방향을 향하는 거북을 양의 y축 방향을 향하도록 하는 것이 좋다.
    t.lt(90)

    if n>0:
        t.pencolor('green')
        t.fd(length)
        t.lt(40)
①       binary2(length*0.8,n-1)
        t.rt(60)
②       binary2(length*0.6,n-1)
        t.lt(20)
③       t.fd(-length)
    t.done()
```

① 왼편으로 40도 회전 후 n-1단계의 그림을 그린다.
② 오른편으로 20도 회전 후 n-1단계의 그림을 그린다.
③ 처음 시작한 위치로 돌아온다.

실행결과

#최대길이가 80이고 사잇각40, 20과 축소비율0.8, 0.6인 10단계의 이진나무
binary2(80,10)

◎ 더 나아가기

문제1. 피타고라스 나무는 1942년 네덜란드 수학교사 A.E.Bosman이 처음으로 제시한 정사각형으로 만들어진 평면 프랙탈이다. 그가 만든 피타고라스 나무는 정사각형들이 직각삼각형을 이루며 만나기 때문에 지어진 이름이다.

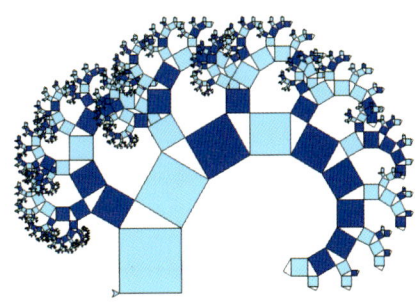

가장 큰 정사각형의 한 변 길이가 80이고 작은 정사각형들이 직각이등변 삼각형을 이루며 만나는 피타고라스 나무를 그리는 과정을 설명하시오.

(1) 정사각형의 한 변 길이는 이전 정사각형 길이의 $\frac{1}{\sqrt{2}}$ 배이다.

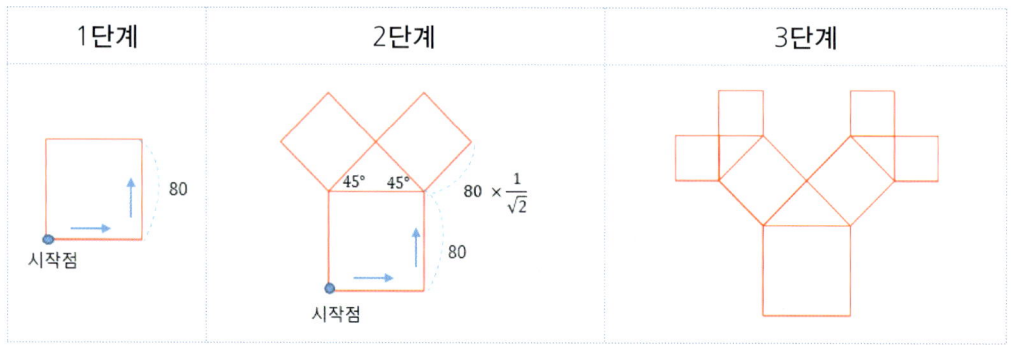

(2) 단계별 도형은 다음과 같이 큰 정사각형에 작은 두 정사각형을 붙여가는 과정을 반복한다.

1단계	2단계	3단계

문제2. 최대변의 길이 80인 정사각형과 작은 정사각형들이 직각이등변 삼각형을 이루며 만나는 과정을 n단계까지 반복할 때 가장 작은 정사각형의 한 변 길이는 얼마일까?

1단계	2단계	3단계	···	n단계
80	$80 \times \frac{\sqrt{2}}{2}$	$80 \times (\frac{\sqrt{2}}{2})^2$	···	$80 \times (\frac{\sqrt{2}}{2})^n$

5단계까지 그린 경우 최소 정사각형의 한 변 길이는 $80 \times (\frac{1}{\sqrt{2}})^4 \approx 28$

6단계까지 그린 경우 최소 정사각형의 한 변 길이는 $80 \times (\frac{1}{\sqrt{2}})^5 \approx 14$

문제3. 가장 큰 정사각형의 한 변 길이가 length이고 작은 정사각형들이 직각이등변 삼각형을 이루며 만나는 피타고라스 나무를 그리는 알고리즘을 설명하시오.

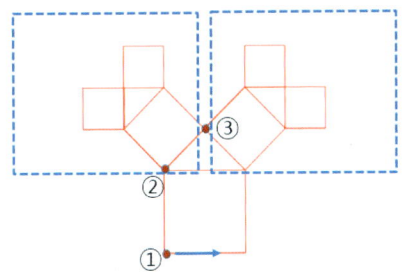

n단계의 피타고라스 나무를 완성하기 위해서는

(1) 위 그림의 점 ①에서 시작하여 가장 큰 정사각형을 그리고, 다음 왼쪽에 n-1단계의 피타고라스 나무를 그리기 위해서 점 ②까지 이동한다.

(2) 점 ②에서 시작하여 왼쪽에 n-1단계의 피타고라스 나무를 그리고 다시 점 ②로 돌아온다. 돌아왔을 때 거북(화살표) 방향은 점 ③의 방향을 향하고 있음에 유의한다.

(3) 점 ②에서 점 ③으로 이동하여 오른쪽에 n-1단계의 피타고라스 나무를 그리고 점 ③으로 돌아온다.

(4) 점 ③에서 다시 n단계의 피타고라스 나무를 그리기 시작한 처음 위치로 이동한다. 각 단계에서 피타고라스 나무를 그리고 나서는 항상 처음 시작했던 위치로 다시 돌아와야 함에 유의하자.

문제4. 문제2에서와 같이 한 변의 길이가 length인 정사각형 위에 두 개의 정사각형이 직각이 등변삼각형을 이루며 만나는 식으로 반복되어 피타고라스 나무가 완성된다. 프로그램을 작성하시오.

<u>프로그램 15-3「피타고라스 나무 그리기 함수1」</u>

```
import turtle as t
from math import sqrt
import random

#정사각형 그리기 함수
① def square(s):
       for i in range(4):
           t.fd(s)
           t.lt(90)

# 피타고라스 나무 함수
② def PythaTree1(length, n):
       if n>0:
③          colorlist=['blue', 'skyblue']
④          t.fillcolor(random.choice(colorlist))
⑤          t.begin_fill()
⑥          square(length)
⑦          t.end_fill()
           t.lt(90)
           t.fd(length)
           t.rt(45)
⑧          PythaTree1(length/sqrt(2), n-1)
           t.fd(length/sqrt(2))
           t.rt(90)
⑨          PythaTree1(length/sqrt(2), n-1)
⑩          t.fd(length/sqrt(2))
           t.rt(45)
           t.fd(length)
           t.lt(90)
           t.fd(-length)
    t.done()
```

① 정사각형을 그리는 함수이다. 이때 정사각형 그리기는 다음과 같은 방향으로 그리자. 코드의 마지막은 거북이 처음 위치한 시작점에 다시 위치하도록 해야한다.

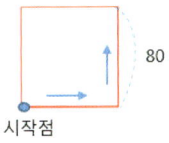

② 피타고라스 나무 그리기 함수이다.
③ 칠하고자 하는 색의 list로서 여러 가지 색을 더 추가할 수도 있다.
④ colorlist에서 임의의 색을 선택한다.
⑤~⑦ 색칠하고자 하는 도형을 가운데 두고 t.begin_fill()과 t.end_fill()을 쓴다.
⑧, ⑨ 단계 n-1의 피타고라스 나무를 왼편과 오른편에 그린다.

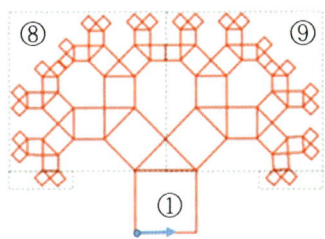

⑩ 이 후는 처음 나무를 그리기 시작한 위치로 돌아가는 것이다.

실행결과

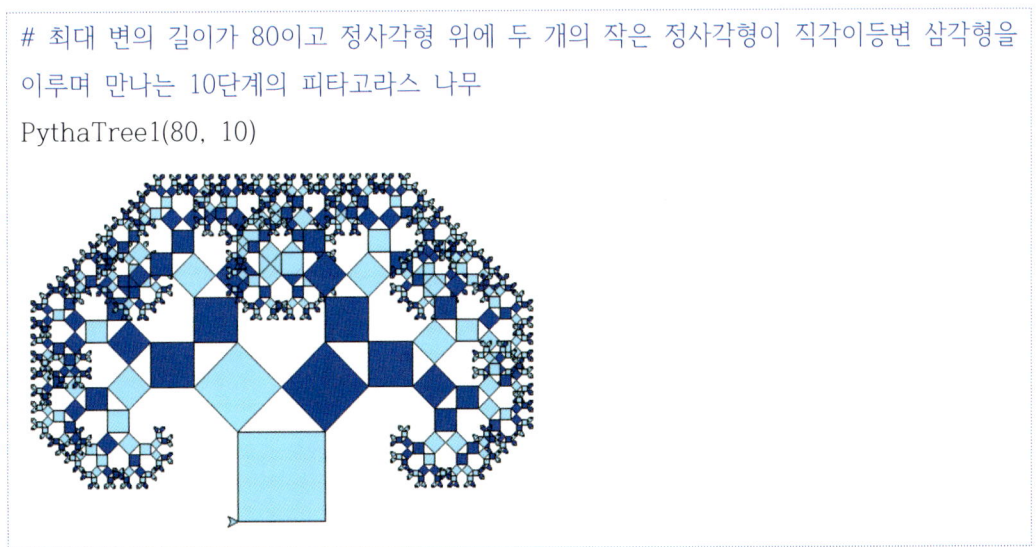

문제5. 프로그램「피타고라스 나무1」을 수정하여 한 변의 길이가 length인 정사각형 위에 두 개의 정사각형이 다음과 같은 직각삼각형을 이루며 만나는 과정이 반복되어 피타고라스 나무를 그리는 프로그램을 완성하시오.

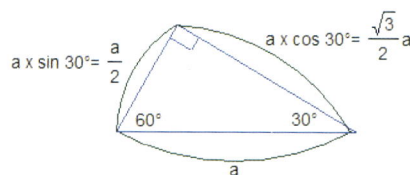

빨간 글씨 부분에 주의하면서 프로그램「피타고라스 나무1」함수정의를 수정하여 실행해 보자.

프로그램 15-4 「피타고라스 나무 그리기 함수2」

```
import turtle as t
from math import sqrt
import random

# 정사각형 그리기 함수
def square(length):
    for i in range(4):
        t.fd(length)
        t.lt(90)

# 피타고라스 나무 그리기 함수
def PythaTree2(length, n):
    if n>0:
        colorlist=['red', 'green', 'yellow', 'pink', 'skyblue']
        t.fillcolor(random.choice(colorlist))
        t.begin_fill()
        square(length)
        t.end_fill()
        t.lt(90)
        t.fd(length)
        t.rt(30)
①       PythaTree2(length/2, n-1)
②       t.fd(length/2)
③       t.rt(90)
④       PythaTree2(length*sqrt(3)/2, n-1)
        t.fd(length*sqrt(3)/2)
        t.rt(60)
```

```
            t.fd(length)
            t.lt(90)
            t.fd(-length)
    t.done()
```

① 단계 n-1의 피타고라스 나무를 왼편에 그린다.
②, ③ 다음 그림이 시작하는 위치로 옮겨간다.
④ 단계 n-1의 피타고라스 나무를 오른편에 그린다.

실행결과

```
t.speed(0)
PythaTree2(80, 10)
```

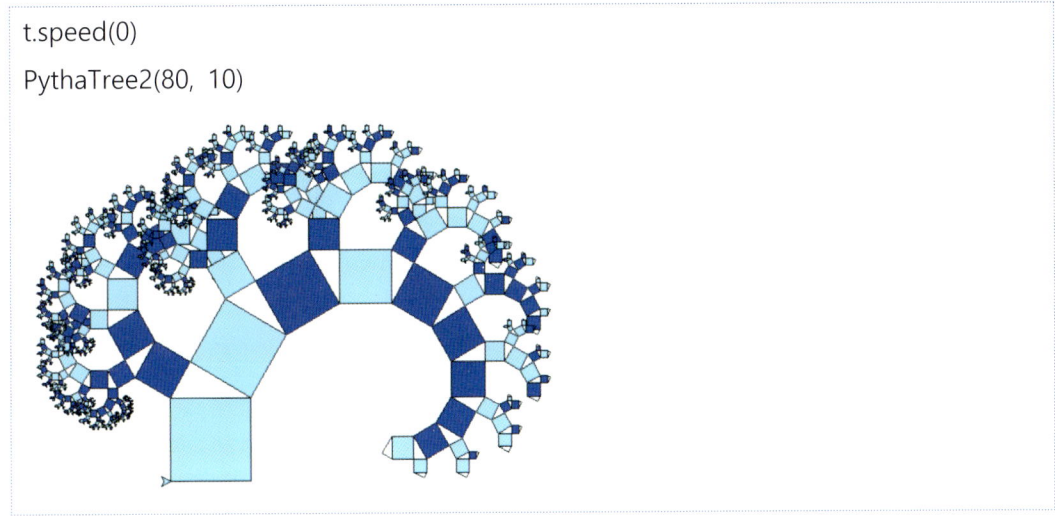

잠깐!

- 프로그램 「피타고라스 나무 그리기 함수 1」과 프로그램 「피타고라스 나무 그리기 함수 2」의 실행 결과에서 마지막에 정사각형 모양으로 끝나는 것이 아니라 삼각형 모양이 나타난다. 이 삼각형은 다음 그림을 그리기 위해 이동하는 과정에서 나타난 것이므로 프로그램 「피타고라스 나무 그리기 함수 2」의 t.fd(length/2)와 t.fd(length*sqrt(3)/2) 앞 뒤로 penup()과 pendown()을 넣어 이동 중에는 그려지지 않게 하면 된다. 6단계의 두 그림을 비교해 보시오.

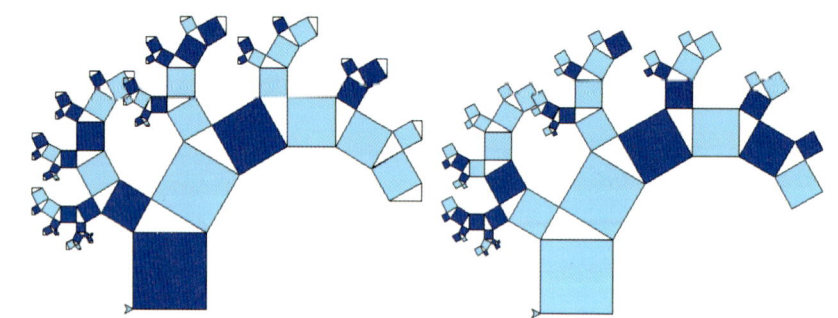

◎ 도전 문제

재귀함수를 사용하여 프랙탈 나무를 그린 것처럼 시어핀스키 삼각형을 그리는 프로그램을 작성하시오.

16. π의 근삿값(Approximation to Pi)

원주율 π는 원의 지름에 대한 원주(원둘레)의 비율로서, 순환하지 않는 무한소수이며 수학에서 다루는 가장 중요한 상수 중의 하나이다. 고대부터 많은 수학자들은 π의 값을 구하는 데 많은 시간과 노력을 소비하였다. 아르키메데스는 원에 내접하는 96각형을 이용해 π의 근삿값이 대략 π = 3.1416임을 밝히기도 하였다.

π값의 계산은 고대에 내접/외접 다각형을 이용한 계산으로부터 무한 급수를 이용한 방식으로 전환되면서 이전보다 높은 수준의 정확도로 원주율의 값을 계산해내기 시작했다. 어떤 수학자들은 π의 값을 더 많은 자리까지 구하기 위해 심지어 자신의 일생까지 바치기도 했는데, 현재까지 계산기의 도움을 빌리지 않은 수작업 계산에서는 1873년 샹크스가 세운 소수점 이하 527자리가 π의 근삿값으로서 최정밀 기록으로 남아 있다.

그러나 컴퓨터의 최신의 계산 프로그램을 이용하면 우리가 사용하는 노트북 컴퓨터로도 10억 번째 자리까지 계산하는데 10분도 걸리지 않는다. 실제 슈퍼컴퓨터의 성능을 측정하는 기준 중 하나가 π값을 주어진 시간 내에 얼마나 많은 자리까지 구할 수 있냐는 것이라고 한다.

수학개념	원주율, 기하학적 확률. 두 점간의 거리, 무한급수
코딩개념	변수, 반복문, 조건문, 함수, 모듈: turtle

프로젝트 16   π의 근삿값 구하기

π를 구하는 여러 가지 방법이 있지만 여기서는 모의 실험과 기하학적 확률개념을 이용하여 π의 근삿값을 구하는 프로그래밍을 해보자.

◎ **수학 개념**

문제1. 원주율 π의 정의를 말하시오.

유클리드 평면에서 원은 크기와 관계없이 언제나 닮은 도형이다. 따라서 원의 지름에 대한 둘레의 비는 언제나 일정하며, 이를 원주율이라 한다. 원주율은 순환하지 않는 무한소수로서 원의 지름을 R, 둘레를 C라 하면 원주율 π는 다음의 식으로 나타낼 수 있다.

$$\pi = \frac{C}{R}$$

문제2. π의 근삿값을 구하는 방법을 말해보시오.

① 외접 정다각형과 내접 정다각형에 의해 근접시키는 아르키메데스 방법
② 뷔퐁의 바늘 실험 : 평행선들 사이에 바늘을 던졌을 때 바늘이 선에 걸치지 않게 떨어질 확률로부터 π를 구하는 방법
③ 정사각형에 내접한 원이 그려진 다트보드에 다트를 던져 다트가 원 안에 떨어질 확률로부터 π를 구하는 방법
④ '$\pi^2/6 = 1 + \frac{1}{2^2} + \frac{1}{3^2} + \frac{1}{4^2} \cdots + \frac{1}{n^2} + \cdots$ 과 같은 등식들을 이용하여 π를 구하는 방법

문제3. '정사각형에 내접한 원이 그려진 다트보드에 다트를 던져 다트가 원 안에 꽂힐 확률을 구하시오.

반지름이 100인 원을 내접원으로 갖는 정사각형 모양의 다트보드가 있다. 다트를 무작위로 던질 때 그 다트가 원 안에 꽂힐 확률을 구해 보자(모든 다트는 정사각형 안에 고르게 꽂힌다고 가정).

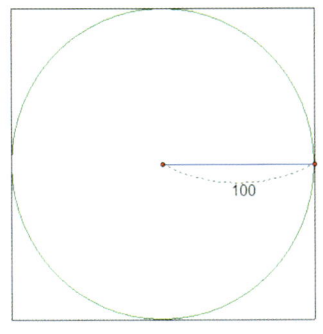

정사각형의 면적 $200 \times 200 = 40000$

원의 면적 $\pi \times 100^2$

따라서 구하는 기하학적 확률은 $\dfrac{\pi \times 100^2}{40000} = \dfrac{\pi}{4}$

◎ 프로그래밍

문제1. 정사각형에 내접한 원이 그려진 다트보드에 다트를 던져 다트가 원 안에 꽂힐 기하학적 확률은 $\dfrac{\pi}{4}$이다. 정사각형에 내접한 원이 그려진 다트보드에 다트를 던지는 모의실험을 통해 다트가 원 안에 꽂힐 확률을 구하고 이로부터 π의 근삿값을 구하는 절차를 그림이나 글로 설명하시오.

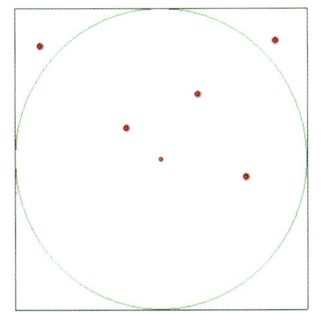

1. 정사각형 다트보드에 다트를 반복하여 쏜다.

2. 원 안에 다트가 맞은 개수를 센다.

3. (원 안에 꽂힌 다트의 수)/(발사한 다트의 총 수) = (상대도수)를 구한다.

4. (원 안에 꽂힌 다트의 수)/(발사한 다트의 총 수)는 (원의 면적)/(정사각형 면적)와 근사하다.

$$\dfrac{\text{원안에 꽂힌 다트의 수}}{\text{발사한 다트의 총수}}$$
$$\approx \dfrac{\text{원의 면적}}{\text{정사각형 면적}} = \dfrac{\pi r^2}{4r^2} = \dfrac{\pi}{4}$$

5. 따라서 π는 다음과 같이 구한다.

$$\pi \approx \frac{\text{원 안에 꽂힌 다트의 수}}{\text{발사한 다트의 총 수}} \times 4$$

문제2. 정사각형에 내접한 원이 그려진 다트보드를 그리시오.

▸ 다음 명령어들을 문제1의 프로그램 작성에 활용할 수 있다.

모듈	사용예시	설명
random	uniform(수1, 수2)	[수1, 수2] 사이의 임의의 실수 반환, 같은 정도의 확률을 가지고 실수를 반환
	random()	[0, 1) 사이 임의의 실수 반환

먼저 다트 보드를 그려 보자.

다트보드 그리기

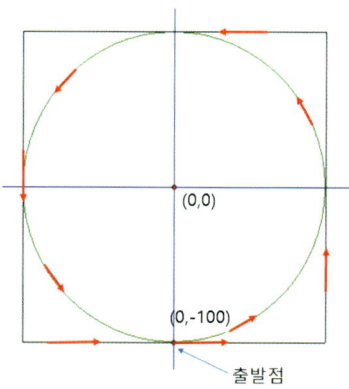

프로그램 16-1 「다트보드 그리기 함수」

```
# 도형을 그리는 turtle 모듈불러오기
import turtle as t
```

```
        # [-s,s]×[-s,s]를 위한 변수 s를 가진 함수
        def board(s) :
①           t.shape('circle')
②           t.turtlesize(0.1)

            #정사각형을 그리기 시작하는 위치로 이동하기
            t.penup()
            t.goto(0,-s)
            t.pendown()

            # 한 변이 2s인 정사각형 그리기
            for i in range(4):
                t.fd(s)
                t.lt(90)
                t.fd(s)
            # 출발점에서 시작하여 반경이 s인 내접원 그리기
            t.circle(s)
③       t.done()
```

① 점을 찍기 위해 화살표를 circle로 교체한다.

② 점의 크기, 즉 circle 사이즈를 조정한다.

③ 내접하는 원을 그린다.

문제3. 중심이 (0,0)이고 반지름이 100인 내접원을 가진 정사각형 모양의 다트보드에 다트를 던진 결과를 보여주는 프로그램을 작성하기 위한 방법을 설명하시오.

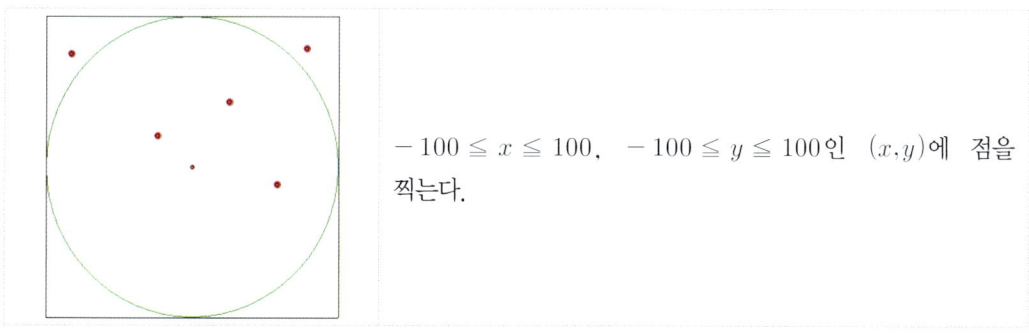

$-100 \leq x \leq 100$, $-100 \leq y \leq 100$인 (x,y)에 점을 찍는다.

문제4. 중심이 (0,0)이고 반지름이 100인 내접원을 가진 정사각형 모양의 다트보드가 있다. 반복하여 다트를 던지는 모의 실험과 π값을 보여주는 프로그램을 작성하시오.

(1) 찍힌 점이 원 안에 있는 점이라는 것을 어떻게 판별할까를 설명하고 원 안의 점의 수를 세는 프로그램을 작성해 보자.

$\sqrt{x^2+y^2} \leq 100$을 만족하는 점 (x,y)은 원 안에 있다.

프로그램 16-2 「다트를 던지고 원 안의 점의 수세기」

```
                # math 모듈 안의 sqrt 함수 불러온다.
①   from math import sqrt

     k=int(input('몇번 던질까요?'))
②   count_circle=0

     #보드 그리기 함수
     board(100)

     # 정사각형 안에 점 찍기
     for i in range(k):
③       x=random.uniform(-100,100)
④       y=random.uniform(-100,100)
         t.penup()
         t.goto(x,y)
⑤       t.stamp()

         # 원 내부 √x²+y² ≤ 100에 놓인 점을 센다.
⑥       if sqrt(x**2 + y**2)<=100:
⑦           count_circle +=1
```

① import math를 써서 math 모듈 전체를 불러온 대신 from math import sqrt를 쓰면 math.sqrt 대신 sqrt 를 쓸 수 있다.

② 원 안에 꽂힌 다트의 수를 0부터 세기 시작한다.

③~④ [-100,100]에 있는 각 점이 뽑힐 가능성이 똑같다는 가정 하에 임의의 수를 추출한다.

⑤ (x,y)에 점을 찍는다.

⑥ (x,y)가 원 안에 있을 조건이다.
⑦ 원 안에 꽂힌 다트의 수를 1 늘린다.

(2) 다트가 원 안에 꽂힐 확률과 π값을 보여주는 명령어를 삽입하여 완성된 프로그램과 실행 결과를 얻는다.

프로그램 16-3 「다트보드 그리고 던지기」	실행결과
| ```python
import turtle as t
from math import sqrt
import random
``` | # 필요한 모듈과 함수 |
| ```python
t.shape('circle')
t.turtlesize(0.1)


# 한변의 길이가 100인 정사각형 다트보드 그리기
board(100)
``` | |
| ```python
# 다트 던지기
k=int(input('몇번 던질까요?'))
count_circle=0
for i in range(k):
    x=random.uniform(-100,100)
    y=random.uniform(-100,100)
    t.penup()
    t.goto(x,y)
    t.dot(3, 'red')
    if sqrt(x**2 + y**2)<=100:
        count_circle +=1
``` | |
| ```python
# 다트가 원 안에 꽂힐 확률
print('다트가 원 안에 꽂힐 확률은', 
count_circle/k)
# π ≈ (다트가 원 안에 꽂힐 확률)×4
print('파이의 근삿값은',  (count_circle/k)* 4)
``` | 몇번 던질까요?400<br>다트가 원 안에 꽂힐 확률은 0.785<br>파이의 근삿값은 3.14 |

π의 근삿값(Approximation to Pi)

잠깐!

- turtle에서 디폴트로 나타나는 turtle의 모양과 크기 그리고 점 색깔을 바꾸기 위해서 다음 명령어를 추가할 수 있다.

    t.shape('circle')
    t.turtlesize(0.1)
    t.color('red')

◎ 더 나아가기

문제1. π의 근삿값을 구하는 방법은 여러 가지가 있다.

$\pi^2/6 = 1 + \dfrac{1}{2^2} + \dfrac{1}{3^2} + \dfrac{1}{4^2} \cdots + \dfrac{1}{n^2} + \cdots$ 임이 알려져 있다. 이 식을 이용하여 π값의 근삿값을 구하는 프로그래밍을 하시오.

프로그램 16-4 $\left\lceil \sum\limits_{i=1}^{n} \dfrac{1}{i^2} \ 구하기 \right\rfloor$

```
import math

def sum_terms(n):
    if n==1:
        return 1
    else:
        return(sum_terms(n-1)+1/n**2)
```

$1 + \dfrac{1}{2^2} + \dfrac{1}{3^2} + \dfrac{1}{4^2} \cdots + \dfrac{1}{n^2}$ 을 구하는 재귀함수

실행결과

```
# ∑(i=1 to 300) 1/i² 구하기
print(sum_terms(300))

# √((∑(i=0 to 300) 1/i²)×6) 을 구함
print('파이의 근삿값은', math.sqrt(sum_terms(300)*6))
```

```
1.6416062828976226
파이의 근사값은 3.1384132451584086
```

17. 베르트랑의 역설(Bertrand's paradox)

베르트랑의 역설은 조제프 베르트랑이 그의 저서 Calcul des probabilités (확률론)에서 확률의 고전적 정의의 한계를 보여주기 위하여 제시한 역설이다. 그는 다음과 같은 확률 문제를 제시하고 그에 대한 풀이를 제시하였다. 풀이는 무엇에 임의성을 부여하는 지에 따라 3가지로 제시하였다.

> 원에 내접하는 정삼각형을 그리고 원에서 임의의 현을 선택할 때,
> 현의 길이가 정삼각형의 한 변의 길이보다 클 확률은?

<풀이 1>은 끝점을 임의로 정하는 방법, 즉 현의 한 끝점을 원주 위에 정하고 다른 한 끝점을 임의로 정하는 방법이다.

<풀이 2>는 반지름을 임의로 정하는 방법, 즉 원의 반지름을 하나 고정하고 반지름 위에 한 점을 잡아 그 점이 현의 중점이 되도록 현을 그리는 방법이다.

<풀이 3>은 중점을 임의로 정하는 방법, 즉 원 안에 한 점이 정해지고 그 점이 현의 중심이 되도록 현을 그리는 방법이다.

수학개념	삼각비, 원의 매개변수표현, 수학적 확률, 통계적 확률
코딩개념	변수, 반복문, 모듈: turtle, math, random

프로젝트 17   베르트랑의 역설 모의실험

<풀이 1>은 끝점을 임의로 정하는 방법, 즉 현의 한 끝점을 원주 위에 정하고 다른 한 끝점을 임의로 정하는 방법이다. 이 풀이에 따른 모의 실험을 계획하고 현의 길이가 정삼각형의 한 변의 길이보다 클 확률을 구하는 프로그램을 작성하시오.

◎ 수학 개념

문제1. <풀이 1>의 방법에 따라 임의로 현을 그을 때 그 현의 길이가 원에 내접하는 정삼각형의 변의 길이보다 클 확률을 구하시오.

현이 삼각형의 한 변보다 길어지기 위해서는 아래 그림1과 같이 현의 한 끝점을 삼각형의 한 꼭짓점으로 할 때 현의 다른 끝점은 붉은색으로 표시한 호 위에 있으면 되므로 확률은 1/3이다.

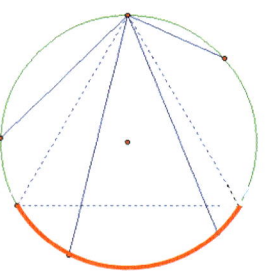

그림1 : 끝점을 임의로

문제2. <풀이 2>의 방법에 따라 임의로 현을 그을 때 그 현의 길이가 원에 내접하는 정삼각형의 변의 길이보다 클 확률을 구하시오.

반지름에 수직인 현을 생각할 때 그 현이 내접 정삼각형의 한 변보다 길기 위해서는 반지름 위에 있는 현의 중점이 정삼각형의 한 변 보다 원의 중심에 가까이 있으면 되므로 확률은 1/2이다.

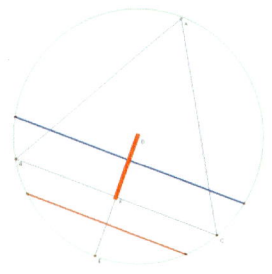

그림2 : 반지름을 임의로

문제3. <풀이 3>의 방법에 따라 임의로 현을 그을 때 그 현의 길이가 원에 내접하는 정삼각형의 변의 길이보다 클 확률을 구하시오.

아래 그림3에서 처럼 원 안에 임의의 점을 찍고 그 점을 중점으로 하는 현을 그리면 선택한 점이 주어진 원의 반지름의 1/2인 크기의 반지름을 갖는 동심원 안에 있을 때 그 현은 내접 정삼각형의 한 변 길이보다 더 길다. 따라서 구하는 확률은 1/4이다.

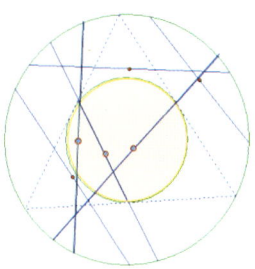

그림3 : 중점을 임의로

◎ 프로그래밍

문제1. <풀이 1>에서의 방법에 따라 원 위에 막대를 던지는 모의실험, 즉 반지름이 150인 원 위에 현을 그리는 프로그램을 완성하시오.

(1) 다음 원 위의 점을 x축의 양의 방향과 이루는 각 θ를 써서 나타내 보자.

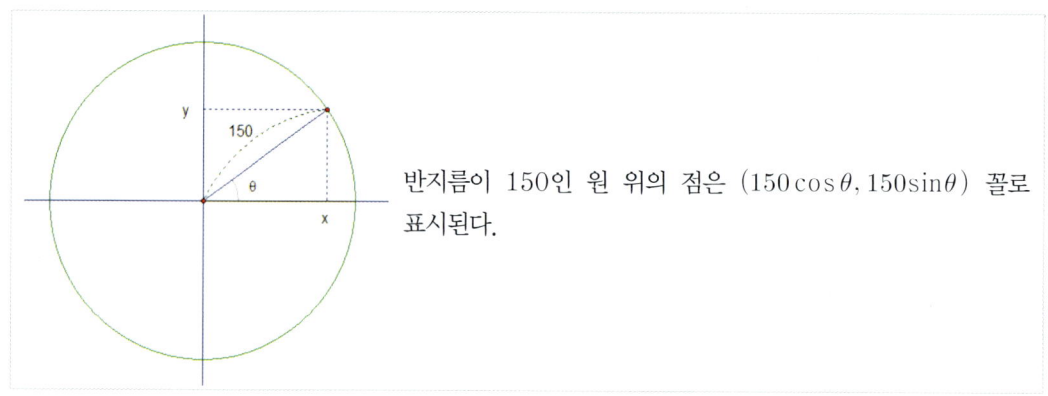

반지름이 150인 원 위의 점은 $(150\cos\theta, 150\sin\theta)$ 꼴로 표시된다.

(2) 원 위에 막대를 던지는 모의실험, 즉 <풀이 1>의 방법으로 원 위에 현을 그리는 절차를 그림이나 글로 나타내 보자.

(3) 위의 절차에 따라 원 위에 막대를 던지는 모의실험, 즉 원 위에 현을 그리는 프로그램을 완성해 보자.

- 원 위의 임의의 점은 $(150\cos\theta_1, 150\sin\theta_1)$ 꼴로 표현됨에 주의하자.

- 이때 파이썬에서 circle(반지름)함수가 원을 그리는 방식을 알아야 한다. 반지름이 150인 원을 그리면 (0,0)을 원주 상의 한 점으로 하여 거기서부터 반시계방향으로 원을 그리므로 중심은 (0, 반지름)인 원이 그려진다. 따라서 (0,0)을 중심으로 하고 반지름이 150인 원을 그리려면 처음 시작 위치 조정이 필요하다.

프로그램 17-1 「원그리기」

```
# 원그리기
t.penup()                    # 그리지 않고 이동만하기 위해 펜을 든다
t.goto(150,0)                # 좌표가 (150,0)인 위치로 이동
t.lt(90)                     # 왼쪽 방향으로 90도 회전
t.pendown()                  # 원을 그리기위해 펜을 내린다.
t.circle(150)                # 반지름이 150인 원을 그린다.
```

- 임의의 한 점을 정하고 또 다른 한 점을 정한 후 두 점을 잇는 것을 반복한다. 이때 임의의 점을 결정하기 위해 random 모듈이 필요하고, sin함수와 cos함수를 가지고 있는 math 모듈을 불러와야 한다.

프로그램 17-2 「막대던지기 모의실험 함수」

```python
import turtle as t
import math
import random

# 모의 실험 횟수, 현의 수
def cords(n):
    # (0,0)이 중심이 되는 원을 그리기 위해 시작점을 (150,0)으로 이동한다.
    t.penup()
    t.goto(150,0)
    t.lt(90)
    t.pendown()
    t.circle(150)

    # 원주 위의 두 점 연결하기를 n번 반복한다.
    for i in range(n):
```

베르트랑의 역설(Bertrand's paradox)

①	theta_1=random.uniform(0,2*math.pi)
②	theta_2=random.uniform(0,2*math.pi)
③	x_1=150*math.cos(theta_1)
④	y_1=150*math.sin(theta_1)
⑤	x_2=150*math.cos(theta_2)
⑥	y_2=150*math.sin(theta_2)
⑦	t.penup()
⑧	t.goto(x_1,y_1)
⑨	t.pendown()
⑩	t.pencolor('red')
⑪	t.goto(x_2,y_2)

①~② θ_1, θ_2를 임의로 택한다.

③~⑥ $x_1 = 150\cos(\theta_1)$, $y_1 = 150\sin(\theta_1)$, $x_2 = 150\cos(\theta_2)$, $y_2 = 150\sin(\theta_2)$을 정의한다.

⑦~⑪ 두 점 $(x_1, y_1), (x_2, y_2)$을 연결한다.

실행결과

```
# 막대 100번 던지기
cords(100)
```

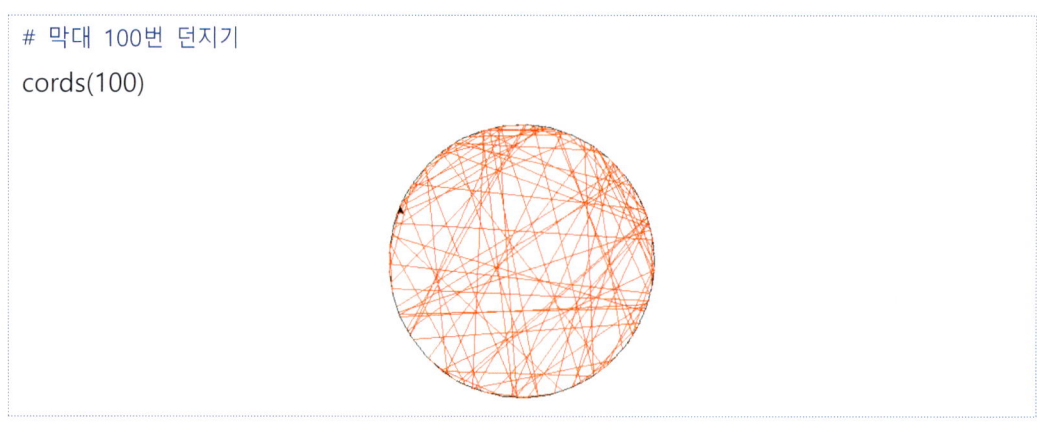

잠깐!

- turtle 모듈에서 디폴트로 나타나는 turtle의 모양(arrow, cicle, square, turtle...)과 크기를 바꾸기 위해서 다음 명령어를 추가할 수 있다.

    t.shape('circle')
    t.turtlesize(0.1,0.1,0.1)

◎ 더 나아가기

문제1. 위의 모의실험 결과 그림만 보고 확률이 1/3일지 확인하기 어렵다. 확률을 계산해 주는 프로그램을 완성해 보자.

(1) 두 점을 원주 위에 임의로 정한 경우 막대의 길이가 정삼각형의 한 변보다 더 긴 경우는 어떤 경우인가? 두 각 사이의 관계를 말해 보자.

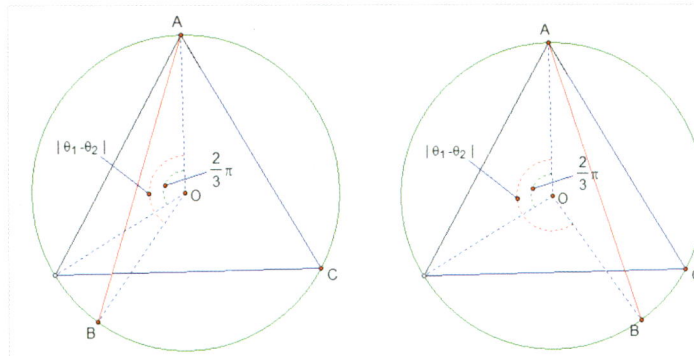

두 점을 원주 위에 임의로 정한 경우 막대의 길이가 정삼각형의 한 변보다 더 긴 경우는 각 점이 x축과 이루는 각을 θ_1, θ_2라고 할 때

$$\frac{2}{3}\pi < |\theta_1 - \theta_2| < \frac{4}{3}\pi$$

인 경우이다.

(2) 막대 던지기 모의실험 프로그램을 보완하여 두 점을 원주 위에 임의로 정한 경우 막대의 길이가 정삼각형의 한 변보다 더 긴 경우의 확률까지 구하는 프로그램을 완성해 보자.

문제 5의 프로그램에 빨간색 명령어를 추가하여 프로그램을 완성하고 실행해 보면 다음과 같다.

프로그램 17-3 「베르트랑 확률계산」

```
import turtle as t
import math
import random

# 원의 중심을 (0,0)에 옮겨놓고 거북이 위를 보게 한 후 원을 그린다.
t.penup()
t.goto(150,0)
t.lt(90)
t.pendown()
```

```
t.circle(150)

# 성공횟수(현의 길이가 내접 정삼각형의 한 변의 길이보다 긴 경우)를 변수 numb
라고 하고 0부터 시작한다.
numb=0
# 임의의 두 점 연결하기를 100번 반복한다
for i in range(100):
    theta_1=random.uniform(0,2*math.pi)
    theta_2=random.uniform(0,2*math.pi)
    x_1=150*math.cos(theta_1)
    y_1=150*math.sin(theta_1)
    x_2=150*math.cos(theta_2)
    y_2=150*math.sin(theta_2)
    t.penup()
    t.goto(x_1,y_1)
    t.pendown()
    t.pencolor('red')
    t.goto(x_2,y_2)

    # $\frac{2}{3}\pi<|\theta_1-\theta_2|<\frac{4}{3}\pi$이면 성공횟수를 1씩 늘린다.
    theta= abs(theta_1-theta_2)
    if(2/3)*math.pi<theta<(4/3)*math.pi :
        numb=numb+1

print('성공횟수 :', numb)

# 성공횟수를 반복횟수로 나누어 상대도수를 구한다.
print('상대도수 : ', numb/100)
```

실행결과

100번 실행 결과

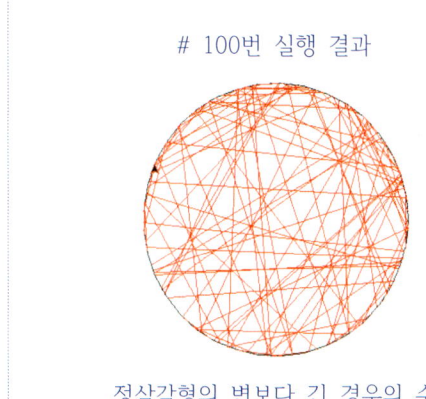

정삼각형의 변보다 긴 경우의 수

성공횟수 : 31
상대 도수 : 0.31

500번 실행 결과

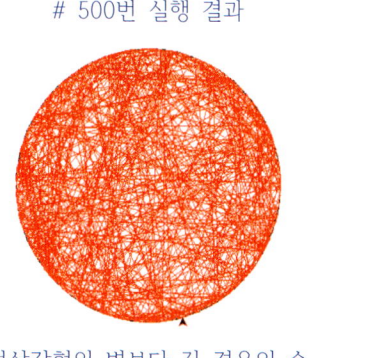

정삼각형의 변보다 긴 경우의 수

성공횟수 : 174
상대 도수: 0.348

◎ 도전 문제

베르트랑 문제의 풀이 2와 풀이 3의 모의 실험을 위한 프로그램을 작성하시오.

18. 벤포드 법칙(Benford's law)

우리 생활에서 수많은 통계가 사용되고 이 중 많은 통계자료들이 정규분포를 하고 있음이 알려져 있다. 이와 함께 실세계에 존재하는 수치 자료들에는 벤포드 법칙을 따르는 자료들이 많다고 한다.

벤포드 법칙이란 자료에 등장하는 수들의 첫째 자리 숫자는 작을수록 나타날 확률이 크다는 법칙이다. 다시 말해서 벤포드 법칙에 따르면 자료들에 등장하는 수들의 첫째 자리가 1일 확률은 약 30%정도이고 점점 작어져서 첫째 자리 수가 9일 확률은 약 5%정도밖에 되지 않는다. 직관적으로 생각하면 수의 첫째 자리 숫자는 1부터 9까지 고르게 나타날 것 같고, 따라서 각 숫자가 나타날 확률은 약 11.1%일 것 같다. 그러나 실세계에 존재하는 자연스러운(의도적으로 만들어지지 않은) 자료들은 대부분 벤포드 법칙을 따른다고 한다.

벤포드의 법칙은 다양한 종류의 자료들, 예를 들어, 전기요금, 도로명 주소, 주식가격, 주택가격, 인구수, 사망률 등과 같은 자료 등은 벤포드 법칙을 따르고 있어 이들 자료가 의도적으로 조작되었는지 아닌지를 판별할 때 이 법칙을 적용할 수 있다. 즉, 어떤 회사 회계 장부에 등장한 숫자를 조사한 결과 벤포드 법칙과 크게 어긋난 분포로 나타났다면 장부 조작을 의심해 볼 수 있다는 것이다.

수학개념	수열, 로그, 확률, 로그자
코딩개념	변수, 반복(while문), 모듈: matplotlib.pyplot, math

프로젝트 18 벤포드 법칙

수열 $\{2^n\}$의 항들 2, 4, 8, 16, 32, 64, 128, 256, …의 첫 번째 숫자들인 2, 4, 8, 1, 3, 6, 1, 2, …들이 벤포드 법칙을 따르는지 프로그래밍을 통해 확인해 보자.

◎ 수학 개념

벤포드 법칙이란 자료에 등장하는 수들의 첫째 자리 숫자가 작을수록 나타날 확률이 크다는 법칙이다. 다시 말해서 벤포드 법칙에 따르면 자료들에 등장하는 수들의 첫째 자리가 1일 확률은 약 30%정도이고 점점 적어져서 첫째 자리 수가 9일 확률은 약 5%정도 밖에 되지 않는다.

문제 1. 수열 2, 4, 8, 16, 32, 64, 128, 256, … 에서 첫째 자리 숫자가 1이라고 함은 무엇을 의미하는가?

첫째 자리 숫자가 1인 경우는 16, 126, … 등이고 16은 10이상 20사이의 수, 126은 100이상 200이하의 수이다. 즉, 2^n의 첫째 자리 숫자가 1이기 위한 필요충분조건은 적당한 정수 m에 대하여

$$10^m \leq 2^n < 2 \cdot 10^m$$

이 성립하는 것은 이다.

예를 들어 수의 첫째 자리 수가 1인 $2^7 = 128$은 $10^2 \leq 2^7 < 2 \cdot 10^2$이고 따라서 $m = 2$이다. 사실 양변에 밑이 10인 로그를 취하면($\log x$는 밑이 10인 로그를 말한다)

$$2 \leq \log 2^7 < 2 + \log 2 = 2.3010 \cdots$$

이므로 $m = 2$는 $\log 2^7$의 지표이다. $\log x$의 지표란 $\log x$값의 정수부분을 말하고, 지표에 1을 더한 값이 x의 자리수이다.

문제 2. 수열 2, 4, 8, 16, 32, 64, 128, 256, … 에서 첫째 자리 숫자가 k일 필요충분조건을 말하시오.

벤포드 법칙(Benford's law)　　223

2^n꼴 수의 첫째 자리 숫자가 k일 필요충분조건은 적당한 정수 m에 대하여

$$k \cdot 10^m \leq 2^n < (k+1) \cdot 10^m$$

이 성립하는 것이다. 그런데 부등식에 밑이 10인 로그를 취하면

$$m + \log k \leq \log 2^7 < m + \log(k+1),$$

$$0 \leq \log k, \ \log(k+1) < 1$$

이므로 이때 m은 $\log 2^7$의 지표이다.

◎ 프로그래밍

문제 1. 2^n 형태의 수 중 첫째 자리 수가 k인 수의 개수를 구하는 문제해결의 알고리즘을 작성해 보자.

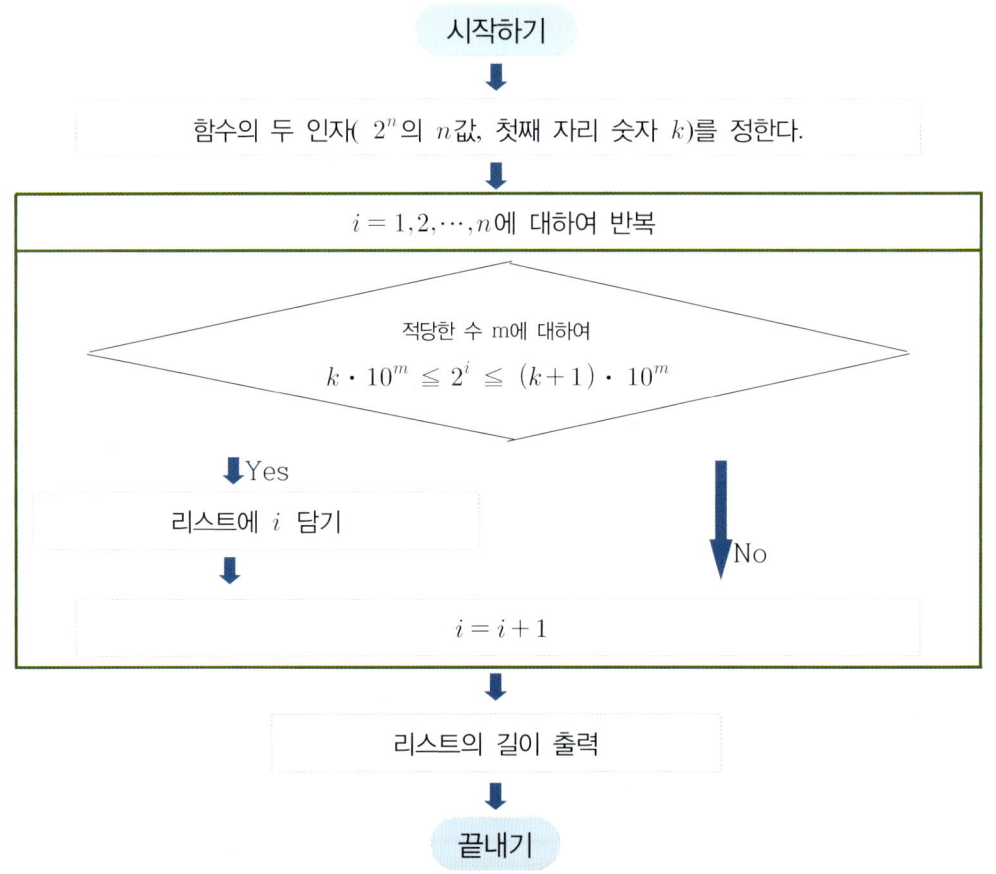

문제2. 수열 $2, 4, 8, 16, 32, 64, 128, 256, \cdots$ 에서 첫째 자리 숫자가 k인 경우의 수를 구하는 함수를 정하고 그에 따라 그래프를 그리는 프로그램을 완성해 보자.

프로그램 18-1 「n개의 수 $2^1, 2^2, 2^3, \ldots 2^n$ 중 첫째 자리 수가 k인 수의 개수 함수와 그래프」

```
import math
import matplotlib.pyplot as plt

① def power_two(n,k): # n 개의 수 2¹,2²,2³, ... 2ⁿ중 첫째 자리 수가 k인 수의 갯수
②      list=[ ]
       for i in range(1,n+1):
③          m=math.trunc(i*math.log(2,10))
           if k*10**m<=2**i and 2**i<(k+1)*10**m:
               list.append(k)      #리스트에 k를 추가한다.
       return len(list)     #리스트의 길이를 반환한다.

④ L1=[power_two(500,k) for k in range(1,10)]
   L2=[power_two(500,k)/n for k in range(1,10)]
   print('첫째 자리 수(1,2,...,9)에 대응하는 갯수 : ', L1)
   print('확률 : ', L2)

⑤ x=[1,2,3,4,5,6,7,8,9]
⑥ y=L1
   plt.scatter(x,y) # (x,y) 점찍기
⑦ plt.xlabel('first digit n')
⑧ plt.ylabel('corresponding number to n')

   plt.show
```

① 'power_two'라는 함수에서 n은 수 $2^1, 2^2, 2^3, \ldots 2^n$의 개수를 의미하고, k는 그 n개의 수 중 첫째 자리 수가 k인 수의 개수를 의미한다.

② 첫째 자리 수가 k인 i를 담을 빈 리스트

③ m은 $\log_{10} 2^k = k \log_{10} 2$의 지표('수학적 분석' 문제1,2 참조)를 나타내고 trunc()함수는 ()안 수의 정수만을 나타내는 함수이다. $\log(2, 10)$은 10을 밑수로 한 $\log_{10} 2$를 말한다.

④ L1은 $2, 4, 8, 16, 32, 64, 128, 256, \cdots, 2^{500}$중 첫째 자리 수 각 $1, 2, 3, \cdots, 9$가 나타나는 횟

수들의 리스트이고 L2는 첫째 자리 수 각 1,2,3,…,9가 나타나는 확률들의 리스트
⑤~⑥ 각 첫째 자리 수가 x와 그에 대응하는 각각의 개수 y의 리스트
⑦~⑧ x, y축의 라벨

실행결과

```
첫째자리 수(1,2,..9)에 대응하는 갯수 :  [150, 88, 63, 49, 39, 34, 28, 26, 23]
확률 :  [0.3, 0.176, 0.126, 0.098, 0.078, 0.068, 0.056, 0.052, 0.046]

<function matplotlib.pyplot.show(close=None, block=None)>
```

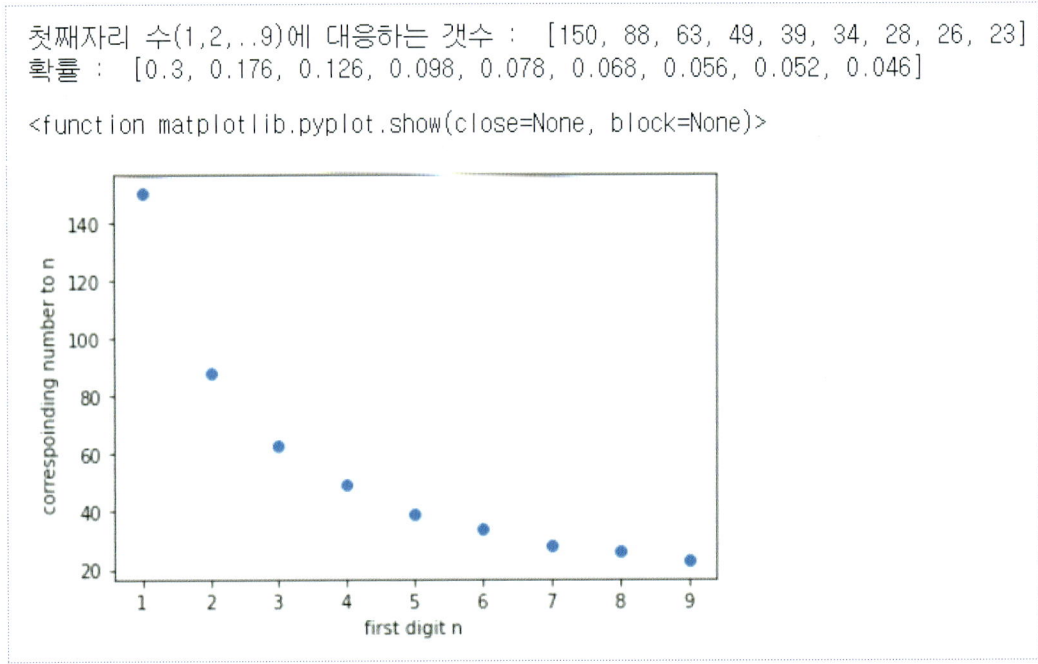

◎ 더 나아가기

이 장의 시작에서 수열 $2, 4, 8, 16, 32, 64, 128, 256, \cdots$에서 첫째 자리 숫자가 k일 필요충분조건은

$$\text{적당한 정수 } m \text{에 대하여} \quad k \cdot 10^m \leq 2^n < (k+1) \cdot 10^m$$

이 성립한다는 것을 알 수 있었다(사실 m은 $\log 2^n$의 지표이다). 그런데 위 식의 양변에 $\log$를 취하면

적당한 정수 m에 대하여

$$\log(k \cdot 10^m) \leq \log 2^n < \log((k+1) \cdot 10^m)$$

즉,

$$m + \log k \leq \log 2^n < m + \log(k+1)$$

이다(여기서 $0 \leq \log k, \log(k+1) < 1$이다.) 따라서 정수부분 m을 빼면

$$\log k \leq (\log 2^n) \text{의 소수부분} < \log(k+1)$$

($\log 2^n$의 소수부분을 $\log 2^n$의 가수라고 한다.)

이므로, 2^n의 첫째 자리 수가 k일 필요충분조건은

$$\log k \leq (\log 2^n) \text{의 소수부분} < \log(k+1)$$

와 같다.

만약 $\log 2^n$의 소수부분($\log 2^n$의 가수)들이 $[0, 1)$에 고르게 분포한다고 하자. 아래 로그자를 보면

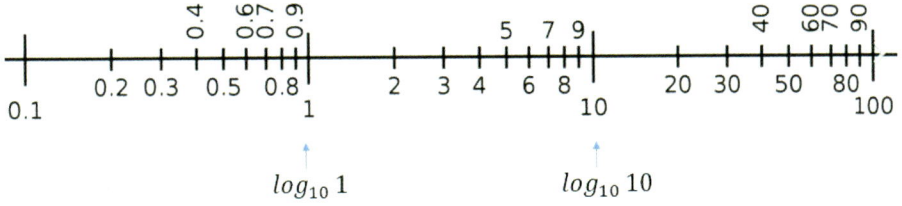

벤포드 법칙(Benford's law)

2^n의 첫째 자리 수가 k일 확률 $P(k) = P\{\log k \leq (\log 2^n)\text{의 가수} < \log(k+1)\}$은
$$\log(k+1) - \log k$$
일 것이다. 즉,

수열 $2, 4, 8, 16, 32, 64, 128, 256, \cdots$에서 첫째 자리 수 1이 나타날 확률은
$$\log 2 - \log 1 = \log 2 = 0.3010..$$

수열 $2, 4, 8, 16, 32, 64, 128, 256, \cdots$에서 첫째 자리 수 2가 나타날 확률은
$$\log 3 - \log 2 = \log\left(\frac{3}{2}\right) = 0.1760 \cdots$$

수열 $2, 4, 8, 16, 32, 64, 128, 256, \cdots$에서 첫째 자리 수 3이 나타날 확률은
$$\log 4 - \log 3 = \log\left(\frac{4}{3}\right) = 0.1249 \cdots$$

$$\vdots$$

수열 $2, 4, 8, 16, 32, 64, 128, 256, \cdots$에서 첫째 자리 수 9가 나타날 확률은
$$\log 10 - \log 9 = \log\left(\frac{10}{9}\right) = 0.0457 \cdots$$

이다. 이 결과는 「벤포드 법칙」을 따르고 있음을 알 수 있다.

문제 1. 로그값 $\log_{10} 2^n$, $n = 1, 2, 3, \cdots$의 가수들은 $[0, 1)$에 고르게 분포한다는 것을 보여주는 프로그램을 작성하시오.

$\log_{10} 2^n$, $n = 1, 2, 3, \cdots$의 소수부분들의 분포를 그래프로 그려보자.
-
프로그램 18-2 「$\log_{10} 2^n$, $n = 1, 2, 3, \cdots$의 분포를 보여주는 함수」

```
       import math
       import matplotlib.pyplot as plt

       def scatter_gasu(n):   #가수의 분포
①         x=[math.log(2**i,10)-int(math.log(2**i,10)) for i in range(n)]
②         y=[0 for i in range(n)]
```

③   plt.scatter(x,y,s=1)
        plt.show

① $\log_{10} 2^i$, $i=1,2,3,\cdots,n$에서 정수 부분을 뺀 소수부분(가수)들의 리스트

② x축의 [0,1]에 $\log_{10} 2^i$, $i=1,2,3,\cdots,n$의 분포를 나타내기 위해 대응하는 y 값을 0으로 정함

③ 일반적으로 scatter 함수는 scatter(좌표, 점의 크기, 색깔)로 나타낸다. 여기서 좌표는 x, y 점의 크기는 s=1로 나타내고 색은 지정하지 않았다.

실행결과

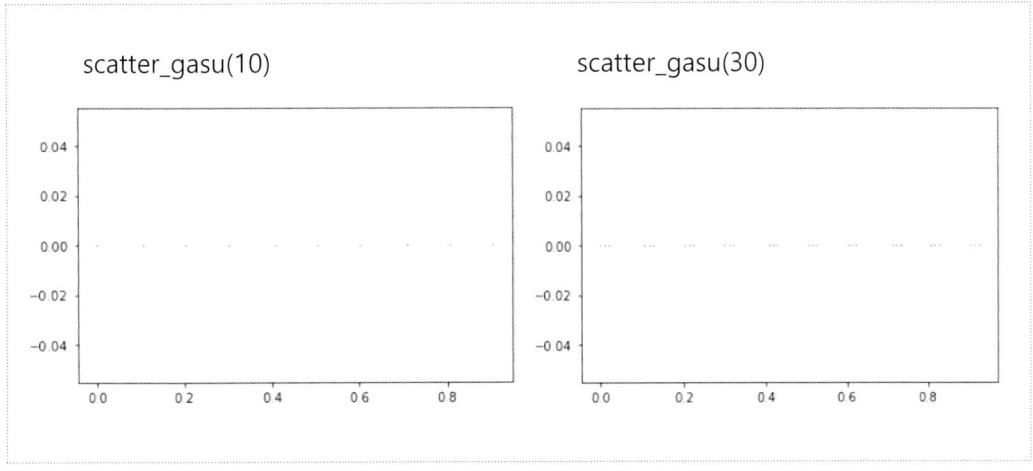

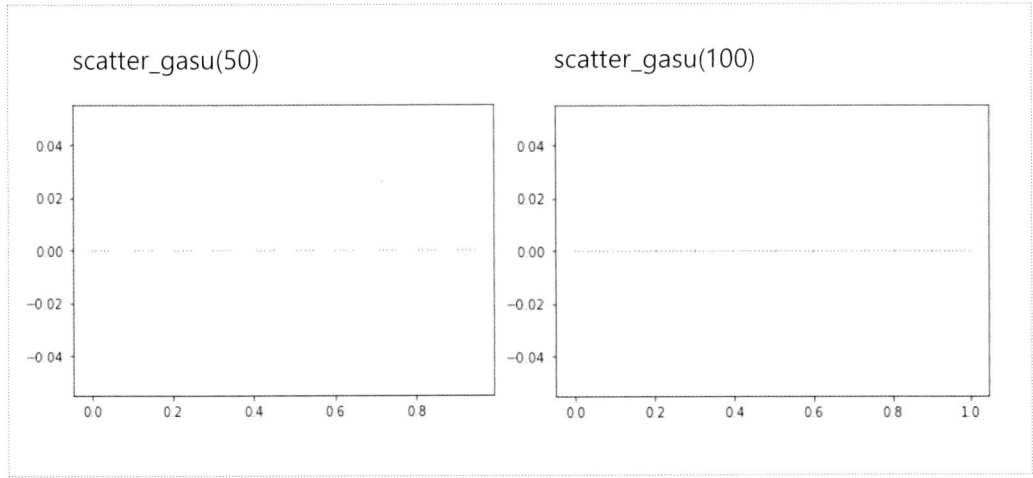

벤포드 법칙(Benford's law)

19. 몬티 홀 문제(Monty Hall problem)

몬티 홀 문제는 '몬티 홀'이라는 미국/캐나다 TV 프로그램 사회자가 진행했던 프로그램에서 유래한 확률 문제로 다음의 룰을 통해 진행되는 게임이다.

> - 문 3개가 있는데 한 문 뒤에는 자동차가 있고, 나머지 두 문 뒤에는 염소가 있다. 참가자는 이 상황에서 문을 하나 선택하여 그 뒤에 있는 상품을 얻는다.
> - 참가자가 어떤 문을 선택하면 사회자는 나머지 두 문 중 염소가 있는 문 하나를 열어 참가자에게 그 문 뒤에 염소가 있음을 확인시켜 준다.
> - 그 후 사회자는 참가자에게 선택한 문을 닫혀있는 다른 문으로 바꿀것인지 기회를 준다.

이때 참가자는 어떤 선택을 해야 하는가?

사회자가 참가자에게 이미 선택한 문을 닫혀있는 다른 문으로 바꿀 것인지 기회를 주면 대부분의 사람들은 자신의 선택을 바꾸지 않는다. 사회자가 염소가 있는 문을 열어주었기 때문에 정답을 맞출 확률이 3분의 1에서 2분의 1로 늘어났다고 생각하기 때문이다. 하지만 이러한 생각은 옳지 않다. 선택을 바꾸는 것이 자신이 처음에 한 선택을 유지하는 것보다 유리하다.

수학개념	조건부 확률, 베이즈 정리, 통계적 확률
코딩개념	변수, 반복, 모듈: mathplotlib.pyplot, random, string

프로젝트 19 몬티 홀 문제

몬티 홀 문제를 이해하고 몬티 홀 문제와 그 확장 문제를 해결하는 프로그램을 작성해 보자.

◎ 수학 개념

몬티 홀 문제를 수학적으로 해결하기 위해 다음과 같은 전제가 필요하다.
  1) 사회자는 자동차가 어느 문 뒤에 있는지 알고 있다.
  2) 사회자는 염소가 들어 있는 문을 임의로 선택한다.

이러한 전제를 바탕으로 한 몬티 홀 문제 상황은 선택을 바꾸는 것이 유리한 결과를 얻게 된다. 그 확률은 바꿀 경우 2/3, 바꾸지 않을 경우 원래 확률인 1/3이 된다. 이는 조건부 확률과 베이즈 정리를 이용하여 구할 수 있다. 베이즈 정리는 조건부확률의 성질을 이용하여 쉽게 유도할 수 있다.

조건부 확률 :
조건부 확률은 어떤 사건이 일어나는 경우에 다른 사건이 일어날 확률을 말한다. 사건 B가 일어나는 경우에 사건 A가 일어날 확률을 $P(A|B)$로 나타내며

$$P(A|B) = \frac{P(A \cap B)}{P(B)}$$

이다.

베이즈 정리 :
n개의 사건 $A_1, A_2, ..., A_n$이 표본공간 S를 분할할 때, 공사건이 아닌 사건 B에 대하여 사건 B가 일어나는 것을 전제로 사건 A_i가 일어날 조건부 확률은 다음과 같이 구할 수 있다.

$$P(A_i|B) = \frac{P(B \cap A_i)}{P(B)} = \frac{P(A_i)P(B|A_i)}{P(B \cap A_1) + P(B \cap A_2) + ... + P(B \cap A_n)}$$

$$= \frac{P(A_i)P(B|A_i)}{P(A_1)P(B|A_1) + P(A_2)P(B|A_2) + ... + P(A_n)P(B|A_n)}$$

문제1. 참가자가 선택을 바꿨을 경우와 바꾸지 않았을 경우 자동차가 당첨될 확률을 베이즈 정리를 이용하여 증명하시오.

세 개의 문 A, B, C가 있다. 참가자가 A문을 선택했다고 하자. A문에 자동차가 있을 사건을 A, B문에 자동차가 있을 사건을 B, C문에 자동차가 있을 사건을 c라고 하고, 사회자가 A문을 제외한 하나의 문을 열어 염소가 있음을 보여주는 사건을 D라고 하자. 이 때 B문과 C문을 여는 확률 상황은 동일하므로 사회자가 C문을 여는 사건을 사건 D라고 하자.

그렇다면 우리가 구하고자 하는 것은
1) $P(A|D)$: 사건 D가 일어난 상태에서 선택을 바꾸지 않아 A문에 자동차가 있는 사건의 조건부 확률과
2) $P(B|D)$: 사건 D가 일어난 상태에서 선택을 바꿔 B문에 자동차가 있는 사건의 조건부 확률이다. 그런데

$$P(A|D) = \frac{P(A \cap D)}{P(D)} = \frac{P(D|A)P(A)}{P(D)}$$

$$P(D) = P(A \cap D) + P(B \cap D) + P(C \cap D)$$
$$= P(D|A)P(A) + P(D|B)P(B) + P(D|C)P(C)$$

따라서 이를 위해 어떤 문 X 안에 자동차가 있을 때, $P(D|X)$를 생각해보자.

사회자는 A문은 열 수 없고, 염소가 있는 문을 열어줘야 하기 때문에 사회자가 C문을 열게 되는 각각의 확률은 다음과 같다.
- 만약 자동차가 A에 있다면 사회자는 B와 C문을 열어주어야 한다. 2가지 중 하나를 무작위로 고르는 확률이므로 $P(D|A) = \frac{1}{2}$이다.
- 만약 자동차가 B에 있다면 사회는 A, B문을 열 수 없으므로 C문을 열어야만 한다. 즉, $P(D|B) = 1$이다.
- 만약 자동차가 C에 있다면 사회자가 C문을 열수 없게 된다. 따라서 $P(D|C) = 0$

따라서 위 확률들을 각각에 대입하면
1) 선택을 바꾸지 않는 경우

$$P(A|D) = \frac{P(D|A)P(A)}{P(D|A)P(A)+P(D|B)P(B)+P(D|C)P(C)} = \frac{0.5 \times \frac{1}{3}}{0.5 \times \frac{1}{3} + 1 \times \frac{1}{3} + 0} = \frac{1}{3}$$

2) 선택을 바꾼 경우

$$P(B|D) = \frac{P(D|B)P(B)}{P(D|A)P(A)+P(D|B)P(B)+P(D|C)P(C)} = \frac{1 \times \frac{1}{3}}{0.5 \times \frac{1}{3} + 1 \times \frac{1}{3} + 0 \times \frac{1}{3}} = \frac{2}{3}$$

이다. 따라서 선택을 바꾸는 것이 유리하다.

◎ **프로그래밍**

문제1. 몬티 홀 문제를 시뮬레이션 할 수 있는 프로그램을 작성해 보시오.

(1) 알고리즘

```
시작하기
    ↓
1000번의 시도후 선택을 바꿨을 때와 바꾸지 않았을 때 각각
자동차 획득하는 횟수를 카운팅하는 변수 지정
        unchange_cnt
        change_cnt
    ↓
┌─────────────────────────────────────┐
│   시뮬레이션 횟수만큼 반복            │
│                                     │
│   자동차 문과 참가자가 선택한 문 선정  │
│   (car_door, selected_door)         │
│            ↓                        │
│   선택에 따른 결과에 따라             │
│   unchange_cnt, change_cnt 변경      │
│            ↓                        │
│         결과확인                     │
└─────────────────────────────────────┘
    ↓
  끝내기
```

(2) 프로그램

자동차를 얻는 것을 성공이라 하자.

▸ 다음 명령들을 프로그램 작성에 활용할 수 있다.

모듈	사용예시	설명
random	choice(리스트)	리스트 인자 중 임의로 하나를 선택해주는 명령어
	sample(리스트, k)	리스트 인자 중 임의로 k개를 중복하지 않고 선택해주는 명령어

프로그램 19-1 「선택에 따른 성공확률」

```
# 먼저 임의로 자동차의 위치 및 참가자의 선택을 설정할 수 있기 위해 random
모듈이 필요하다.
import random

# 각 시행에서 선택을 바꾸거나 바꾸지 않았을 경우 성공횟수를 카운팅하는 변수를
설정한다.
unchange_cnt = 0
change_cnt = 0

# 시행 횟수 지정. 1000번 진행
trial = 1000

# 시행횟수(trial)만큼 반복 시행한다.
for i in range(trial):
①      door_list = ['A', 'B', 'C']
②      car_door = random.choice(door_list)
③      selected_door = random.choice(door_list)

④      if selected_door == car_door:
            unchange_cnt += 1

        else:
            change_cnt += 1

# 선택을 유지하는 경우와 유지하지 않는 경우 확률
print(trial, '번 시도한 후 선택을 유지한 경우와 바꾼 경우의 확률은 다음과 같다.')
print('선택을 유지한 경우 상대도수는', unchange_cnt/trial)
```

```
print('선택을 변경한 경우 상대도수는', change_cnt/trial)
```

① 방 리스트를 생성한다.
② A, B, C 문 중 하나를 임의로 자동차가 존재하는 문으로 설정한다.
③ 참가자가 처음 선택한 문을 임의로 설정한다.
④ 만약 선택한 문에 자동차가 있다면 선택을 바꾸지 않은 경우에 성공이므로 unchange_cnt가 1 증가한다.

실행 결과

```
1000 번 시도한 후 선택을 유지한 경우와 바꾼 경우의 확률은 다음과 같다.
선택을 유지한 경우 상대도수는 0.335
선택을 변경한 경우 상대도수는 0.665
```

(3) 위 프로그램에 약간의 명령어를 추가(빨간색 글씨)하여 선택을 유지하는 경우와 선택을 변경한 경우시행횟수에 따른 상대 도수의 변화를 보여주는 그래프를 완성해 보자.

프로그램 19-2 「확률의 변화 그래프」

```
   # 임의로 자동차의 위치 및 참가자의 선택을 설정할 수 있기 위해 random 모듈이
   필요하다.
   import random
①  import matplotlib.pyplot as plt

   # 각 시행에서 선택을 바꾸거나 바꾸지 않았을 경우 성공확률의 리스트를 만든다.
②  unchange_prob=[]
③  change_prob=[]
   # 각 시행에서 선택을 바꾸거나 바꾸지 않았을 경우 성공횟수를 카운팅하는 변수를
   설정한다.
   unchange_cnt = 0
   change_cnt = 0
```

몬티 홀 문제(Monty Hall problem)

```
    # 시행 횟수 지정, 1000번 진행
      trial = 1000
    # 시행횟수(trial)만큼 반복 시행한다.
    for i in range(trial):
        door_list = ['A', 'B', 'C']
        car_door = random.choice(door_list)
        selected_door = random.choice(door_list)

        if selected_door == car_door:
            unchange_cnt += 1

        else:
            change_cnt += 1
```

④   unchange_prob.append(unchange_cnt/(i+1))
⑤   change_prob.append(change_cnt/(i+1))

⑥   plt.xlabel('number of trial')
⑦   plt.ylabel('probability')
⑧   plt.plot(unchange_prob)
⑨   plt.plot(change_prob)

```
    # 선택을 유지하는 경우와 유지하지 않는 경우 확률
    print(trial, '번 시도한 후 선택을 유지한 경우와 바꾼 경우의 확률은 다음과 같다.')
    print('선택을 유지한 경우 상대도수는', unchange_cnt/trial)
    print('선택을 변경한 경우 상대도수는', change_cnt/trial)
```

① 그래프를 그리는데 필요한 모듈을 불러온다.
②~③ 각 시행마다 변경한 후 확률과 변경하지 않은 경우의 확률(사실 상대도수) 리스트를 만든다.

④~⑤ 각 시행마다 구해진 변경한 후 확률과 변경하지 않은 경우의 확률 리스트에 추가한다.
⑥~⑦ x축과 y축의 라벨을 표시한다.
⑧~⑨ 시행횟수에 따른 확률(변경한 경우와 변경하지 않는 경우)의 그래프를 그린다.

실행결과

```
# 선택을 유지한 경우 확률을 보여주는 그래프 : 초록색
# 선택을 유지한 경우 확률을 보여주는 그래프 : 연두색
```
1000 번 시도한 후 선택을 유지한 경우와 바꾼 경우의 확률은 다음과 같다.
선택을 유지한 경우 상대도수는 0.349
선택을 변경한 경우 상대도수는 0.651

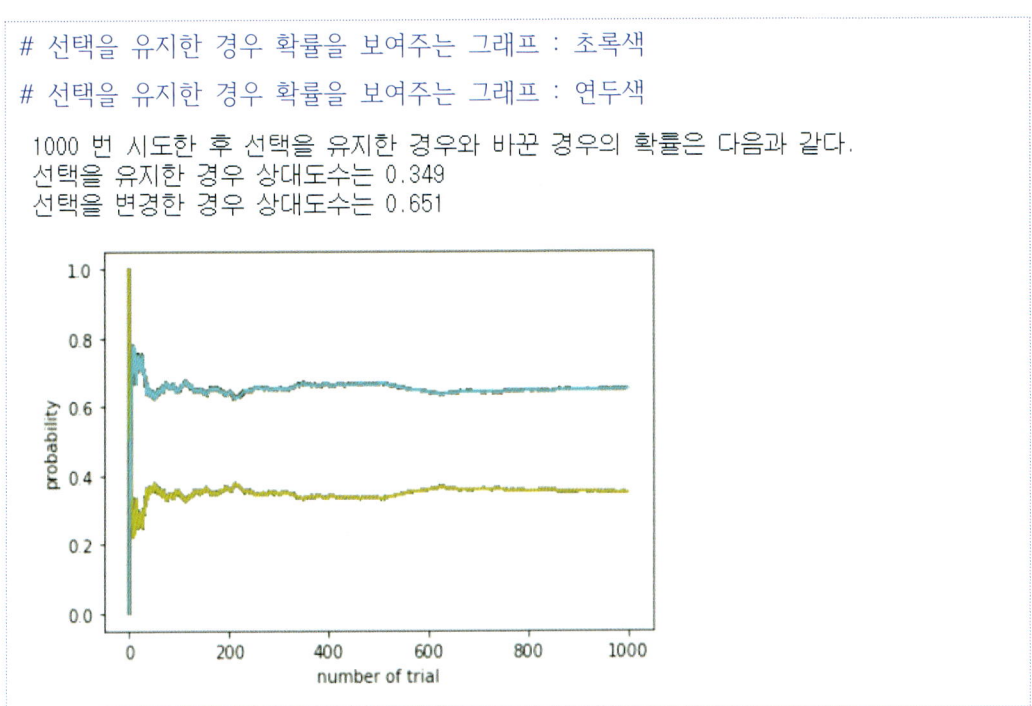

잠깐!

- 위 결과를 통해 시행횟수를 거듭할수록 선택을 유지하여 자동차를 얻을 확률과 선택을 변경하여 자동차를 얻을 확률(통계적 확률)은 수학적 확률 1/3과 2/3에 가까워짐을 알 수 있다.

◎ 더 나아가기

문제1. 몬티 홀 문제에서 문의 개수와 자동차가 있는 문의 개수를 입력하면 확률을 구해주는 몬티 홀 문제를 확장한 프로그램을 제작하시오.

프로그램 19-3 「몬티 홀 문제의 일반화 함수」

```python
① import random
  import string

  # 전체 문의 갯수, 자동차의 갯수, 시행횟수를 차례로 입력하는 함수
  def monti(n_door, n_car, trial):
②     unchange_cnt = 0
③     change_cnt = 0

      # 시행 횟수 만큼 반복
      for i in range(trial):
          # 전체 문의 갯수만큼만 door_list 생성
④         door_list=list(string.ascii_uppercase[:n_door])
          # 전체 문 중 자동차가 들어 있는 문을 임의로 생성
          car_door = random.sample(door_list, n_car)
          # 참가자가 처음 선택한 문을 임의로 설정
          selected_door = random.choice(door_list)

          # 만약 선택한 문에 자동차가 있다면
          if selected_door in car_door:
              unchange_cnt += 1
⑤         else:
              # 사회자가 문을 열기 위해 먼저 참가자가 선택한 숫자를 방 번호
              리스트에서 삭제함.
              door_list.remove(selected_door)

              # 자동차가 있는 방은 열지 않으므로 자동차 방을 삭제함.
              door_list = [x for x in door_list if x not in car_door]

              # 사회자가 염소가 있는 하나의 방을 임의로 선택하여 보여줌.
```

```
            open_door = random.choice(door_list)

            # 참가자는 사회자가 보여준 방은 열지 않으므로 사회자가 보여준 방을
            삭제함.
            door_list.remove(open_door)
            # 자동차 방 리스트를 다시 추가함.
            door_list = door_list + car_door

            # 위 과정을 통해 만들어진 방 리스트에서 하나의 방을 선택함.
            change_select_door = random.choice(door_list)


            # 만약 선택을 바꾼 방에 자동차가 있다면
            if change_select_door in car_door:
                # 선택을 바꿨을 때 자동차를 얻는 횟수를 올림.
                change_cnt += 1

    print('문의 개수:', n_door, '  자동차가 들어 있는 문의 개수:', n_car )
    print(trial, '번 시도한 후 선택을 유지한 경우와 바꾼 경우의 확률은 다음과
같다.')
    print('선택을 유지한 경우 상대도수는', unchange_cnt/trial)
    print('선택을 변경한 경우 상대도수는', change_cnt/trial)
```

① 알파벳 대문자 리스트 받아오기 위한 모듈을 불러온다.
② 선택을 바꾸지 않았을 때 성공횟수를 세는 변수이다.
③ 선택을 바꿨을 때 성공횟수를 세는 변수이다.
④ door_list=list(string.ascii_uppercase)는 ['A', 'B', …, 'Z']를 생성하지만 door_list=list(string.ascii_uppercase[:n_door])은 알파벳 대문자를 n_door개 만큼만 생성한다.
⑤ '참가자가 선택한 문 뒤에 자동차가 없다면'이다.

잠깐!

- 문의 이름을 정하기 위해 A부터 Z까지 차례로 리스트에 입력할 수도 있지만

  import string

  alpha_list = list(string.ascii_uppercase)

  을 활용하여 쉽게 대문자 알파벳 리스트를 만들 수 있다. 대문자 5개를 원한다면

  alpha_list = list(string.ascii_uppercase[:5])

  라고 쓴다. 소문자 리스트를 담고 싶다면

  list(string.ascii_lowercase)

  를 입력하면 된다.

실행결과

\# 문의 개수가 3개이고, 자동차가 들어 있는 문의 개수가 1개인 상황에서 1000번을 실행한다.

monti(3, 1, 1000)

총 문의 개수가 3개, 자동차가 들어 있는 문의 개수가 1개 이다.
1000 번 시도한 후 선택을 유지한 경우와 바꾼 경우의 확률은 다음과 같다.
선택을 유지한 경우 상대도수는 0.339
선택을 변경한 경우 상대도수는 0.661

\# 문의 개수가 4개이고, 자동차가 들어 있는 문의 개수가 2개인 상황에서 1000번을 실행한다.

monti(4, 2, 1000)

총 문의 개수가 4개, 자동차가 들어 있는 문의 개수가 2개 이다.
1000 번 시도한 후 선택을 유지한 경우와 바꾼 경우의 확률은 다음과 같다.
선택을 유지한 경우 상대도수는 0.489
선택을 변경한 경우 상대도수는 0.511

20. 행렬과 최소제곱문제(least squares problem)

행렬(Matrix)은 수학의 여러 분야에서 매우 중요한 역할을 하는 개념으로 수나 문자들이 직사각형 모양으로 순서 있게 배열하여 괄호[ ]로 묶은 것을 말한다. 즉, 행렬은 행(row)과 열(column)로 구성되며, 이들의 교차점에 위치한 수 또는 문자들로 이루어진다. 이때 수 또는 문자를 행렬의 성분이라 부른다. 행렬은 선형대수학의 기본이 되며, 다양한 수학적 및 공학적 문제를 해결하는 데 사용된다. 행렬 연산을 위해서 파이썬에서는 주로 numpy 패키지를 사용한다.

최소제곱문제(least squares problem)는 수학, 통계학, 공학 등 다양한 분야에서 중요한 역할을 하는 방법론이다. 이는 관측된 데이터에 가장 잘 맞는 함수를 찾기 위해 오차의 제곱 합을 최소화하는 방식으로 정의된다. 이 방법은 특히 데이터가 완벽하게 어떠한 수학적 모델에 부합하지 않을 때 유용하다. 최소제곱문제의 해결은 예측 모델의 정확성을 높이고, 데이터에서 중요한 패턴을 식별하는 데 중요한 역할을 하여 다양한 분야에서 데이터를 분석하고 해석하는 데 있어 핵심적인 도구로 활용된다. 따라서 최소제곱문제의 중요성은 데이터 기반 의사결정이 점차 중요해지는 현대 사회에서 더욱 증가하고 있다.

수학개념	행렬, 행렬의 연산, 역행렬, 전치행렬, 정사영, 최적 추세선
코딩개념	함수, 반복문, 조건문, 모듈: numpy.array, numpy.linalg,

프로젝트 20 행렬을 이용한 최소제곱문제

주어진 데이터에 가장 잘 맞는 일차 함수 또는 이차 함수를 행렬 등 다양한 방법으로 찾아보자.

◎ 수학 개념

- **벡터의 내적(inner product)**은 두 벡터 간의 연산으로, 두 벡터의 각 성분의 곱의 합으로 정의하며 $a \cdot b$로 표기한다. 즉, 두 벡터 $a = (a_1\, a_2\, \cdots\, a_n)$와 $b = (b_1\, b_2\, \cdots\, b_n)$에 대해 $a \cdot b = a_1 b_1 + a_2 b_2 + \cdots + a_n b_n$이다. $a \cdot b$는 a와 b^T(b의 전치행렬)의 행렬곱과 같다. 즉, $a \cdot b = ab^T$이다. 두 벡터가 수직일 필요충분조건은 $a \cdot b = 0$이다.

- **행렬(matrix)**은 행(row)과 열(column)로 구성되며, 이들의 교차점에 위치한 수 또는 문자들로 이루어진다. 행렬의 크기는 행과 열의 수로 정의되고 m행 n열의 행렬을 mxn행렬이라 부른다. 행렬은 다음과 같은 기본 연산이 있다.

(1) 행렬 덧셈과 뺄셈: 크기가 같은 두 행렬 간에 할 수 있으며, 동일한 위치에 있는 원소끼리 연산한다.

$$\text{예) } \begin{pmatrix} 1 & 2 \\ -1 & 5 \end{pmatrix} + \begin{pmatrix} 7 & 1 \\ 20 & 4 \end{pmatrix} = \begin{pmatrix} 8 & 3 \\ 19 & 9 \end{pmatrix}$$

(2) 행렬 곱셈: 두 행렬의 곱셈은 첫 번째 행렬의 행과 두 번째 행렬의 열 간의 내적을 통해 이루어진다.

$$\text{예) } \begin{pmatrix} 1 & 2 \\ -1 & 5 \end{pmatrix}\begin{pmatrix} 7 & 1 \\ 20 & 4 \end{pmatrix} = \begin{pmatrix} \begin{pmatrix}1\\2\end{pmatrix}\cdot\begin{pmatrix}7\\20\end{pmatrix} & \begin{pmatrix}1\\2\end{pmatrix}\cdot\begin{pmatrix}1\\4\end{pmatrix} \\ \begin{pmatrix}-1\\5\end{pmatrix}\cdot\begin{pmatrix}7\\20\end{pmatrix} & \begin{pmatrix}-1\\5\end{pmatrix}\cdot\begin{pmatrix}1\\4\end{pmatrix} \end{pmatrix} = \begin{pmatrix} 47 & 9 \\ 93 & 19 \end{pmatrix}$$

(3) 전치행렬: 행렬의 행과 열을 바꾸는 연산으로 A의 전치행렬을 A^T로 표기한다.

$$\text{예) } \begin{pmatrix} 1 & 2 \\ 3 & 4 \\ 5 & 6 \end{pmatrix}^T = \begin{pmatrix} 1 & 3 & 5 \\ 2 & 4 & 6 \end{pmatrix}$$

(4) nxn 행렬의 역행렬: 주어진 nxn행렬에 대해 곱하면 단위행렬 I가 되는 행렬을 의미하며 A의 역행렬을 A^{-1}으로 표기한다. 즉, nxn행렬 A^{-1}는 $AA^{-1} = I$를 만족한다.

$$\text{예) } \begin{pmatrix} 1 & 2 \\ 1 & 1 \end{pmatrix}^{-1} = \begin{pmatrix} -1 & 2 \\ 1 & -1 \end{pmatrix}$$

- **최소제곱법(least square problem)**과 **추세선**은 다음과 같다. x와 y에 관한 n개의 2차원 데이터 $(x_1, y_1), (x_2, y_2), \cdots, (x_n, y_n)$이 있다. 이 데이터로부터 x와 y의 관계를 가장 잘 나타내는 선형방정식 $y = ax + b$를 찾아보자. 데이터가 완벽하게 이 선형방정식에 부합한다는 것은 이 방정식에 모든 $1 \leq i \leq n$에 대해 (x_i, y_i)를 대입했을 때 방정식이 성립하는 것이다. 즉, 모든 $1 \leq i \leq n$에 대해 $y_i = ax_i + b$를 만족하는 것이다. 이를 행렬로 표현하면 다음과 같다.

$$A = \begin{pmatrix} x_1 & 1 \\ x_2 & 1 \\ \vdots & \vdots \\ x_n & 1 \end{pmatrix}, \ X = \begin{pmatrix} a \\ b \end{pmatrix}, \ B = \begin{pmatrix} y_1 \\ y_2 \\ \vdots \\ y_n \end{pmatrix} \text{이라 할 때, } AX = B.$$

보통 이렇게 완벽하게 부합하는 일은 일어나지 않기 때문에 가장 데이터와 가까운 선형방정식을 찾아야 한다. 즉, AX와 B가 가장 가까운 $X = \begin{pmatrix} a \\ b \end{pmatrix}$를 찾아야 한다. 이때 가깝다를 수학적으로 가장 잘 표현할 수 있는 방법이 $\|AX - B\|$를 최소화하는 것이다. 이를 만족하는 선형방정식 $y = ax + b$를 추세선이라 부르고, 이러한 방법을 최소제곱법이라고 부른다. 여기서 AX의 성분들인 $f(x) = ax + b$에서 변량 x에 대한 추세선의 값 $f(x)$를 변량 y의 **예측값**이라 한다. 또한 B의 성분들인 측정값 y에서 예측값 $f(x)$를 뺀 값을 변량 x에서의 **오차**라 한다. 이러한 오차들은 $AX - B$의 성분들이다. 오차들의 제곱의 평균을 **손실함수**라 부른다. 손실함수는 $\dfrac{\|AX - B\|^2}{n}$와 같아서 손실함수를 최소화하는 것 또한 최소제곱법이다. 정리하면 다음과 같다.

(1) 오차: $y_1 - f(x_1), \ y_2 - f(x_2), \ \cdots, \ y_n - f(x_n)$

(2) 손실함수: $\dfrac{(y_1 - f(x_1))^2 + (y_2 - f(x_2))^2 + \cdots + (y_n - f(x_n))^2}{n}$

최소제곱법은 1805년 프랑스 수학자 르장드르(Legendre)에 의해 논문 "혜성의 궤도를 결정하기 위한 새로운 방법"의 부록 "최소제곱법에 관하여 : Sur la Methode des moindres quarres"에서 공식적으로 최초로 공표되었다. 그러나 다른 유명한 수학자 가우스(Carl Friedrich Gauss)에 의해 1795년부터 최소제곱법을 독립적으로 개발한 것으로 알려져 있고, 가우스에 의해 최소제곱법이 더욱 발전시키고 확장되었으며 그 수학적 공식화와 이론적 이해에 상당한 기여를 한 것으로 알려져 있다.

세레스는 태양계의 왜행성인 세레스는 가장 처음 발견된 소행성체로 이탈리아 수학자이자 천문학자인 피아치에 의해 1801년 1월 1일 발견되었다. 이 후 피아치는 41일동안 세레스에 대한 데이터를 수집하여 총 22번 관측할 수 있었다. 그 뒤 세레스가 잠시 사라져 더 이상 관측할 수 없었고 당시의 수학적인 방법들로는 위치를 추정하는 것이 불가능하여 피아치는 그 위치를 찾을 수가 없었다. 그때 당시 23세였던 가우스는 그 문제에 관해서 직접 듣고 달려들었다. 석 달동안 집중해서 작업을 한 뒤에, 자신이 개발한 최소제곱법을 통해 그 궤도를 정확히 계산할 수 있었다. 가우스는 22개의 피아치의 관측 자료를 기반으로 하여 궤도를 결정했고, 그 결과 세레스는 11월 25일과 12월 31일 사이에 재발견되었다. 가우스는 세레스의 궤도를 알아낸 후, 최소제곱법을 사용하여 새로운 행성이 발견되는 대로 그 궤도를 계산해 낼 수 있었다. 세레스의 발견과 가우스의 기여는 당시에 놀라운 성과였으며 천문학 및 통계학의 역사에서 중요한 사건 중 하나로 기억되고 있다.

◎ 프로그래밍

문제1. 행렬의 곱셈, 덧셈, 전치행렬, 역행렬을 파이썬에서 실행해보시오.

(1) 행렬 합과 곱을 계산해보자.

프로그램 20-1 「벡터의 내적과 곱, 행렬의 합과 곱」

```python
# numpy 패키지의 array 명령어를 써서 정의하는 행렬
import numpy as np

A = np.array([[3, 1], [4, 1], [1, 1]])  # 첫 번째 행이 [3, 1], 두 번째 행이 [4, 1], 세 번째 행이 [1, 1]인 3x2행렬을 A로 정의
B = np.array([[-3, 4], [1, 0], [1, 1]])  # 첫 번째 행이 [-3, 4], 두 번째 행이 [1, 0], 세 번째 행이 [1, 1]인 3x2행렬을 B로 정의
C = np.array([[1, 2], [1, 1]])  # 첫 번째 행이 [1, 2], 두 번째 행이 [1, 1]인 2x2행렬을 C로 정의

print(A)    # 행렬 A를 출력
print(A+B)  # 행렬 A+B를 출력
```

```
    print(A.T) # A의 전치행렬을 출력
①   print(np.linalg.inv(C)) # C의 역행렬을 출력

    x = np.array([2, 3]) # 1 x 2 행렬인 [2, 3]을 x로 정의
②   print(np.dot(A, x.T)) # 행렬곱 A(x.T)를 계산하여 출력
    y = np.array([-1, 4]) # 1 x 2 행렬인 [-1, 4]를 y로 정의

③   print(np.dot(x,y.T)) # 벡터의 내적을 출력
```

① np.linalg모듈은 numpy 패키지에서 제공하는 선형대수학 관련 함수들을 포함하고 있다.
② 여기서 x.T는 x의 전치행렬으로 2x1 행렬이다. A가 3 x 2행렬이므로 A와 x.T의 행렬곱을 할 수 있다.
③ numpy에서 1차원 배열은 행 벡터나 열 벡터로 명시적으로 구분되지 않는다. 따라서 y가 벡터일 때 y와 y.T를 구분하지 않으며, np.dot(x, y)로 계산해도 벡터의 내적을 출력한다.

실행결과

print(A) # 행렬 A를 출력	[[3 1] [4 1] [1 1]]
print(A+B) # 행렬 A+B를 출력	[[0 5] [5 1] [2 2]]
print(A.T) # A의 전치행렬을 출력	[[3 4 1] [1 1 1]]
print(np.linalg.inv(C)) # C의 역행렬을 출력	[[-1. 2.] [1. -1.]]
print(np.dot(A, x.T)) # 행렬곱 A(x.T)를 계산하여 출력	[9 11 5]
print(np.dot(x,y.T)) # 벡터의 내적을 출력	10

문제2. 다음 표는 안면도에서 1999년부터 2022년까지 ppm 단위로 측정된 평균적인 대기 중의 농도를 나열한 것이다. 우리는 이 데이터를 도표로 만들 수 있는데, 여기에서 x는 시간(년도)을 나타내고 y는 이산화탄소의 농도(ppm)를 나타낸다. $y = 3x - 5627.8$과 $y = 2x - 3628.8$을 이용하여 오차와 손실함수를 구해서 어느 추세선이 더 적합한지 알아보시오.

안면도에서 1999년부터 2022년까지 ppm 단위로 측정된 평균적인 대기 중의 농도

(출처: 기상청 홈페이지)

x(년도)	y(이산화탄소 농도(ppm))	x(년도)	y(이산화탄소 농도(ppm))
1999	369.2	2011	394.4
2000	371.8	2012	400.3
2001	374.6	2013	403.3
2002	378.1	2014	404.6
2003	382.0	2015	406.9
2004	380.8	2016	410.6
2005	387.6	2017	413.1
2006	387.1	2018	415.0
2007	389.1	2019	417.7
2008	390.0	2020	420.4
2009	390.8	2021	423.1
2010	393.1	2022	424.0

프로그램 20-2 「함수 그래프 그리기」

```python
# 함수의 그래프 그리기
import numpy as np
import matplotlib.pyplot as plt

a=int(input("일차함수의 기울기는?"))
b=int(input("일차함수의 상수항은?"))

① def my_func(x):
    return a*x + b  # my_func(x)를 a*x+ b로 정의하여 내보내기

x= np.linspace(0,10,100)   # 0에서 10까지 균일한 간격으로 100개의 데이터를 생성
plt.plot(x, my_func(x), color='blue')   # (x, my_func(x)) 점 찍기
plt.grid()   # 그래프에 격자무늬를 추가
plt.show()
```

실행결과

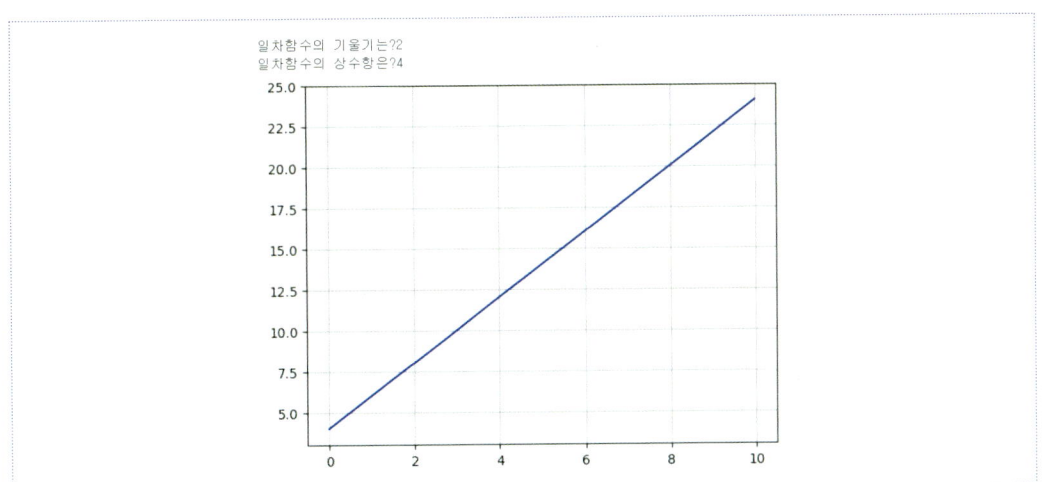

프로그램 20-3 「산점도 그리기」

```
# numpy 패키지의 산점도 그리기
import numpy as np
import matplotlib.pyplot as plt

# x좌표에 해당하는 데이터를 numpy 배열로 생성.
x = np.array([1999, 2000, 2001, 2002, 2003, 2004, 2005, 2006, 2007, 2008,
2009, 2010, 2011, 2012, 2013, 2014, 2015, 2016, 2017, 2018, 2019, 2020, 2021,
2022])

# y좌표에 해당하는 데이터를 numpy 배열로 생성.
y = np.array([369.2, 371.8, 374.6 ,378.1 ,382.0 ,380.8 ,387.6 ,387.1 ,389.1 ,390.0
,390.8 ,393.1 ,394.4, 400.3, 403.3, 404.6, 406.9, 410.6, 413.1, 415.0, 417.7, 420.4,
423.1, 424.0])
```
① # 다음 프로그램에서 추가할 부분
② `plt.scatter(x, y, color='red')` # x와 y 배열에 있는 데이터를 이용하여 산점도 그래프 생성. 색상을 빨간색으로 설정
`plt.xlabel("year", size=10)` # x축의 레이블을 'year'로 설정하고, 글씨 크기를 10으로 설정
`plt.ylabel("CO2(ppm)", size=10)` # y축의 레이블을 'CO2(ppm)'로 설정하고, 글씨 크기를 10으로 설정
`plt.grid()` # 그래프에 격자무늬를 추가
`plt.show()` # 그래프를 화면에 표시

② color를 설정하지 않으면 파란색으로 설정이 된다.

실행결과

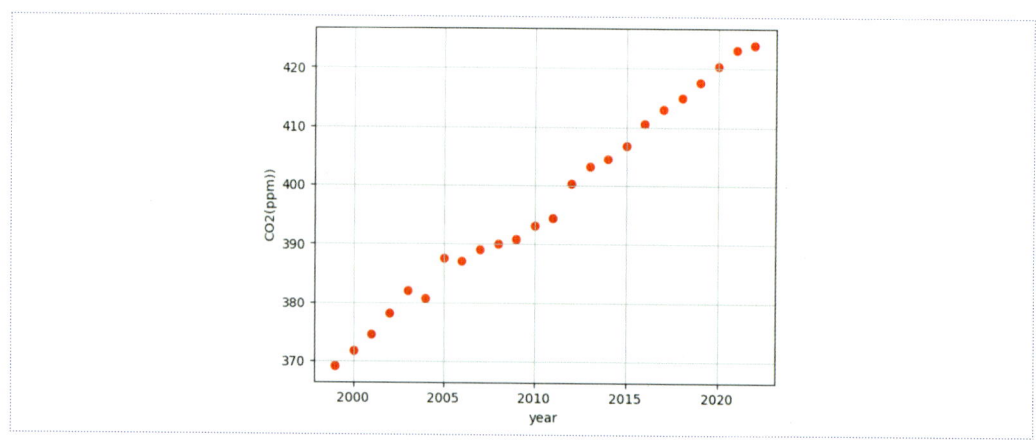

248   파이썬으로 여는 수학의 문: 창의적인 탐구 프로젝트

프로그램 20-3의 ①에 다음을 추가하면 다음과 같이 산점도와 추세선 $y = ax + b$를 그릴 수 있다.

프로그램 20-4 「산점도와 추세선 함께 그리기」

①
```
a=float(input("일차함수의 기울기는?"))
b=float(input("일차함수의 상수항은?"))
z= np.linspace(1999,2023,100)  # 1999에서 2023까지 균일한 간격으로 100개의 데이터를 생성

def my_func(x):
    return a*x + b   # my_func(x)를 a*x+ b로 정의하여 내보내기

plt.plot(z, my_func(z), color='blue')
```

실행결과

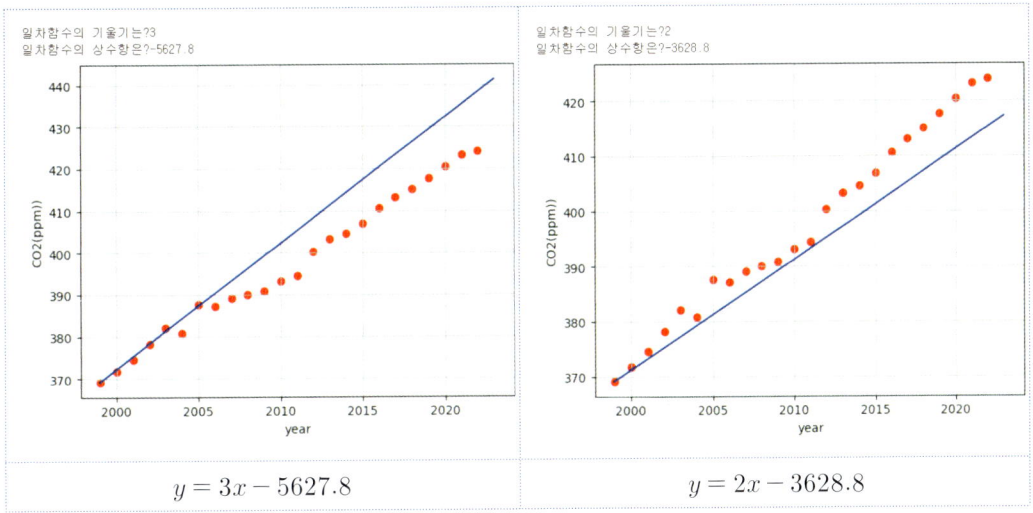

$y = 3x - 5627.8$ $y = 2x - 3628.8$

행렬과 최소제곱문제(least squares problem)

프로그램 20-5 「손실함수 구하기」

```
# 손실함수(오차의 제곱의 합의 평균) 구하기
import numpy as np
import matplotlib.pyplot as plt

x = np.array([1999, 2000, 2001, 2002, 2003, 2004, 2005, 2006, 2007, 2008, 2009,
2010, 2011, 2012, 2013, 2014, 2015, 2016, 2017, 2018, 2019, 2020, 2021, 2022])
y = np.array([369.2, 371.8, 374.6 ,378.1 ,382.0 ,380.8 ,387.6 ,387.1 ,389.1 ,390.0
,390.8 ,393.1 ,394.4, 400.3, 403.3, 404.6, 406.9, 410.6, 413.1, 415.0, 417.7, 420.4,
423.1, 424.0])

① a=3
   b=-5627.8

   def my_func(x):
       return a*x + b

   sum=0
② for i in range(len(x)):
       sum=sum+(y[i]-my_func(x[i]))**2
③ print(sum/len(x))
```

① a=2, b=-3628.8을 대입하면 $y = 2x - 3628.8$에 대한 손실함수를 구할 수 있다.
② len(x)는 행렬 x의 길이로 24이다. 여기서 sum은 오차의 제곱의 합을 계산해준다.
② 오차의 제곱의 합의 평균을 계산하기 위해 데이터의 개수인 len(x)로 나눠준다.

$y = 3x - 5627.8$에 대한 손실함수는 67.08249999999751이고 $y = 2x - 3628.8$에 대한 손실함수는 31.599166666668484이다. 따라서 $y = 2x - 3628.8$가 더 적합한 추세선이다.

문제3. 문제2를 가장 잘 나타내는 추세선을 행렬과 정사영을 이용해서 찾아보시오.

$\|AX - B\|$가 최소가 되는 X를 찾아보자. 우선, 가장 간단한 경우인 X가 실수인 경우부터 살펴보자. 즉, $\|aA - B\|$의 최솟값부터 찾아보자. 여기서 A는 $n \times 1$행렬, 즉 벡터이고, a는 실수이다.

1. 직관적으로 aA와 x와의 거리가 가장 짧은 벡터는 x의 끝점에서 A를 포함하는 직선 위에 수선을 내려 생기는 벡터 $p = aA$임을 알 수 있다. 이때 벡터 p를 x의 A위로의 정사영이라고 한다.
2. $p = aA$를 만족하는 a에 대해 $aA - x$와 A는 수직임을 알 수 있다.

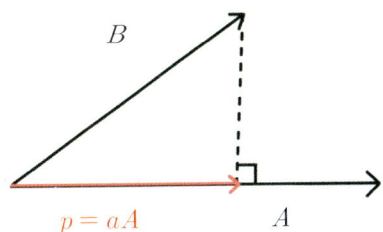

따라서, $A \cdot (aA - x) = 0$이고 $a = (A \cdot A)^{-1}(A \cdot x) = (A^T A)^{-1} A^T x$를 만족한다.

비슷한 방법으로 벡터의 내적, 행렬곱, 벡터의 선형합, 열공간, 정사영의 개념을 이용하여 다음을 보일 수 있다.

Fact: $\|AX - B\|$가 최소가 되는 X는 $(A^T A) X = A^T B$를 만족한다. 따라서 $A^T A$의 역행렬이 존재하면 $X = (A^T A)^{-1} A^T B$이다.

이제, 위에서 언급한 예제의 추세선을 구해보자. 24개의 데이터, (2000, 371.8), ⋯, (2022, 424.0)을 가장 잘 나타내는 선형방정식 $y = ax + b$를 찾아보자. 데이터의 값들을 선형방정식에 대입한 식을 행렬로 표현하면 다음과 같다.

$$A = \begin{pmatrix} 1999 & 1 \\ 2000 & 1 \\ \vdots & \vdots \\ 2022 & 1 \end{pmatrix}, \quad X = \begin{pmatrix} a \\ b \end{pmatrix}, \quad B = \begin{pmatrix} 369.2 \\ 371.8 \\ \vdots \\ 424.0 \end{pmatrix}$$이라 할 때, $AX = B$.

따라서 $X = \begin{bmatrix} a \\ b \end{bmatrix} = (A^T A)^{-1} A^T B = \begin{bmatrix} 2.36 \\ -4351.29 \end{bmatrix}$이다. 따라서 추세선은

$$f(x) = 2.36x - 4351.29$$

이다.

프로그램 20-6 「추세선 구하기1」

```
# 추세선 구하기
import numpy as np
A = np.array([[1999, 1], [2000,1], [2001,1], [2002,1], [2003,1], [2004,1], [2005,1],
[2006,1], [2007,1], [2008,1], [2009,1], [2010,1], [2011,1], [2012,1], [2013,1],
[2014,1], [2015,1], [2016,1], [2017,1], [2018,1], [2019,1], [2020,1], [2021,1],
[2022,1]])
B = np.array([369.2, 371.8, 374.6 ,378.1 ,382.0 ,380.8 ,387.6 ,387.1 ,389.1 ,390.0
,390.8 ,393.1 ,394.4, 400.3, 403.3, 404.6, 406.9, 410.6, 413.1, 415.0, 417.7, 420.4,
423.1, 424.0])
```
① if np.linalg.det(A.T @ A) !=0: # A^TA의 행렬식이 0이 아닐 때
②   print(np.linalg.inv(A.T @ A) @ A.T @ B) # $(A^TA)^{-1}A^TB$계산.

① A @ B는 행렬의 곱으로 np.dot(A,B)로도 표현해도 된다.
② 추세선을 구하는 명령어(np.polyfit와 np.poly1d)를 써서 데이터에 가장 적합한 추세선을 출력할 수도 있다. 하지만, 이 책의 목적 중 하나인 수학적인 의미를 파악하기 위해서 위와 같은 행렬을 이용한 코드를 소개하였다.

실행결과

```
[ 2.36173913e+00 -4.35129319e+03]
```

따라서 $X = \begin{bmatrix} a \\ b \end{bmatrix} = (A^TA)^{-1}A^TB = \begin{bmatrix} 2.36173913 \\ -4351.29319 \end{bmatrix}$ 이므로, 추세선은

$$f(x) = 2.36173913x - 4351.29319$$

이다.

프로그램 20-3와 프로그램 20-4를 이용하여 산점도와 추세선을 그려보면 다음과 같다.

실행결과

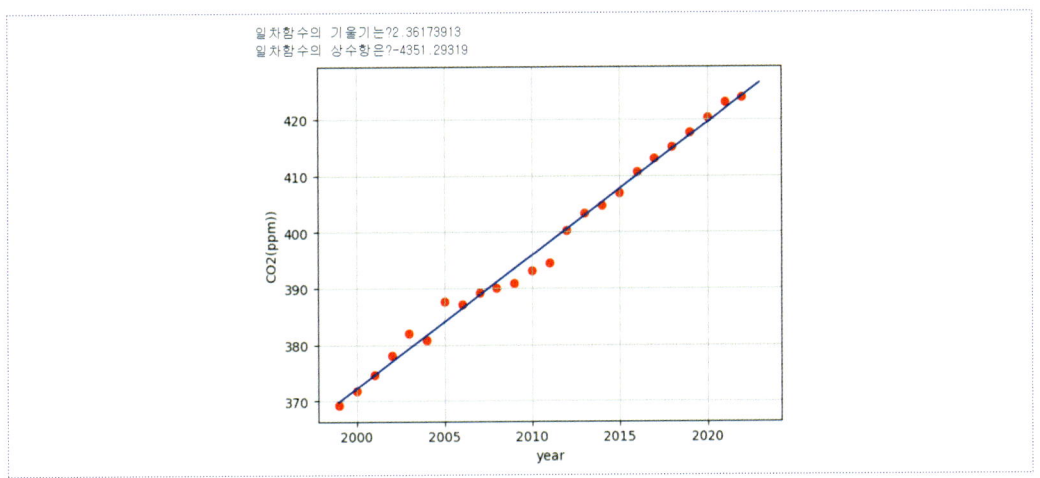

◎ 더 나아가기

문제1. 문제2에서 데이터를 나타내는 곡선은 없을까? 예를 들어, 데이터를 가장 잘 나타내는 이차곡선 $f(x) = ax^2 + bx + c$을 찾아보시오.

x와 y에 관한 n개의 2차원 데이터 $(x_1, y_1), (x_2, y_2), \cdots, (x_n, y_n)$이 $f(x)$에 완벽하게 부합하는 것은 다음 방정식이 성립하는 것이다.

$$ax_1^2 + bx_1 + c = y_1$$
$$ax_2^2 + bx_2 + c = y_2$$
$$\vdots$$
$$ax_n^2 + bx_n + c = y_n$$

이를 행렬로 표현하면 다음과 같다.

$$A = \begin{pmatrix} x_1^2 & x_1 & 1 \\ x_2^2 & x_2 & 1 \\ \vdots & \vdots & \vdots \\ x_n^2 & x_n & 1 \end{pmatrix}, \quad X = \begin{pmatrix} a \\ b \\ c \end{pmatrix}, \quad B = \begin{pmatrix} y_1 \\ y_2 \\ \vdots \\ y_n \end{pmatrix}$$ 이라 할 때, $AX = B$.

위와 같은 방법으로 최소제곱문제의 해는 $X = \begin{bmatrix} a \\ b \\ c \end{bmatrix} = (A^T A)^{-1} A^T B = \begin{bmatrix} 0.0115901531 \\ -44.2422667 \\ 42496.8281 \end{bmatrix}$ 이다.

프로그램 20-7 「추세곡선 구하기2」

```
# 추세곡선 구하기
import numpy as np

A = np.array([[1999**2, 1999, 1], [2000**2, 2000,1], [2001**2, 2001,1], [2002**2, 2002,1], [2003**2, 2003,1], [2004**2, 2004,1], [2005**2, 2005,1], [2006**2, 2006,1], [2007**2, 2007,1], [2008**2, 2008,1], [2009**2, 2009,1], [2010**2, 2010,1], [2011**2, 2011,1], [2012**2, 2012,1], [2013**2, 2013,1], [2014**2, 2014,1], [2015**2, 2015,1], [2016**2, 2016,1], [2017**2, 2017,1], [2018**2, 2018,1], [2019**2,2019,1], [2020**2, 2020,1], [2021**2, 2021,1], [2022**2, 2022,1]])
B = np.array([369.2, 371.8, 374.6 ,378.1 ,382.0 ,380.8 ,387.6 ,387.1 ,389.1 ,390.0 ,390.8 ,393.1 ,394.4, 400.3, 403.3, 404.6, 406.9, 410.6, 413.1, 415.0, 417.7, 420.4, 423.1, 424.0])
① if np.linalg.det(A.T @ A) !=0:  # A^T A의 행렬식이 0이 아닐 때
       print(np.linalg.inv(A.T @ A) @ A.T @ B) # (A^T A)^{-1} A^T B계산.
```

실행결과

```
[ 1.15901531e-02 -4.42422667e+01  4.24968281e+04]
```

따라서 이차곡선 $f(x) = 0.0115901531 x^2 - 44.2422667 x + 42496.8281$이 이차곡선 중 데이터를 가장 잘 나타낸다.

프로그램 20-3과 프로그램 20-4를 이차곡선에 맞게 변형하여 산점도와 추세선을 그려보면 다음과 같다.

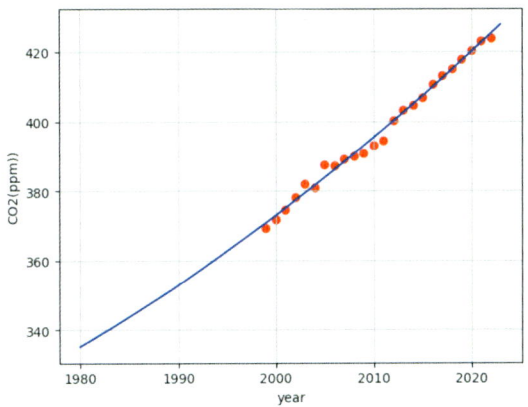

◎ 도전문제

5차 이하의 곡선 중에서 문제2의 데이터를 가장 잘 나타내는 곡선은 무엇일까? 각 차수에 대해 손실함수를 구해서 비교해보자.

3부

예제 프로그램 다운로드 및 설치방법

1. 프로그램 예제 다운로드

https://drive.google.com/drive/folders/15mKw4Mr7Rt4B4goc2VbgraIDxnQDYUj_?usp=drive_link

<QR 코드>

- 프로그램 모음 주소를 직접 입력하거나 QR 코드를 스캔하여 공유사이트에 접속한다.
- 공유 파일을 클릭하면 구글 클라우드 기반의 무료 JupyterNotebook 개발환경인 Colab(Colaboratory) 창을 만날 수 있으며 직접 코드를 실행해 볼 수 있다. 단, Turtle 모듈사용의 경우 정상적인 실행을 위해서는 패키지 ColabTurtlePlus를 설치해야 하며, 설치하고 나면 python에서와 똑같이 Turtle를 사용할 수 있다.

2. ColabTurtlePlus 설치방법

설치는 간단하다. Colab의 코드셀에

!pip install ColabTurtlePlus

을 입력하고 실행하면 다음과 같은 문구가 나오면서 설치가 끝난다.

```
1 !pip install ColabTurtlePlus

Collecting ColabTurtlePlus
    Downloading ColabTurtlePlus-2.0.1-py3-none-any.whl (31 kB)
Installing collected packages: ColabTurtlePlus
Successfully installed ColabTurtlePlus-2.0.1
```

<Turtle 모듈 사용 방법 1>

ColabTurtlePlus을 설치한 후 Turtle 모듈을 사용하기 전에 다음을 입력한다.

import ColabTurtlePlus.Turtle as turtle

turtle.clearscreen()

t=turtle.Turtle()

```
1 import ColabTurtlePlus.Turtle as turtle
2 turtle.clearscreen()
3
4 t=turtle.Turtle()
5
```
Put clearscreen() as the first line in a cell (after the import command) to re-run turtle commands in the cell

<Turtle 모듈 사용 방법 2>

ColabTurtlePlus을 설치한 후 Turtle 모듈을 사용하기 전에 다음을 입력한다.

from ColabTurtlePlus.Turtle import *

clearscreen()

t=Turtle()

```
1 from ColabTurtlePlus.Turtle import *
2 clearscreen()
3
4 t=Turtle()
```
Put clearscreen() as the first line in a cell (after the import command) to re-run turtle commands in the cell

주의 사항 : 기본적인 명령은 잘 수행되는데 textinput() 등의 함수는 실행되지 않는다. 이때는 교재에 t.textinput()으로 입력한 것을 대신 input()으로 입력한다. (완벽한 실행은 Jupyter Notebook에서 실행하기 바란다.)

3. 프로그램 차례

프로그램_1

프로그램 1-1 「36은 완전수인가?」

프로그램 1-2 「n은 완전수인가? 판별함수」

프로그램 1-3 「완전수 리스트 함수」

프로그램 1-4 「완선수 부족수 과잉수 판별함수」

프로그램 1-5 「완전수 부속수 과잉수 개수 구하기 함수」

프로그램 1-6 「소수 판별함수」

프로그램 1-7 「유클리드 원리에 따라 완전수 찾기 함수」

프로그램_2

프로그램 2-1 「최대공약수1」

프로그램 2-2 「유클리드 호제법 1」

프로그램 2-3 「유클리드 호제법1 함수」

프로그램 2-4 「유클리드 호제법2 함수」

프로그램 2-5 「n개 수의 최대공약수」

프로그램_3

프로그램 3-1 「등차수열 항 말하기 함수」

프로그램 3-2 「등비수열 항 말하기 함수」

프로그램 3-3 「재귀함수에 의한 피보나치 수열항 나열」

프로그램 3-4 「피보나치 수열의 짝수항들의 합」

프로그램 3-5 「피보나치 수열과 황금비의 관계」

프로그램 3-6 「피보나치 수열의 인접한 두 항의 비 그래프」

프로그램_4

프로그램 4-1 「소수 판별 함수」

프로그램 4-2 「주어진 수 보다 작은 모든 소수 나열하기」

프로그램 4-3 「에라토스테네스의 체1」

프로그램 4-4 「에라토스테네스의 체2」

프로그램 4-5「에라토스테네스의 체3」
프로그램 4-6「소인수분해」
프로그램 4-7「코드 속도 비교」

프로그램_5

프로그램 5-1「정기예금(연복리)원리합계」
프로그램 5-2「적금(복리)원리합계」
프로그램 5-3「복리 적금 원리합계 함수」
프로그램 5-4「목표액 달성기간(정기예금) 함수」
프로그램 5-5「목표액 달성기간(적금) 함수」
프로그램 5-6「목표액 달성기간(적금) 구하기」

프로그램_6

프로그램 6-1「그래프 그리기」
프로그램 6-2「사용량에 따른 전기요금」
프로그램 6-3「사용량에 따른 전기요금 그래프1」
프로그램 6-4「사용량에 따른 전기요금 그래프2」
프로그램 6-5「전기요금 표 만들기」

프로그램_7

프로그램 7-1「우박수열_500」
프로그램 7-2「우박수열_m」
프로그램 7-3「각 수에 대응하는 우박수열 길이의 그래프」
프로그램 7-4「콜라츠 추측 path들」

프로그램_8

프로그램 8-1「홀수차 마방진 만들기」
프로그램 8-2「3차의 모든 마방진 생성」
프로그램 8-3「각 행의 합」
프로그램 8-4「각 열의 합」
프로그램 8-5「각 대각선의 합」

프로그램 8-6「마방진 판별」

프로그램_9
프로그램 9-1「이동횟수 구하기 함수」
프로그램 9-2「이동경로함수」

프로그램_10
프로그램 10-1「킴퓨터 필승1」
프로그램 10-2「컴퓨터 필승2」

프로그램_11
프로그램 11-1「피보나치수열의 첫째항부터 n번째 항까지 나열」
프로그램 11-2「피보나치수열의 첫째항부터 n번째 항의 list」
프로그램 11-3「피보나치 나선 그리기」
프로그램 11-4「피보나치 나선 그리기 함수」
프로그램 11-5「황금 나선 그리기 함수」
프로그램 11-6「정사각형안의 사분원 그리기 함수」
프로그램 11-7 [정사각형이 있는 나선]

프로그램_12
프로그램 12-1「정다각형 그리기」
프로그램 12-2「정오각형 장미(작은 정오각형부터 그리기 시작하기)」
프로그램 12-3「정n각형 장미(작은 정n각형부터 그리기 시작하기)」
프로그램 12-4「정오각형 장미(큰 정오각형부터 그리기 시작하기)」
프로그램 12-5「색칠한 정오각형 장미」
프로그램 12-6「정n각형 장미에 임의의 색칠」

프로그램_13
프로그램 13-1「(8,3)타입의 별 다각형1」
프로그램 13-2 「서로소인 q,p에 대한 별 다각형그리기 함수」
프로그램 13-3「(8,3) 타입 별 다각형 2」

프로그램 13-4 「서로소인 q,p에 대한 (q,p) 타입 별 다각형 함수 2」

프로그램 13-5 「임의의 q,p에 대한 (q,p)타입 별 다각형 함수」

프로그램_14

프로그램 14-1 「코흐 곡선 그리기 재귀함수」

프로그램 14-2 「코흐 눈송이 함수」

프로그램 14-3 「코흐 눈송이 변형 함수」

프로그램_15

프로그램 15-1 「이진나무 그리기 함수1」

프로그램 15-2 「이진나무 그리기 함수2」

프로그램 15-3 「피타고라스 나무 그리기 함수1」

프로그램 15-4 「피타고라스 나무 그리기 함수2」

프로그램_16

프로그램 16-1 「다트보드 그리기 함수」

프로그램 16-2 「다트를 던지고 원 안의 점의 수세기」

프로그램 16-3 「다트보드 그리기, 던지기」

프로그램 16-4 「$\sum_{i=1}^{n} \frac{1}{i^2}$ 구하기」

프로그램_17

프로그램 17-1 「원 그리기」

프로그램 17-2 「막대던지기 모의실험 함수」

프로그램 17-3 「베르트랑 확률계산」

프로그램_18

프로그램 18-1 「n개의 수 $2^1, 2^2, 2^3, \ldots 2^n$ 중 첫째자리 수가 k인 수의 개수 함수와 그래프」

프로그램 18-2 「$\log_{10} 2^n$, $n = 1, 2, 3, \cdots$의 가수의 분포를 보여주는 함수」

프로그램_19

프로그램 19-1 「선택에 따른 성공확률」

프로그램 19-2 「확률의 변화 그래프」

프로그램 19-3 「몬티 홀 문제의 일반화 함수」

프로그램_20

프로그램 20-1 「벡터의 내적과 곱, 행렬의 합과 곱」

프로그램 20-2 「함수 그래프 그리기」

프로그램 20-3 「산점도 그리기」

프로그램 20-4 「산점도와 추세선 함께 그리기」

프로그램 20-5 「손실함수 구하기」

프로그램 20-6 「추세선 구하기」

프로그램 20-7 「추세곡선 구하기」